Por que ir à IGREJA?

Por que ir à IGREJA?

Timothy Radcliffe

O drama da Eucaristia

Dados Internacionais de Catalogação na Publicação (CIP)
(Câmara Brasileira do Livro, SP, Brasil)

Radcliffe, Timothy
Por que ir à igreja? : o drama da eucaristia / Timothy Radcliffe ;
[tradução Barbara Theoto Lambert]. – São Paulo : Paulinas, 2010.
– (Coleção manancial)

Título original: Why go to church? : the drama of the eucharist
Bibliografia
ISBN 978-0-8264-9956-1 (ed. original)
ISBN 978-85-356-2720-6

1. Espiritualidade   2. Prática religiosa (Cristianismo)   3. Vida
cristã   I. Título.   II. Série.

10-10871   CDD-248.4

Índice para catálogo sistemático:
1. Vida cristã : Prática religiosa   248.4

Título original: *Why go to church? The drama of the Eucharist*
© Timothy Radcliffe, 2008. Publicado por acordo com The Continuum International Publishing Group.

Citações bíblicas: *Bíblia Sagrada*, tradução da CNBB, São Paulo, 2008.

1ª edição – 2010
1ª reimpressão – 2012

Direção-geral: *Flávia Reginatto*
Editora responsável: *Vera Ivanise Bombonatto*
Tradução: *Barbara Theoto Lambert*
Copidesque: *Amália Ursi*
Coordenação de revisão: *Marina Mendonça*
Revisão: *Ana Cecilia Mari*
Direção de arte: *Irma Cipriani*
Assistente de arte: *Sandra Braga*
Gerente de produção: *Felício Calegaro Neto*
Projeto gráfico: *Telma Custódio*

Nenhuma parte desta obra poderá ser reproduzida ou transmitida
por qualquer forma e/ou quaisquer meios (eletrônico ou mecânico,
incluindo fotocópia e gravação) ou arquivada em qualquer sistema ou
banco de dados sem permissão escrita da Editora. Direitos reservados.

Paulinas
Rua Dona Inácia Uchoa, 62
04110-020 – São Paulo – SP (Brasil)
Tel.: (11) 2125-3500
http://www.paulinas.org.br – editora@paulinas.com.br
Telemarketing e SAC: 0800-7010081
© Pia Sociedade Filhas de São Paulo – São Paulo, 2010

Para Mark, Jane, Anthony,
Paul e Richard, meus irmãos.

Sumário

Prefácio 9

Introdução 11

Ato 1
FÉ

ATO 1, CENA 1
Volta ao lar..33

ATO 1, CENA 2
"Aqui estou!"..51

ATO 1, CENA 3
"Como acontecerá isso?" 71

ATO 1, CENA 4
Maria partiu apressadamente 87

ATO 1, CENA 5, PARTE 1
Cremos em Deus, criador do céu e da terra 103

ATO 1, CENA 5, PARTE 2
Cremos em Jesus Cristo, Filho Unigênito de Deus,
e no Espírito Santo..122

ATO 1, CENA 6
"Pedi e vos será dado" 141

Ato 2
ESPERANÇA

ATO 2, CENA 1
Preparação das oferendas 149

ATO 2, CENA 2
Morte fora do acampamento 162

ATO 2, CENA 3
"As mós produtivas rolam ao redor" 178

ATO 2, CENA 4
De traição em dádiva...190

Ato 3
AMOR

ATO 3, PRÓLOGO
O reconhecimento de Jesus...211

ATO 3, CENA 1
Pai nosso...230

ATO 3, CENA 2
"A paz esteja convosco" 237

ATO 3, CENA 3
"Lançai a rede à direita do barco" 256

ATO 3, CENA 4
"Vinde comer" 274

ATO 3, CENA 5
"Como o Pai me enviou também eu vos envio"..................285

Bibliografia 303

Prefácio

"O drama despercebido está no coração de nossa humanidade." Essa frase admirável encontra-se logo no início do livro cativante e profundo de Timothy Radcliffe. Ela nos diz que a resposta à pergunta do título vai tratar de como a "Igreja" permite que sejamos humanos de uma forma não encontrada em nenhum outro lugar.

O autor recorre a uma excepcionalmente ampla experiência de ministério. Quando escreve a respeito de como é dar voz à gratidão e ao louvor em meio a condições de perigo e pobreza extremas, ele sabe do que fala. E uma das coisas comoventes e singulares do livro é a forma como apresenta as reflexões de seus irmãos e irmãs dominicanos de todo o mundo em seus ministérios diversificados e não raro muito valiosos.

Enquanto nos conduz por um dos eventos mais importantes que acontecem constantemente na Igreja – a celebração da sagrada comunhão –, ele nos mostra como a viagem ao coração generoso de Jesus é também a descoberta de quem somos e de quem podemos vir a ser em Jesus. O drama existente no coração de nossa humanidade é o de nossa relutância em sermos humanos; e a dádiva que a Igreja oferece é o recurso e a coragem de entrarmos no mundo de Jesus e começarmos a ser humanos novamente – reiteradamente, porque nossa relutância está sempre voltando. Mas se dermos esse passo, a aparência do território muda: estranhos são menos ameaçadores, é possível conviver melhor com nosso fracasso e humilhação e até conseguimos ter uma leve ideia do que significa afirmar que a vida humana foi criada para participar alegremente da vida de Deus. E mais: passamos a ser embaixadores desse mundo novo, buscando, onde quer que estejamos, deixar homens e mulheres saberem que a violência e a morte não têm a última palavra quando se trata da humanidade.

É um grande prazer poder apresentar o trabalho de um dos mais dinâmicos e criativos pregadores do Evangelho na Igreja Católica Romana de hoje. Espero que estas páginas nos lembrem a todos de que, sejam quais forem as tensões e os problemas não resolvidos ainda existentes entre as Igrejas históricas, o compromisso básico é o mesmo: deixar Deus, a Santíssima Trindade, por meio da vida, morte e ressurreição de Jesus, tocar o coração de nossa humanidade e, como Timothy escreve, bem no final do livro, "libertar-nos para sermos enviados" em nome de Deus, para anunciar a cura e a alegria a toda a criação.

Somente uma visão como essa pode tirar-nos da cama nas manhãs de domingo, como ele nos lembra corretamente! "Nosso dever e nossa alegria" precisam ser mantidos juntos, para irmos à igreja cultuar confiantes, pois ali é o lugar onde permanecemos mais completamente à vontade com nosso Criador e Redentor – e, assim, também com nós mesmos.

Rowan Williams
Arcebispo da Cantuária

Introdução

Domingo de manhã, a mãe sacode o filho para que acorde, dizendo-lhe que está na hora de ir à igreja. Sem resultado. Dez minutos depois ela volta:

– Saia já da cama e vá para a igreja!

– Não quero ir, mamãe. É tão chato! Por que tenho que ir, afinal?

– Por duas razões: primeiro, você sabe que *tem* de ir à igreja no domingo e, em segundo lugar, você é o bispo!

Não são apenas os bispos que às vezes não sentem nenhuma vontade de ir à igreja. Estudos mostram que uma alta porcentagem de pessoas no Ocidente creem em Deus, mas a frequência aos cultos está caindo rapidamente. As pessoas estão mais interessadas na espiritualidade que na religião "institucional". Dizem "sim" a Jesus, mas "não" à Igreja. Um grande número de pessoas acha que ir à liturgia pública afasta-as de Deus: desde John Wayne: "Não gosto muito de Deus quando ele fica debaixo de um teto", ao secretário particular do rei George VI: "Quanto a ir à igreja, desisti de ir com regularidade porque descobri, por experiência, que, longe de me fazer bem, me fazia mal; que me tornava espiritual e mentalmente mais materialista e, quase sempre, fisicamente constrangido".[1]

---

[1]   Hart-Davis. *King's Counsellor*, pp. 20s.

POR QUE IR À IGREJA?

John Lennon, o Beatle, disse que desistiu de ir à igreja quando o vigário o pôs para fora por estar rindo. Depois disso, ia à igreja todas as manhãs, no templo de sua cabeça.[2] Muita gente considera o ritual vazio, sem espontaneidade, maçante, impessoal. Joseph de Maistre conta a história de um bispo que realizava um batismo coletivo perto de São Petersburgo, no início do século XIX. Quando um bebê escorregou-lhe das mãos e desapareceu nas águas geladas do rio Neva, ele simplesmente gritou "Deem-me outro" e prosseguiu.[3] A história pode ser fictícia, mas resume as suspeitas contemporâneas em relação ao ritual. Nosso tempo caracteriza-se por ser de "crer sem fazer parte".[4] A religião é assunto particular entre meu Deus e eu, e o que acontece aos domingos na igreja é irrelevante. Por que ir?

Tentarei responder a essa pergunta com outra: "Por que comungar?". Vamos à igreja para todo tipo de outros serviços: para a oração da tarde ou vésperas, para batismos, casamentos e funerais, para serviços de hinos e leitura. Em minha comunidade, por exemplo, vamos à igreja quatro vezes por dia, mas só uma vez para celebrar a Eucaristia. Mas a Eucaristia tem em seu centro a razão de sempre irmos sob qualquer condição. A palavra grega para "igreja", *ekklēsia*, significa "reunião", e a Eucaristia é a base de todas as nossas reuniões. Jesus sentou-se para cear com os discípulos reunidos na véspera de sua morte. A comunidade estava se dissolvendo. Judas traíra Jesus; Pedro estava prestes a negá-lo; o restante do grupo se dispersaria. Nesse momento de dispersão e desintegração, ele lhes deu a comunidade de seu

---

[2] Entrevista dada em 1969, transmitida pela BBC, domingo, 13 de julho 2008.
[3] BURLEIGH. *Earthly Powers*, p. 126.
[4] DAVIE. *Religion in Modern Europe*, p. 3.

INTRODUÇÃO ■

corpo. Assim, toda assembleia cristã foi implicitamente edifica-
da nesse momento que é lembrado na Eucaristia. Então minha
pergunta "Por que ir à igreja?" assumirá fundamentalmente a
forma de "Por que ir à Eucaristia?". Mesmo se você não frequen-
ta a Eucaristia, mas apenas suporta as vésperas e os cantos de
Natal, ou sente-se de alguma forma marginalizado ou excluído,
espero que ainda descubra algum sinal da razão de valer a pena
ir à igreja, nem que seja só para ficar sozinho ali.

Este livro parte de onde parou meu último livro, *What is the
Point of Being a Christian?* [De que adianta ser cristão?].[5] Ali ana-
lisei o encanto da esperança, da liberdade e da alegria cristãs e
concluí com uma reflexão sobre nossa participação no descanso
de Deus, o domingo. Isso leva inevitavelmente à pergunta que
examinaremos neste livro: "Mas por que ir à igreja?". Por que não
posso apenas partilhar o descanso de Deus em casa, na cama?
Seria muito mais repousante. Entretanto, não é necessário ter
lido primeiro o livro anterior, pois este aqui também termina
onde o outro começou.

A mãe do bispo sonolento tenta tirá-lo da cama apelando
para o senso de obrigação. Ele precisa ir porque é domingo. Mas
por quê? É verdade que Jesus nos convidou a reencenar a última
ceia – "Fazei isto em minha memória" – e, assim, devemos fazer. Mas por que Jesus nos pediria para fazer uma coisa que não
raro é tediosa e aparentemente infrutífera? No passado, muitas
pessoas iam porque temiam serem castigadas por Deus, se não
fossem. Mas essa ameaça dificilmente vai encher nossas igrejas no século XXI. Quem acreditaria ser nosso Deus um Deus de

---

5   RADCLIFFE. *What is the Point of Being a Christian?*

13

amor, se tivéssemos de ser forçados a ir cultuá-lo pela ameaça de condenação eterna?

Alguém pode sentir-se obrigado a ir à igreja porque isso simplesmente faz parte de sua identidade cristã. Como membro de uma família, a pessoa é obrigada a comparecer a eventos familiares, de festas de aniversário a funerais, embora enfadonhos. Todos reconhecem a obrigação de comemorar o aniversário de sua mãe. Como membro da família de Cristo, um de seus irmãos e irmãs, espera-se naturalmente que a pessoa tome parte nas reuniões cristãs. Sem dúvida isso é certo. Cristo chamou os discípulos para sentarem-se e comerem com ele. Eram seus amigos. Não faria sentido praticar uma espiritualidade cristã e não ter nada a ver com outros cristãos. Seria como tentar jogar futebol sozinho. De acordo com as palavras do antigo dito latino, *Unus christianus, nullus christianus*, "Um só cristão não é nenhum cristão".

Mas que comunidade? Por que devo arrastar-me para fora da cama e ir a uma igreja paroquial com uma congregação de pessoas que não conheço e com quem não tenho nenhuma ligação? Em nossa sociedade, escolhem-se aqueles de quem se faz parte. Nossos antepassados nasceram em determinadas comunidades. Viveram e morreram cercados de pessoas que não tinham escolhido, mas que eram seus vizinhos. Eram as pessoas com quem eles tinham de aprender a conviver e tinham de amar: sua vizinhança. A igreja local era a reunião da comunidade natural da pessoa. Mas hoje nossas vizinhanças não têm nada a ver com geografia. Podemos sentir lealdade por colegas observadores de pássaros, ou advogados, ou fãs de jazz, mas isso não implica encontrarmo-nos uns com os outros. A internet hospeda milhões de comunidades, blogs e websites, YouTube e Facebook, por intermédio das quais as pessoas ligam-se com as outras, sem nunca partilharem o mesmo espaço físico ou verem seus rostos. Por que não posso também fazer parte de uma comunidade cristã virtual? Por que ir à igreja? Vamos à igreja para receber a dádiva do corpo de Cristo e, assim, é correto que estejamos fisicamente presentes. Naturalmente, outras formas de comunicação – websites, blogs, comunidades virtuais – são ótimas, mas não substituem nossa reunião física, da mesma forma que e-mails e telefonemas não são a base de um casamento.

Talvez nosso bispo sonolento tivesse saltado da cama se achasse que ir à igreja seria divertido. *O mochileiro das Galáxias*, livro cultuado nos anos 1980, sugere que cada sociedade passa por três fases: sobrevivência, indagação e sofisticação. "Por exemplo, a primeira fase caracteriza-se pela pergunta: *Como podemos comer?* A segunda, pela pergunta: *Por que comemos?*. E a terceira, pela pergunta: *Onde vamos almoçar?*".[6] Em nossa sociedade "sofisticada", é o entretenimento que atrai as multidões. Dizem-me que fazer compras é um entretenimento. Sacerdotes e pastores, como professores, escritores e jogadores de futebol, precisam entreter, se quiserem conservar seus seguidores. Quando eu era capelão universitário em Londres, a Eucaristia dominical era um prazer. A pequena capela ficava cheia de jovens animados e atraentes; música maravilhosa era tocada por estudantes do Colégio Real de Música; parecia que todos estavam apaixonados por todos os outros. As pessoas gostavam de estar ali. Mas quando esses estudantes saíam desse ambiente aconchegante e iam a uma "celebração" desinteressante com música ruim, se houvesse

---

6   ADAMS. *The Hitchhiker's Guide to the Galaxy*, capítulo 32. [Ed. bras.: *O mochileiro das Galáxias*].

música, e se sentiam despercebidos e mal acolhidos, por que ir, então? Dan Berrigan, sj, disse certa vez: "Sua fé raramente está onde está sua cabeça e raramente onde está seu coração. Sua fé está onde seu traseiro está!".[7] Mas por que deveria o traseiro de alguém estar em uma igreja?

Nós, cristãos, muitas vezes fazemos grandes reivindicações para nossas liturgias. J. Glenn Murray, sj, disse que "a liturgia deve pegar-nos pelo cabelo e nos arremessar no mistério de Deus". Concordo, mas em geral ela nos deixa firmemente no chão. Dom Jeremy Driscoll afirmou que, na Eucaristia, "Deus está representando! Ele interpreta um papel para nos salvar. É um evento monumental. De fato, não existe nada maior. Deus concentra todo o seu amor salvífico pelo mundo nas ações rituais e nas palavras da liturgia eucarística".[8] A grande maioria dos cristãos dos últimos dois mil anos concordaria com ele, mas geralmente ela não dá a impressão de ser "um evento monumental". Em uma crisma, um garoto a quem o bispo perguntou se ele iria à igreja todo domingo, respondeu: "O senhor iria assistir ao mesmo filme toda semana?".

Lembro-me das celebrações da Eucaristia em Ruanda, em Burúndi e no Congo, quando o sofrimento do povo, a ameaça de violência, a possibilidade da morte tornavam intensamente real a reencenação dos últimos dias de Cristo, à vista de sua paixão e crucificação. Esse não é frequentemente o caso na Grã-Bretanha, embora certa vez eu presidisse um casamento no qual o ciumento ex-namorado da noiva ameaçara vir matar os noivos

---

[7] ROLHEISER. "Faith Today", p. 6.
[8] DRISCOLL. *What Happens at Mass*, p. v.

durante a cerimônia. Fiquei temeroso de que ele errasse o alvo e me atingisse. Mas quase sempre, quando nos reunimos ao redor da mesa do Senhor, parece que não acontece muita coisa: algumas pessoas, em sua maioria idosas, reúnem-se em um prédio frio, ouvem alguns sermões que são quase sempre enfadonhos e imaginam quanto vai demorar para poderem ir para casa. Para o cristianismo florescer em nossa sociedade e não se tornar a prática de uma minoria cada vez mais reduzida, temos de recuperar parte da ideia de que ele é "um evento monumental" que nos dá vida, ao qual simplesmente *precisamos* ir.

O que é considerado "um evento monumental"? Vivemos em uma sociedade de experiências pré-embaladas. As pessoas já não querem apenas comprar. Queremos "a experiência da compra". As companhias aéreas convidam-nos a ter "uma experiência de voo" a caminho de São Francisco, onde no Cais do Pescador temos a "experiência de São Francisco". Terry Eagleton escreveu: "É tranquilizador refletir quantas almas despojadas visitaram no passado o Grand Canyon sem saber que estavam tendo a experiência do Grand Canyon. O que consumimos agora não são objetos ou eventos, mas nossa experiência deles. Assim como nunca precisamos sair do carro, também nunca precisamos sair de nossos cérebros. A experiência já está lá, tão pronta quanto uma pizza, tão insensivelmente objetiva quanto um seixo, e tudo o que precisamos fazer é recebê-la".[9]

Realmente, algumas comunidades cristãs oferecem "a experiência da Eucaristia", com emoções intensas e convincente cantoria. É por isso que algumas Igrejas Negras florescem na

---

[9] EAGLETON. *How to Read a Poem*, p. 18.

Grã-Bretanha. Quem assiste ao culto delas fica sem nenhuma dúvida de que alguma coisa está acontecendo.

Não quero, de modo algum, menosprezar essa experiência carismática. Para muita gente ela é um profundo encontro com Cristo e salva-vidas no deserto inóspito da Grã-Bretanha urbana. Mas desejo provar neste livro que o "evento monumental" da Eucaristia opera em nossas vidas de modos que são profundos, mas que quase sempre são pouco observáveis e dificilmente gravados como experiências. É maravilhoso se a celebração da Eucaristia for uma experiência bela, emocional e estética. Deveria ser assim, mas essa é apenas a ponta do *iceberg*. A liturgia opera, nas profundezas de nossas mentes e corações, uma transformação de quem somos de modo bem gradual, pouco perceptível e tão discretamente que é fácil pensarmos que, em absoluto, nada acontece. A Eucaristia é uma experiência emocional, mas em geral discreta. Roman Guardini escreveu que "a emoção flui em sua [da liturgia] profundeza [...] como o coração abrasador do vulcão. A liturgia é emoção, mas é emoção sob o mais estrito controle".[10]

Herbert McCabe, op, comparou o fruto da oração aos efeitos sutis de viver em uma sala magnífica. Não tem o incrível efeito imediato de um copo de uísque irlandês, mas opera em um nível mais profundo. Há pessoas, diz ele, "que não sentem realmente que celebraram uma Eucaristia, a menos que tenham algum tipo de experiência imediata de fervor pessoal e sensibilidade aprimorada [...] Concordo com os que dizem que acham a *Missa Normativa* (a moderna Eucaristia católica pós-Vaticano) um tanto enfadonha, exceto que não creio ser isso totalmente uma crítica.

---

[10] DUFFY. "Benedict XVI and the Eucharist", p. 199.

INTRODUÇÃO ∎

Uma sala mobiliada com bom gosto é um pouco enfadonha comparada com uma cheia de pôsteres psicodélicos que dizem: 'Deus é amor' e 'Maria, o tomate mais maduro de todos'".[11]

Nossa transformação pela graça de Deus é lenta. Uma geração acostumada à proximidade da comunicação cibernética talvez ache difícil acreditar nela. Foi inventada uma nova versão de Monopólio que não leva mais de vinte minutos, do contrário os participantes perderão o interesse e começarão a mandar torpedos para os amigos. Em um cartum do Minduim, Luci diz: "Eu estava rezando para ter paciência, mas parei... Fiquei com medo de conseguir". A Eucaristia é, na verdade, um evento monumental, mas acontece com frequência em um nível de nossa existência do qual talvez nem nos demos conta; é tão imperceptível quanto o crescimento de uma árvore. É o que John Henry Newman chamou de "silencioso trabalho divino".[12] Podemos ser como o tio e a tia e o primo gordo de Harry Potter que levavam vidas enfadonhas, sem saber que batalhas entre bruxos e grifos eram travadas no céu acima deles, só que no nosso caso o drama despercebido está no coração de nossa humanidade.

A tese deste livro é a de que a Eucaristia é na verdade um drama: interpreta o drama fundamental de toda a existência humana. Forma-nos como pessoas que creem, têm esperança e têm caridade. Geralmente são chamadas "as virtudes teologais". São "teologais" porque são uma participação na vida de Deus. Fé, esperança e caridade são meios pelos quais Deus faz seu lar em nós e nós ficamos à vontade em Deus. São "virtudes" porque nos tocam com a *virtus* de Deus, a graça divina dinâmica, que nos

---

[11] MCCABE. *God Matters*, p. 216.
[12] STRANGE. *John Henry Newman*, p. 1.

fortalece para a jornada em direção à felicidade em Deus. Quando Jane Elizabeth Stanford visitou na Califórnia a capela da universidade que ela e o marido haviam fundado, mostraram-lhe as estátuas que representavam as três virtudes: fé, esperança e caridade. Ela perguntou: "mas e o amor?". Ninguém se atreveu a mencionar que caridade nesse contexto significa "amor". Nunca discorde de um benfeitor! E, assim, a Universidade de Stanford é, até onde sei, o único lugar do mundo que tem representações de quatro virtudes teologais.

A Eucaristia é um drama em três atos, por meio dos quais compartilhamos a vida de Deus e começamos, agora mesmo, a ser tocados pela felicidade de Deus. Cada ato nos prepara para o seguinte. Ouvindo a Palavra de Deus, crescemos na fé e, assim, nos preparamos para proclamar o credo e pedir o que necessitamos. No segundo ato, a crença leva à esperança. Da preparação das dádivas ao fim da oração eucarística, lembramo-nos de como, na noite em que ia ser entregue, Jesus tomou o pão, abençoou-o e o deu aos discípulos dizendo: "Isto é meu corpo, que será entregue por vós". A despeito do fracasso, da violência e da morte, nos é dada a esperança, repetindo a oração de Cristo. No último ato, do pai-nosso em diante, nossa esperança culmina em amor. Preparamo-nos para a comunhão. Encontramos o Cristo ressuscitado e sua vitória sobre a morte e o ódio e recebemos o pão da vida. Por fim, somos enviados – "ide e servi ao Senhor" – como sinal do amor de Deus pelo mundo.

Se esse "evento monumental" não costuma ser uma experiência muito emocional, mas sim a obra subterrânea da graça divina, então obviamente seu sentido só será evidente em uma vida na qual crescemos em fé, esperança e amor. Se alguém se

INTRODUÇÃO ■

empanturrasse de hambúrgueres gordurentos cinco vezes por dia e então fosse à academia de ginástica uma vez por semana, é provável que achasse o exercício bastante inútil. Não teria sentido em uma vida voltada para outra direção. Ir à Eucaristia não é como ir assistir a um filme. É possível entrar diretamente da rua em um cinema e ficar grandemente impressionado com um drama na tela. Ficamos envolvidos em uma história que começa e acaba em uma ou duas horas. Mas a Eucaristia é o drama de toda a nossa vida – do nascimento à morte e além. Ela transforma nosso coração e nossa mente como alguém que encontra felicidade em Deus. Dom Gregory Dix, o grande beneditino anglicano, falava de *homo eucharisticus*, humanidade eucarística, uma nova maneira de sermos humanos.

"Isto é meu corpo, entregue por vós." Por ser uma dádiva, a liturgia não pode, por sua natureza, ser algo que simplesmente inventamos todas as semanas. Se pensarmos nela como entretenimento, que compete por audiência com a tevê e o futebol, então é claro que precisamos encenar um bom espetáculo para atrair um grande público. Mas aí então há o perigo de a liturgia ser o espetáculo do padre. O padre precisa encenar seu espetáculo semanal, fazer a audiência encher as naves laterais, sem mencionar depositar dinheiro na coleta. Isso exige grande esforço do clero – "Desejo me esquivar disso esta semana?" – e também foge do essencial. Dá a posse da liturgia ao clero em vez de dá-la a todo o povo. A boa liturgia não exige muito trabalho – planejar a música e ensaiá-la, acolher as pessoas, treinar os coroinhas, preparar a homilia (espero), limpar a igreja etc. Mas o trabalho todo de preparação é para recebermos uma dádiva inteiramente gratuita.

POR QUE IR À IGREJA?

Isso me causou forte impressão, como já contei, durante um dia particularmente violento em Ruanda, quando fui de carro com alguns dos irmãos visitar nossas irmãs do norte. O caos imperava em todo o país; em bloqueios da estrada soldados e rebeldes nos paravam e nos tiravam dos carros; visitamos um grande campo de refugiados com dezenas de milhares de pessoas vivendo sob pedaços de plástico e um hospital com enfermarias de crianças que haviam perdido membros, devido a minas terrestres. Por fim, celebramos a Eucaristia com nossas irmãs em sua casa cheia de marcas de bala, que estivera no centro da luta apenas um ou dois dias antes. Chegou o momento de pregar e me senti perdido para encontrar palavras. Diante de tanto sofrimento, o que havia para dizer? Mas foi-me dada uma coisa para fazer. Reencenamos o que Jesus fez na noite anterior à sua morte, enquanto nos dava ordens e repetia sua oração. Quando eu não tinha mais nada a oferecer, foram-me dadas fé, esperança e amor, que são uma dádiva.

O papa Bento descreve como, quando criança, ele despertou aos poucos para a beleza da Eucaristia:

> Tornou-se cada vez mais claro para mim que eu me encontrava aí diante de uma realidade que não foi inventada por uma pessoa qualquer, e não havia sido criada por uma autoridade ou grande personagem. Essa misteriosa fusão de textos e ações tinha nascido da fé da Igreja, através dos séculos. Carregava dentro de si o peso da história, mas era, ao mesmo tempo, muito mais do que um produto da história humana [...] Mas quando a liturgia é algo feito por nós mesmos, então ela deixa de nos oferecer o que deveria ser sua verdadeira dádiva: o encontro com o mistério, que não é produto nosso, mas nossa origem e fonte de nossa vida.[13]

---

[13] PAPA BENTO XVI. *Lembranças da minha vida*, pp. 21 e 130.

Isso não significa que precisamos seguir obsessivamente toda regra de conduta e que não há, em absoluto, espaço para mudança ou criatividade. Seria pôr a Eucaristia em um congelador litúrgico. Durante toda a história ela vem evoluindo e adaptando-se a culturas diferentes. Mas a inovação litúrgica é, na melhor das hipóteses, a forma com a qual a comunidade expressa seu acolhimento do que lhe é dado.

Talvez algumas pessoas protestem que, com certeza, o "evento monumental" da Eucaristia é a transformação do pão e do vinho no corpo e no sangue de Cristo. Na Idade Média, o momento da consagração era o centro de intenso arrebatamento. O sacerdote erguia a hóstia e as pessoas clamavam que viam Deus e suplicavam ao sacerdote que mantivesse a hóstia erguida mais tempo. Em alguns lugares, um pano preto era baixado nesse momento, para que a hóstia branca aparecesse mais dramaticamente. Em Hull, um regedor pagou por um aparelho que fazia anjinhos de madeira descerem sobre o altar durante a consagração.[14] Na tradição católica, a consagração do corpo e sangue de Cristo é, com certeza, um momento grandioso, a dádiva que Deus faz de si mesmo, mas receber essa dádiva é mais que apenas aceitar a hóstia. É mais do que obter um pedacinho de Jesus. A tese deste livro é a de que nosso "sim" ao corpo de Cristo transforma o modo como nos integramos uns aos outros e, portanto, quem somos.

É maravilhoso sentir-me próximo das pessoas de minha congregação local, acolhido e apreciado. Mas camaradagem paroquial não é o bastante. Não é por isso que vou à igreja. Embora inadequada, essa pequena comunidade é como, em Cristo,

---

[14] DUFFY. *The Stripping of the Altars*, p. 97.

faço parte da totalidade do corpo de Cristo, a comunidade dos vivos e dos mortos, dos santos e dos pecadores, certamente de toda a humanidade, em todo espaço e tempo. Na primeira parte da Eucaristia, tornamo-nos uma comunidade de fé. Quando dizemos o credo, expressamos nossa unidade com todos os que recitam essas mesmas palavras em todo o mundo, com os que primeiro compuseram os credos durante os primeiros séculos do cristianismo, e com todos os que proclamam essa fé através dos séculos. Então, quando lembramos a última ceia, tornamo-nos uma comunidade de esperança, tendo esperança não apenas em relação a nossa pequena assembleia e a nossas preocupações locais, mas a todos os que morreram, a todos os que enfrentam o sofrimento e a aflição, a toda a humanidade angustiada. Por fim, ao receber a comunhão, somos um sinal da comunidade de amor que é a vida do Deus Trino, o derradeiro lar da humanidade. A congregação que frequento é meu lar cristão, mas só como forma de fazer parte de todo o povo reunido em Cristo, por todo tempo e espaço e, em última análise, da reunião da humanidade que é o Reino de Deus.

Mais um pouquinho de montagem de cenário antes de começarmos a seguir o drama da Eucaristia.O bispo relutava em sair da cama quente e da casa confortável para ir à igreja. Naturalmente nós não temos de celebrar a Eucaristia em uma igreja; já celebrei a Eucaristia em lares, campos, montanhas, navios e até em um bar. E, contudo, é bom irmos habitualmente a uma igreja para nossas celebrações.

Igrejas nos fazem lembrar que somos peregrinos. O lugar tradicional de peregrinação é, certamente, a Terra Santa, o lugar onde Deus partilhou nossa vida na pessoa de Jesus. Lutero negava que a Terra Santa tivesse qualquer importância religiosa: "Quanto ao túmulo no qual foi colocado o Senhor, que agora os sarracenos possuem, Deus o valoriza como todas as pastagens da Suíça".[15] Mas para a maioria dos cristãos, lugares santos são lembretes de que estamos a caminho de nosso derradeiro lar em Deus. Na Idade Média, muitas igrejas tinham labirintos montados no chão de pedra, não raro chamados "Jerusaléns".[16] Se alguém não podia ir a Jerusalém, por ser muito caro ou perigoso, era possível fazer sua peregrinação indo à igreja e seguindo o caminho do labirinto. A beleza da igreja tinha a finalidade de evocar o propósito de nossa peregrinação, o paraíso. No ano de 988, quando foi a Constantinopla, o príncipe Vladimir de Kiev escreveu para casa depois de tomar parte na Eucaristia, na catedral da Sagrada Sabedoria: "Não sabíamos se estávamos no céu ou na terra. Nunca vimos tanta beleza... Não sabemos descrevê-la, mas disto temos certeza: ali, Deus habita entre a humanidade".[17] Nossa igreja comum pode não se parecer muito com o céu; suas estátuas podem ser espalhafatosas e de embaraçoso mau gosto, e os vitrais transpirarem sentimentalismo vitoriano, mas ainda assim ela é um lembrete de que estamos a caminho. Arrastamo-nos para fora da cama e saímos de casa porque este não é nosso lar derradeiro. E se temos de nos deslocar até mais longe porque algum bispo execrável fechou nossa igreja local, então nos consolamos com a ideia de ser a jornada mais longa um sinal melhor de nossa perpétua peregrinação para a felicidade do que se apenas tivéssemos de virar a esquina.

---

[15] Citado na crítica de Robert Lerner a Colin Morris, The Sepulchre of Christ and the Medieval West. In: *Times Literary Supplement*, 19 Aug. 2005.

[16] Cf. BOSS, Sarah. "Jerusalem, Dwelling of the Lord: Marian Pilgrimage and its Destination', pp. 135-151. In: NORTH & NORTH (orgs.), *Sacred Space*.

[17] HAHN. *O banquete do Cordeiro*, p. 105.

Quando os católicos irlandeses afluíram a cidades como Liverpool durante a revolução industrial, uma das primeiras coisas que fizeram foi construir grandes igrejas. Em geral, para os ingleses isso era um desperdício de dinheiro e revelava como os irlandeses eram dominados pelos padres. Mas, na verdade, era sinal de que não faziam simplesmente parte, como poderia parecer, do proletariado urbano; eram, isso sim, cidadãos do Reino. Eram cocidadãos dos santos cujas estátuas enchiam suas igrejas, eram filhos de Deus. Suas casas podiam ser cortiços, mas seu lar era o céu. Depois do Concílio Vaticano II, alguns de meus confrades no Brasil decidiram modernizar uma de nossas igrejas paroquiais e livrar-se do acervo de estátuas. A igreja é um lugar onde as pessoas se reúnem para a Eucaristia e é preciso livrar-se de todos esses sinais de devoção antiquada. Mas os paroquianos recuperaram as estátuas descartadas, levaram-nas para casa e cuidaram delas. Essas estátuas expressavam uma comunidade que abrangia o céu e a terra, mais ampla que a pequena assembleia do bairro, e eram sinal de sua dignidade como irmãos e irmãs dos santos. Quando os confrades reconheceram sua arrogância clerical, foi preciso um pouco de persuasão para o povo devolver as estátuas!

Quando mamãe levava os filhos às compras, com frequência dávamos uma passada em uma igreja por "dois centavos", para acender uma vela, que presumivelmente custava dois centavos quando minha mãe era criança, e para fazer uma oração. Poderíamos ter feito a oração igualmente bem em casa, mas a igreja vazia não estava vazia para mamãe. Era a casa de Deus e um lembrete da comunhão dos santos e de toda a Igreja. Minha igreja favorita é Santa Sabina, em Roma, onde morei por nove anos.

Estava em construção quando Santo Agostinho morreu, depois do saque de Roma pelos vândalos, e foi concluída em 432. O papa Honório III deu-a a São Domingos em 1219. É sinal visível de que a comunidade da Eucaristia não é apenas o pequeno grupo de devotos contemporâneos que se reúnem ao redor do altar. Pela fé, esperança e caridade, fazemos parte da comunidade de santos e pecadores, os vivos e os mortos. Na Idade Média, esses mortos eram quase sempre enterrados ao redor da igreja. Quando a paróquia se reunia para celebrar a Eucaristia, os mortos eram o círculo exterior de participantes, nossos irmãos e irmãs na ressurreição.

Mesmo em uma época secular, as igrejas continuam a ser sinais, sinais de interrogação contra as convicções de nosso tempo.

É uma casa séria em solo sério,
Em cujo ar misturado todas as nossas compulsões se reúnem,
São reconhecidas e paramentadas como destinos.
E isso tudo nunca se torna obsoleto,
Pois alguém estará para sempre surpreendendo
Em si mesmo uma fome de ser mais sério,
E gravitará com ela para este chão,
Que, ouviu certa vez, era apropriado para se aprender,
Nem que seja só que tantos mortos jazem por toda parte.[18]

Agora precisamos começar a seguir o drama da Eucaristia. Este livro não é um comentário sobre a liturgia eucarística. Estritamente falando, também não é uma teologia da Eucaristia, como poderíamos ter, por exemplo, uma teologia do matrimônio

---

[18] LARKIN. "Church Going". *Collected Poems*, p. 58.

ou do batismo. Ao contrário, é um exame muito inadequado de como a Eucaristia trata de tudo. Todas as nossas experiências do que significa estar vivo, encontrar e perder sentido, deleitar-se e sofrer, estão todas iluminadas pela Eucaristia e, por sua vez, a iluminam. É o sacramento de nossa alegria, liberdade e esperança. Nas palavras do hino de Tomás de Aquino para Corpus Christi, na tradução feita por Gerard Manley Hopkins: "Ali sê a doçura / Que o homem está destinado a encontrar". É por isso que, ao tentar sentir a emoção de seu drama mais profundo, muitas vezes vou recorrer a outras maneiras nas quais os seres humanos procuram entender nossas vidas e nossos destinos, em especial poemas, romances e filmes. Para o primeiro ato, fé, usarei o relato contido no evangelho lucano da anunciação e da visita de Maria a Isabel, para estudar o que significa crer. No segundo, esperança, seguirei a estrutura da liturgia mais de perto – preparação das oferendas, oração eucarística –, porque a esperança expressa-se por sinais que indicam o que não podemos dizer, e esses são os sinais usados por nós. Examinarei os encontros com o Cristo ressuscitado no evangelho de João, para ajudar-nos a entender o último ato da Eucaristia, a comunhão em Cristo e o triunfo do amor sobre o ódio e a morte.

A Eucaristia é quase sempre chamada "sacramento da unidade" e, contudo, é também o que divide o Corpo de Cristo. O fato de não partilharmos a comunhão uns com os outros é fonte de muita dor. Prejudica nosso testemunho de Cristo, em quem Deus reúne toda a criação em harmonia. Assim, pode parecer um assunto estranho para um católico romano escolher, quando encarregado pelo arcebispo da Cantuária de escrever um livro. Eu o escolhi porque, quando o arcebispo me procurou, era esse o livro que estava se desenvolvendo dentro de mim, e eu não podia escrever outro. Rowan Williams gentilmente o aceitou como seu livro da Quaresma de 2009. Isso é providencial, pois se entendermos melhor a fé, a esperança e a caridade, uns com os outros, então conseguiremos, com a graça de Deus, partilhar também a Eucaristia. Este livro é uma pequena expressão de gratidão pelo ensinamento e a liderança que o arcebispo dá a todos os cristãos.

Farei ocasionalmente referência às palavras da liturgia católica romana que dizem respeito à Eucaristia. O livro seria mais trabalhoso se a cada passo eu tivesse de comparar as palavras de nossos ritos diferentes. Entretanto, a estrutura básica de todas as Eucaristias cristãs é a mesma e é isso o que me interessa, o drama fundamental. A única diferença importante é a de que na Igreja Anglicana o beijo da paz é dado na preparação para a oração eucarística e, assim, ele faz parte do que sugiro ser a representação do sinal de esperança, ao passo que na Igreja Católica Romana o beijo da paz é dado antes da comunhão, o ato de amor. As duas fazem igual sentido para mim.

O livro está cheio de referências a meus irmãos e irmãs dominicanos. Sua pregação e seu ensinamento e nossa partilha diária da Eucaristia continuam a nutrir-me em fé, esperança e amor. Agradeço em especial a Vivian Boland, op, por ler o texto e fazer, como sempre, sugestões úteis.

O Autor

ATO 1

FÉ

ATO 1, CENA 1

Volta ao lar

"Em nome do Pai, do Filho e do Espírito Santo." É esse um nome só ou são três? Pode parecer uma pergunta enigmática para começar um livro escrito para pessoas que talvez estejam se perguntando por que ir à igreja, afinal! Se começarmos com a misteriosa matemática da Trindade, quanto tempo vai demorar para começarmos a procurar anjos em cabeças de alfinete? Mas a pergunta aponta a razão de encontrarmos nosso lar e felicidade na Trindade. As pessoas da Trindade existem umas para as outras e se originam umas das outras. Seus nomes não as separam umas das outras, mas mostram que o Deus Trino é puro relacionamento. O Pai só é chamado assim por causa do Filho e o Filho por causa do Pai. O Espírito Santo é o amor entre eles. Para Deus "ser" é "ser relacionado".[1]

Vamos à igreja com nossas frágeis identidades, muitas vezes construídas umas contra as outras. Vamos como pessoas com a consciência de si mesmas às vezes baseada na competição, empenhando-nos pela superioridade ou lutando contra um sentimento de inferioridade. Até nossos amores contêm nós de rivalidade

---

[1] MARTIN SOSKICE. *The Kindess of God*, p. 123.

ou reticência. Começamos invocando o Deus Trino, um lar no qual possamos florescer e encontrar a felicidade, libertos da necessidade de lutar por nossa identidade, de justificar nossa existência; um lar no qual possamos nos sentir à vontade, no amor não competitivo e igual do Pai e do Filho, que é o Espírito Santo.

Ao relembrarmos a Trindade, fazemos o sinal da cruz, porque a cruz é, como veremos, nosso caminho para essa vida divina compartilhada. Fazemos o sinal em nosso corpo, colocando-nos na pátria da Trindade. No final de *Brideshead Revisited* [Memórias de Brideshead], Lord Marchmain, o velho patife que fugiu de Deus a maior parte da vida, está agonizante. Depois que ele recebe a unção dos enfermos, Charles, seu genro, que tem os primeiros vislumbres da fé, observa atentamente para ver se ele faz o sinal da cruz:

> De repente, Lord Marchmain levou a mão à testa; achei que ele sentira o toque do crisma e o estava limpando. "Ó Deus", rezei, "não o deixe fazer isso". Mas não havia nada a temer; a mão moveu-se lentamente para o peito, depois para o ombro, e Lord Marchmain fez o sinal da cruz. Então eu soube que o sinal que eu pedira não era uma coisinha, um aceno passageiro de reconhecimento e lembrei-me de uma frase da minha infância sobre o véu do templo rasgando-se de alto a baixo.[2]

O véu do templo partiu-se em dois na morte de Cristo e tudo o que nos separava do Santo dos Santos foi abolido. O velho veio para casa, para Deus, e o mesmo acontece conosco. Assim começamos cada Eucaristia com todos nós abençoando-nos uns aos

---

[2] WAUGH. *Brideshead Revisited*, intro. Frank Kermode, p. 307 [Ed. bras.: Memórias de Brideshead.]

outros em nome de Deus, e concluímos a liturgia com todos nós abençoando-nos uns aos outros por intermédio da pessoa do sacerdote. Depois de compartilhar o sacramento, fazemos parte dessa comunidade de bênção mútua no amor imparcial de Deus.

Então confessamos nossos pecados. Essa talvez pareça uma forma melancólica de começar uma celebração. Parece que para ser acolhido na festa precisamos primeiro sentirmo-nos mal a nosso respeito; Deus só nos aceitará se nos sentirmos culpados. No mercado, ninguém vende nada sem primeiro fazer as pessoas sentirem a necessidade do produto. A vida seria intolerável sem o último tipo de lavadora ou *laptop* ou as calças *jeans* modernas. De maneira semelhante, pode parecer que os cristãos precisam criar um "mercado" para o perdão divino. Primeiro precisamos pensar em nós mesmos como pecadores, induzir um sentimento de aversão por nós mesmos, para em seguida sentir a necessidade da misericórdia divina e ir à igreja. Não admira que o cristianismo seja às vezes considerado uma religião severa. Uma garotinha foi ouvida enquanto rezava: "Deus, faze todos os maus serem bons e todos os bons serem simpáticos".[3]

Mas não confessamos nossos pecados para despertar sentimentos de culpa. Herbert McCabe escreveu: "Se vamos nos confessar, não é para suplicar o perdão de Deus. É para agradecê-lo por esse perdão [...] Quando Deus perdoa nossos pecados, não muda de ideia a nosso respeito. Faz-nos mudar de ideia a seu respeito. Ele não muda, sua opinião nunca é nada a não ser amor; ele é amor".[4] Assim, começamos esse primeiro ato da Eucaristia com uma confissão de fé; cremos que todos os nossos pecados são

---

[3]   MOORE. *The Contagion of Jesus*, p. 10.
[4]   McCABE. *God, Christ and Us*, p. 16.

perdoados antes mesmo de serem cometidos. Cremos que nosso Deus é compassivo e amoroso, não um juiz colérico. A Bíblia fala muitas vezes da ira de Deus e é correto falar metaforicamente da ira de Deus pelo sofrimento e a injustiça do mundo, ira essa que também nós precisamos aprender a sentir. Mas Deus não está irado conosco. Juliana de Norwick, a mística do século XIV, escreveu que se Deus estivesse zangado conosco, mesmo que só por um momento, cessaríamos de existir.[5]

Os líderes cristãos lamentam muitas vezes a perda do sentido de pecado na sociedade contemporânea. Mas, para os cristãos, o pecado é sempre entendido como aquilo que é passível de perdão.[6] Não temos o discernimento apropriado do pecado enquanto não começamos a vislumbrar o perdão amoroso incondicional e gratuito de Deus. Dizer às pessoas que elas são pecadoras antes dessa conscientização seria um gesto ineficaz, como avisos ordenando não jogar lixo, ou então esmagador. Entretanto, nossa sociedade sofre de excesso de culpa: por não sermos os pais maravilhosos que nossos filhos merecem, por nossa riqueza e conforto em uma sociedade global na qual todo ano milhões morrem de fome, por nossa participação na espoliação do planeta. Essa culpa, estado psicológico angustiado em vez de reconhecimento objetivo de fracasso, pode deixar-nos desesperançados e impotentes. Muitas pessoas se fecham à primeira menção de cristianismo porque já se sentem tão sobrecarregadas com culpa meio reprimida que a última coisa que precisam é serem chamadas de pecadores. Mas é porque cremos no amor e no perdão incondicionais de Deus que ousamos abrir os olhos à mágoa e ao

---

[5] *The Revelation of Divine Love* §49, citado em MARTIN SOSKICE, p. 144.
[6] ALISON. *Undergoing God*, p. 61.

dano de nossas ações, sem entrar em pânico, e nos arrepender. A tristeza é uma conscientização salutar do mal que causamos aos outros e a nós mesmos, ao passo que sentimentos de culpa são uma concentração de narcisismo em nós mesmos: "Como sou execrável!". Tristeza não é sinal de que estamos longe de Deus, mas de que a graça curativa de Deus já está operando em nós, suavizando nossos corações, tornando-os corações de carne, não de pedra.

Numa noite gelada de janeiro, atravessei Londres de bicicleta para visitar um de meus irmãos. Eu tinha, estupidamente, me esquecido de pôr luvas. Quando cheguei, minhas mãos estavam tão entorpecidas que eu não conseguia sentir nada. Tive de usar o cotovelo para tocar a campainha. Minhas mãos só começaram a doer quando entrei no calor da casa e o sangue voltou aos dedos. De modo semelhante, a tristeza é sinal de que somos tocados pelo calor magnânimo de Deus. Sentimos dor porque estamos descongelando. Essa tristeza é quase sempre chamada de "contrição". A palavra vem de *tritura*, o atrito de coisas como na debulha de grãos, para despedaçar a casca incomível. Assim, contrição é a debulha de nossos corações, que os torna corações de carne, capazes de sentir tristeza e alegria.

Na Eucaristia católica romana, dizemos: "Irmãos e irmãs, reconheçamos os nossos pecados para participarmos dignamente desta santa celebração [deste santo mistério]". Essa palavra "mistério" ocorre várias vezes na Eucaristia. Quando acrescenta água ao vinho na preparação das oferendas, o sacerdote diz: "pelo mistério desta água e deste vinho, possamos participar da divindade de Cristo que se humilhou para compartilhar nossa humanidade". E depois das palavras da consagração, o sacerdote diz: "Eis o mistério da fé". Em que sentido a Eucaristia é um mistério? A palavra entrou no vocabulário cristão com a carta de Paulo aos efésios, na qual ele escreve que Deus "nos fez conhecer o mistério de sua vontade, segundo o desígnio benevolente que formou desde sempre em Cristo, tudo o que existe no céu e na terra" (Ef 1,9s).[7]

A Eucaristia é um mistério, não porque é misteriosa, mas porque é sinal do desígnio secreto de Deus, que é unir todas as coisas em Cristo. Na Eucaristia celebramos que a desordem da história humana, com sua violência e pecado, suas guerras e genocídios, está, de algum modo, de formas que agora não entendemos, a caminho do Reino. É vontade de Deus que nos reunamos em união, reconciliados uns com os outros. E assim começamos a Eucaristia pedindo o perdão de nossos irmãos e irmãs, dos anjos e santos e de toda a vasta comunidade do Reino. É sinal de que estamos reunidos na paz de Deus, com o restante da criação.

Quando o filho pródigo está no exílio, cuidando de porcos, ele acorda – "Ele caiu em si" (Lc 15,17) – e então volta para casa e para a família. Mas a casa e a família são a mesma coisa, pois seu exílio da família é um exílio de sua verdadeira identidade, como filho e irmão. Ele só pode reencontrar a si mesmo com eles. O pecado é amnésia, o entorpecimento de nossa memória. Sebastian Moore, osb, compara o pecado original ao conceito budista de *samsara*, esquecimento, "mas ele tem as marcas de nossa experiência ocidental–moral, política, aventurosa – e chama-se 'pecado' [...] E de fato somos levados a ver que o conceito tornou-se distorcido no Ocidente pela ênfase dada ao fracasso moral mais

---

[7] Walsh. *The Sacraments of Initiation*, p. 23.

do que à cegueira e ao sono".[8] Como a mãe falando ao filho, o bispo sonolento, Paulo diz aos romanos: "Sabeis em que momento estamos: já é hora de despertardes do sono" (Rm 13,11). Despertamos para ir à igreja, a fim de acordarmos para quem somos. Acorde e sinta o cheiro do café!

Um dia, Dorothy Day deu uma passada na igreja de São José, na Sexta Avenida, em Nova York. Ela percebeu que "mais cedo ou mais tarde eu teria de fazer uma pausa na louca corrida da vida e me lembrar de meu princípio e fim".[9] Prestes a entrar na terra prometida, Moisés conclama os israelitas ao arrependimento lembrando-os de que "foste escravo no Egito, mas o Senhor teu Deus te tirou de lá com mão forte e braço estendido" (Dt 5,15). Esquecemos que somos atores em um drama que é mais antigo que nós e que se estende além de nossa imaginação. Acordamos e recomeçamos a viagem. Tomás de Aquino escreveu uma oração adorável pedindo a misericórdia divina, para que Deus nos ajude a viajar em direção a ele:

Fonte de misericórdia, chama de volta o que foge de ti.
Atrai para ti o que tenta fugir.
Ergue o que caiu.
Ampara o que está de pé. Guia o que está viajando.[10]

Começamos, então, arrependendo-nos de nossos pecados, não para chafurdar na culpa, mas para lembrarmos que nossas pequenas histórias pessoais fazem parte daquela narrativa maior, na qual viemos de Deus e vamos para Deus, e para

[8] MOORE, op. cit., p. 89.
[9] ELIE. *The Life You Save*, p. 28.
[10] TOMÁS DE AQUINO. *Opera Omnia*. Parma, 1869, v. 24, p. 241.

retomarmos a viagem. O cego Bartimeu está à beira do caminho. Quando ouve Jesus, põe-se a gritar: "Filho de Davi, tem compaixão de mim" (Mc 18,48). Ele recebe a visão e caminha com Jesus para Jerusalém. Um inglês perdido em Atenas não conseguia parar um táxi que o levasse de volta ao hotel e só lhe restou gritar para os motoristas de táxi as únicas palavras em grego que conhecia: *Kyrie eleison* – "Senhor, tem piedade". Nosso grito inicial no começo da Eucaristia expressa nosso desejo de ir para casa.

O arrependimento é, de forma inseparável, um despertar para Deus, para si mesmo e uns para os outros. Um famoso rabino hassídico chamado Zusia disse: "Quando eu enfrentar o tribunal celeste não terei de responder por que não fui Abraão, Jacó ou Moisés. Vou ter de responder por que não fui Zusia".[11] O pecado é, em geral, fingir ser outra pessoa, admirável, poderosa ou sensual, que terá valor aos olhos dos outros e aos próprios. Como com o filho pródigo, é uma forma de autoexílio, refugiando-se em um eu imaginário. Rowan Williams, um verdadeiro galês, lembra-nos a velha piada: "o inglês orgulha-se de ser um homem que se fez por si mesmo, desse modo livrando Deus de uma enorme responsabilidade!".[12] Por que todos fazemos isso? Porque tememos que sem essa máscara magnífica não seremos amados. Herbert McCabe escreveu:

A raiz de todo pecado é o medo: o medo muito profundo de não sermos nada; a compulsão, portanto, de fazer alguma coisa de nós, de construir uma imagem autolisonjeira de nós mesmos que possamos cultuar, para crer em nós mesmos – nossos egos de

---

[11] WIESEL. *Souls on Fire*, p. 120.
[12] WILLIAMS. *Silence and Honey Cakes*, p. 48.

ilusão. Acho que todos os pecados são fracassos em ser realista; mesmo os simples pecados diários da carne, que aparentemente se originam da mera ganância de prazer, têm sua origem mais profunda na ansiedade sobre se realmente temos importância, a ansiedade que nos torna desesperados por autoconfiança. Pecar é sempre construir um eu ilusório que podemos admirar, em vez do verdadeiro eu que só podemos amar.[13]

O pecado tem sido definido muitas vezes pelos homens e, assim, considerado tipicamente agressividade, orgulho e egocentrismo. Saiving Goldstein pergunta se as mulheres também não têm seus pecados característicos, que ela sugere serem trivialidade e prolixidade, dependência dos outros para a definição de si mesma, "subdesenvolvimento ou negação do eu".[14]

Abandonar essas imagens de si mesmo como macho ou sensual, poderoso ou subserviente e imprestável é "cair em si" como o filho pródigo que despertou para o que ele era, e também uma espécie de perda de individualidade. Ele precisa renunciar a sua identidade como "filho pródigo" e, então, quem ele será quando chegar em casa? Ele não sabe de antemão. O traficante de drogas ou de armas, ou alguém que se defina por suas conquistas sexuais e que se arrepende e abandona uma identidade não sabe quem ele se tornará, e isso é assustador. Precisa receber a nova identidade das mãos de Deus. Richard Finn, op, disse: "Ser perdoado, ser discípulo, é necessariamente abandonar os pecados que fazem parte de nossa vida. Pense, por exemplo, o que é preciso, em termos de identidade pessoal e social, para abandonar o

---

[13] McCabe. *God, Christ and Us*, p. 17.
[14] Goldstein. "The Human Situation – a Feminine View". *Journal of Religion*, 40, 1960, pp. 100-112, citado em Martin Soskice. *The Kindness of God*, p. 104.

sectarismo, a homofobia ou o nacionalismo [...] O que tememos como desintegração, nossa perda de quem somos, não é nossa desagregação, mas nossa estrutura".[15] Temos de desmontar as pequenas identidades egoístas falsas dentro das quais nos protegemos, a fim de descobrir quem somos em Deus.

Um filme sul-africano, *Tsotsi*, ganhou o Oscar de melhor filme estrangeiro em 2006. O título significa "bandido" e é o apelido de um jovem líder de gangue valentão que vive em Soweto, perto de Johannesburgo. Esse vasto distrito, de mais de um milhão de habitantes, não aparecia nos mapas do *apartheid*. Não fazia parte da geografia branca. Mas é ali que Tsotsi faz nome por meio de roubos e violência. Um dia ele rouba um carro, atirando em uma mulher que, paralisada de medo, foge para casa. Ele descobre um bebê no banco de trás. Quando passa a amar a criança, percebe que precisa devolvê-la aos pais. Vemos sua transformação gradual, a agitação de seu coração. Ele tem de desistir não só do bebê, mas também da identidade heroica que construíra para si, deixando perplexos os membros da gangue. Eles já não conseguem entender quem ele é, e nem ele mesmo entende. Por fim, nós o vemos voltar à casa dos pais do bebê, para devolver a criança, com a polícia à espreita para matá-lo ou, pelo menos, prendê-lo. Ele não está só renunciando à criança que ele ama, mas a sua própria identidade como líder valentão de uma gangue. É a história de alguém que se descobre ao abandonar uma identidade, ao ousar não saber quem ele deverá ser. Isso talvez envolva um rompimento radical com o passado. Dietrich Bonhoeffer disse: "Se o passageiro toma o trem errado, não adianta correr pelo corredor na direção errada".

---

[15] Sermão inédito.

O drama da graça, de nos tornarmos pessoas que creem, têm esperança e amam, envolve a destruição de falsas imagens não só de nós mesmos, mas também de Deus. Santo Tomás de Aquino diz que neste mundo não podemos conhecer Deus como Deus é, somente como Deus não é. Temos de libertar-nos das falsas ideias de Deus como o Grande Mestre no Céu, o invisível Presidente do Universo, a Maior Apólice de Seguros, ou seja lá o que for. A fé é uma viagem no escuro, destruindo falsos ídolos. Ao me aproximar do mistério de Deus, também vislumbro o mistério de quem sou. Deus me chama pelo nome e é com ele que descobrirei minha nova identidade. João escreve: "[...] nem sequer se manifestou o que seremos! Sabemos que, quando Jesus se manifestar, seremos semelhantes a ele, porque o veremos tal como ele é" (1Jo 3,2). Minha fé é que eu sou alguém que Deus chama pelo nome; no próximo capítulo examinaremos o que isso significa.

Também voltamos uns para os outros, como o filho pródigo que volta para a família. Na Eucaristia católica romana, confessamos a "Deus todo-poderoso e a vós, irmãos, que pequei [...] por minha culpa [...] portanto peço à bem-aventurada sempre virgem Maria, a todos os anjos e santos e a vós, irmãos, que rogueis por mim a Deus, nosso Senhor". É bastante gente. Voltamos para casa, para toda a Igreja, a comunhão dos santos e as pessoas a meu lado no banco, minha família. Isso faz parte de ser libertado do exílio solitário e glorioso de ser o herói em meu drama particular e acordar para nossa família em Deus. Podemos ir à igreja envolvidos nas preocupações de nossos dramas pessoais, preocupados com nosso emprego ou com o que vamos comer no almoço e se os que amamos ainda nos amam. Estamos presos a pequenos dramas nos quais interpretamos o papel principal.

POR QUE IR À IGREJA?

Como Bette Midler disse no filme *Amigas para sempre*: "Chega de falar de mim. O que você acha de mim?". "Exclua o ego!", M diz a James Bond em *Cassino Royale*. Preparemo-nos para receber a presença real de Cristo na Eucaristia estando realmente presentes uns para os outros, até para os membros de nossa família da qual talvez estejamos meio ausentes e alienados.

No filme clássico *Desencanto*, rodado no ano em que nasci, uma dona de casa entediada e um clínico geral conhecem-se em uma estação ferroviária e se apaixonam. No fim, percebem que não têm futuro juntos. Precisam romper o relacionamento. Aquela noite, o marido de Laura, a dona de casa, lhe diz:

– Você ficou muito tempo fora.

– Sim – ela retruca.

– Obrigado por voltar para mim – é a resposta dele.

Não era uma ausência física, mas uma ausência humana, mental e espiritual.

Para voltar para casa, o filho pródigo precisa jogar fora sua dignidade. Ele prepara suas palavras: "Pai, pequei contra Deus e contra ti, já não mereço ser chamado teu filho. Trata-me como a um dos teus empregados" (Lc 15,18-19). Mas o pai não presta atenção e veste-o com a melhor túnica e coloca-lhe um anel no dedo e sandálias nos pés. O filho joga fora sua dignidade e recebe mais do que jamais tivera antes. O pai também joga fora sua dignidade, correndo ao encontro do filho, sem esperar uma palavra de explicação.

Quando confessamos nossos pecados no início da Eucaristia, jogamos fora nossa dignidade e também a reivindicamos. Pomos de lado nossas pretensões ridículas e risíveis de ser importantes e admiráveis por causa de riqueza, posição ou poder e rimos de nós mesmos. Andrew Carnegie disse: "Milionários raramente riem". Também os fundamentalistas não riem. Citando mais uma vez Herbert McCabe: "Podemos nos ver como figuras cômicas – quem se leva muito a sério é um pouco ridículo. E também isso é partilhar o jeito de Deus ver as coisas". Nosso Deus "diverte-se com seus filhos cabeçudos – em especial quando são muito pomposos e solenes".[16] Shigeto Oshida, dominicano e mestre zen japonês, escreve sobre o "cheiro" do ego: "Às vezes, podemos 'cheirar' o ego e manter-nos afastados dele, isso é tudo. Simplesmente não lhe dê importância. Quando começar a sentir o cheiro, olhe-se no espelho e zombe de si mesmo, ria de si mesmo".[17]

Na famosa citação de G. K. Chesterton, os anjos voam porque não se levam a sério. Isso não acontece com os anjos caídos. Satanás é tradicionalmente visto como figura pomposa, e é por isso que na Idade Média diziam que a melhor maneira de lidar com demônios era rir deles. Gárgulas com rostos grotescos defendiam nossos lugares santos com o poder da zombaria. O saltério do século XIV, Macclesfield, por exemplo, está cheio de humor irreverente, diabos ridículos e traseiros nus, riscados por puritanos que julgavam a religião um assunto mais sério. Fernando Cervantes demonstrou que as pessoas pararam de representar o diabo a certa altura do início da modernidade, não porque cessamos de nos preocupar com ele, mas porque ficamos com muito medo.[18]

---

[16] McCABE, op. cit., p. 17.
[17] Compilado por MATIELLO, Claudia. *Takamori Soan; Teachings of Shigeto Oshida, a Zen Master*, p. 38.
[18] CERVANTES. *The Devil in the New World*.

Precisamos nos libertar das ilusões de heroísmo. Heróis tendem a ser figuras sérias, homens e mulheres do destino, de quem dependemos. Mas precisamos ousar perceber como muitas vezes somos ridículos. Os santos identificavam a própria presunção e a achavam engraçada, embora embaraçosa. Samuel Wells compara o tipo de história que é construída em volta de um herói e a história do santo, no sentido neotestamentário de alguém que faz parte do Povo de Deus:

> O herói ainda é, de muitas maneiras, o modelo que admiramos na sociedade contemporânea – apesar de desejarmos ser muito democráticos e igualitários quanto a heróis e dizermos que todos podemos ser heróis espontaneamente. Todos sentimos que cabe a nós, em nossa geração, fazer a história dar certo, o que significa que histórias são contadas com os heróis no centro delas e as histórias são contadas para louvar as virtudes do herói – pois se o herói falhasse, tudo estaria perdido. Em contraste, o santo pode falhar de uma forma que o herói não pode, porque o fracasso de um santo revela o perdão e as novas possibilidades feitas em Deus, e o santo é apenas uma pequena personagem em uma história que é sempre basicamente a respeito de Deus.[19]

Um grande clímax do ano litúrgico é Pentecostes. Mas no dia seguinte já estamos no que se chama "tempo comum". Eu costumava considerar isso um desapontamento. Por que não podíamos desfrutar alguns dias de tempo pentecostal? Com certeza, o ápice da presença divina é a dádiva do Espírito que está conosco em nossas vidas comuns. Rejeitamos o cultivo de celebridades. É correto ser comum. Celebridades vivem com ansiedade na

---

[19] "Theological Ethics". In: SHORRT. *God's Advocates*, p. 180.

insegurança da fama, mas as pessoas comuns são ligadas umas às outras, como são as pessoas divinas da Trindade.

Confessamos uns aos outros que somos pecadores. Ajudamos uns aos outros na liberdade de aceitar nossa fragilidade e fraqueza, nenhum de nós com motivos para presunção. Uma história dos padres do deserto narra como um monge, chamado Theopemptus, muito satisfeito consigo mesmo, foi visitar o grande Macário:

> Quando ficou sozinho com ele, Macário perguntou:
>
> – Como vão as coisas com você?
>
> Theopemptus respondeu:
>
> – Graças a suas orações, tudo vai bem.
>
> O velho perguntou:
>
> – Você ainda tem de lutar com suas fantasias sexuais? (Frase interessante para puxar conversa!)
>
> Ele respondeu:
>
> – Não, até agora está tudo bem – ele temia admitir qualquer coisa.
>
> Mas o velho lhe disse:
>
> – Vivi muitos anos como asceta e todos cantam-me louvores, mas, apesar da idade, ainda tenho problemas com fantasias sexuais.
>
> Theopemptus disse:
>
> – Bem, para dizer a verdade, acontece o mesmo comigo.
>
> E o velho prosseguiu e reconheceu, uma a uma, todas as outras fantasias que o faziam lutar, até levar Theopemptus a admitir, ele mesmo, todas elas.[20]

Ao confessar a confusão que ele fez de sua vida, o filho pródigo reivindica uma nova dignidade. Ele não culpa outra pessoa.

---

[20] WILLIAMS, op. cit., p. 27.

Recusa-se a ser vítima. George Mackay Brown, o poeta de Orkney, amava profundamente uma jovem chamada Stella Cartwright, que morreu em tenra idade de tanto beber uísque. Ela culpava todo mundo, exceto ela mesma.Mas há uma linda carta, recebida já no final de sua vida, na qual Mackay Brown, que lutara ele próprio com o álcool, convidou-a a responsabilizar-se pela própria vida e a admitir o que ela fez e foi: "Querida Stella, com toda a sua bondade, doçura e delicadeza, você pode fazer isso – está em suas mãos –, você voltará a ficar de pé em pleno sol mais uma vez".[21]

Exemplo ainda mais dramático é a história de *Dead Man Walking* [Andar de homem morto], em que a irmã Helen Prejean, csj, conta como veio a visitar prisioneiros no corredor da morte e a lutar contra a pena de morte. Uma das maneiras como ela ama e cuida desses condenados é ajudando-os a confessar francamente o que fizeram em vez de pôr a culpa nos pais, nas drogas ou nas vítimas. Ela descreve uma conversa com Robert Lee Willie, condenado pelo assassinato de Faith:

> – Se você morrer – digo como sua amiga –, quero ajudá-lo a morrer com dignidade e isso não é possível, a meu ver, se você não admitir honestamente a parte que desempenhou na morte de Faith.
>
> Ele olha diretamente nos meus olhos. Não é nenhum chorão e aprecio isso. Não temos muito tempo. É preciso ser direto e verdadeiro [...] Digo:
>
> – Talvez você queira verificar algumas palavras de Jesus que possam ter sentido especial para você: "Conhecereis a verdade, e a verdade vos tornará livres". Está no evangelho de João, capítulo 8.

---

[21] FERGUSSON. *George Mackay Brown*, p. 226.

E, então, alguns dias mais tarde, vejo-me dizendo a Robert [...] palavras tiradas de alguma força que penetra fundo e aguenta firme e digo-lhe que apesar de seu crime, apesar da dor terrível que causou, ele é um ser humano e tem uma dignidade que ninguém pode tirar dele, que ele é filho de Deus.

– Ninguém jamais me chamou de filho de Deus antes – ele diz e sorri. — Já fui chamado de filho você sabe do quê, muitas vezes, mas nunca de filho de Deus.[22]

Assim, quando confessamos nossos pecados "a vós, irmãos e irmãs", ficamos de pé ao sol e reivindicamos nossa dignidade como filhos de Deus. Nenhum outro animal tem a dignidade de reivindicar seus feitos como ele, nem a indignidade de recusar-se a fazê-lo, embora eu tenha visto cães tentando dar uma impressão nada convincente de inocência! Leões não renunciam, abaladíssimos, por não serem adequadamente leoninos. Elefantes não rolam na lama para dar vazão ao desconsolo de serem tão gritantemente elefantinos. Seja o que for que nos separa ou não nos separa da animalidade, o potencial para imaginar e representar a transfiguração e reconhecer a desfiguração é o que nos faz humanos. Nosso senso de indignidade é a essência de nossa dignidade. *Non sum dignus*. Até nossas emolduradas liturgias contemporâneas admitem isso.[23]

Mas o pai do filho pródigo disse aos empregados: "Trazei depressa a melhor túnica para vestir meu filho. Colocai-lhe um anel no dedo e sandálias nos pés. Trazei um novilho gordo e matai-o, para comermos e festejarmos. Pois este meu filho estava morto e tornou a viver, estava perdido e foi encontrado". E começaram

---

[22]   PREJEAN. *Dead Man Walking*, p. 162.
[23]   MARTIN. "Split Religion", p. 5.

a festa (Lc 15,22-24). Nossa confissão dos pecados prepara-nos para a festa. Note que o pai nunca diz ao filho: "Eu te perdoo". A festa é o perdão. Da mesma maneira, a Eucaristia é o sacramento comum do perdão. O perdão não é uma coisa que Deus oferece antes de amar-nos e receber-nos de volta. É simplesmente partilhar a vida divina por meio da fé, da esperança e do amor.

ATO 1, CENA 2

"Aqui estou!"

Para Tomás de Aquino, a fé nos mostra o propósito da vida humana, a felicidade com Deus; a esperança volta-se para a felicidade, e o amor nos une a ela.[1] É essa a estrutura dinâmica da Eucaristia. No primeiro ato, da confissão de nossos pecados às orações de intercessão, somos harmonizados com nosso destino final, a felicidade do céu. Ouvimos as Sagradas Escrituras e nos lembramos da história da amizade de Deus com a humanidade; começamos a vislumbrar quem somos e para onde nos dirigimos. No segundo ato, da preparação das oferendas até o fim da oração eucarística, estendemos os braços na esperança desse propósito. Lembramo-nos da última ceia de Jesus com os discípulos, na noite anterior à sua morte, e da esperança que partilhou com eles então, e aumentamos a esperança em relação a nós e a toda a humanidade. O último ato da Eucaristia, desde o pai-nosso até sermos mandados para casa, é a reencenação de nosso encontro com o Cristo ressuscitado, o triunfo do amor sobre o ódio e a morte, o primeiro gosto pela comunhão uns com os outros em Deus.

---

[1] *In 1ad Tim*. 1, 5 lect i, nn. 13-16, citado por TORRELL. *Saint Thomas Aquinas*, p. 318.

POR QUE IR À IGREJA?

Toda celebração da Eucaristia tem essa estrutura dramática que é a disposição profunda de toda vida humana indo para casa, para Deus. Neste tempo secular, isso pode parecer a maneira errada na direção oposta. Muitos não creem, a maior parte se apega de algum modo à esperança, e quase todos alegam amar. Não deveríamos começar com o amor? Mas mesmo assim, o modelo está com certeza correto, pois primeiro precisamos crer no amor, resistindo à tentação de cinismo; em seguida esperamos o triunfo do amor e finalmente desfrutamos o antegozo de sua plenitude.

Depois de nossa confissão preliminar de fé – que Deus é bom –, ousamos ouvir a Palavra de Deus sem medo. Para ajudar-nos na sutil arte de escutar, tomaremos a história de Maria, arquétipo do fiel cristão, ouvindo o anúncio do arcanjo Gabriel de que ela teria um filho. Também ficaremos de olho em Moisés escutando no deserto a voz que o chamava pelo nome. Então, nas cenas seguintes, analisaremos como eles tentam entender o que ouvem e partilhá-lo com os outros.

"No sexto mês, o anjo Gabriel foi enviado por Deus a uma cidade da Galileia, chamada Nazaré, a uma virgem prometida em casamento a um homem de nome José, da casa de Davi. A virgem se chamava Maria. O anjo entrou onde ela estava e disse: 'Alegra-te, cheia de graça! O Senhor está contigo'" (Lc 1,26-28).

Silêncio

Em geral, Maria é representada sozinha, lendo tranquilamente quando o anjo Gabriel irrompe em sua vida. Não se pode imaginar a anunciação ocorrendo em uma festa desregrada com os vizinhos. Também Moisés está sozinho, no silêncio e na solidão do deserto. O Baal Shem Tov, fundador do judaísmo hassídico, costumava caminhar no bosque e sentar-se em silêncio às margens de rios para aprender a arte de escutar. Se fé é ouvir Deus falar conosco, então começamos aprendendo como ficar em silêncio. Quando confessamos nossos pecados, declaramos que estamos prontos para ir para casa, para Deus, uns para os outros e para nós mesmos, e isso significa que precisamos escutar. Nossas igrejas e nossa vida costumam ser cheias de barulho. Em *Passagem para a Índia*, E. M. Forster põe em contraste o "pobre cristianismo falador" com o silêncio das grutas de Malabar. O silêncio pode ser alarmante. Nunca se sabe o que se pode ouvir. Em *O mochileiro das Galáxias*, Ford Prefect não entende por que os seres humanos são incapazes de calar a boca, mas enchem o silêncio com observações corriqueiras, tais como "Que dia bonito" ou "Você cortou o cabelo", e conclui que se parassem de usar os lábios, poderiam começar a usar o cérebro, escutar e pensar.

A Palavra de Deus nasce no silêncio. Barbara Brown Taylor escreveu: "Em todos os evangelhos, a Palavra surge do silêncio. Para João, é o silêncio no início da criação. Para Lucas, é o silêncio do pobre velho Zacarias emudecido pelo anjo Gabriel por duvidar que Isabel teria um filho. Para Mateus, é o silêncio constrangedor entre José e Maria, quando ela lhe dá a notícia pré-nupcial. E, para Marcos, é a voz de alguém que clama no deserto – a voz da profecia há muito esquecida que destrói o silêncio do deserto e do tempo".[2] Temos de ficar quietos, não só para ouvir as palavras das leituras, mas para ouvir o silêncio pleno

---

[2] TAYLOR. *When God is Silent*, p. 73.

de Deus do qual elas se originam. Esse é um conceito difícil de transmitir. Os que conhecem o mais profundo silêncio raramente falam muito. Quando a monja budista Tenzin Palmo voltou depois de três anos de profundo silêncio no Himalaia, tudo o que disse foi: "Bem, não foi enfadonho".[3]

Quando amamos alguém, desfrutamos nosso silêncio compartilhado como a intimidade mais profunda. As palavras que compartilhamos brotam do silêncio e a ele conduzem. O silêncio compartilhado do amor não é ausência de barulho, mas intensidade de presença mútua. Os músicos sabem que o silêncio entre as notas faz parte da música tanto quanto as notas. A música expressa o silêncio e o torna eloquente, como quando se espera uma nota ou se deixa-a ir. Etty Hillesum, jovem judia que aguardava a deportação para um campo em Westerbork na Holanda e de lá para Auschwitz, compara o silêncio entre as palavras aos espaços vazios nas gravuras japonesas: "O que importa é a correta relação entre palavras e ausência de palavras, a ausência de palavras na qual acontecem muito mais coisas que em todas as palavras que se possam juntar. E o fundo sem palavras de cada conto – ou seja lá o que for – deve ter um matiz distinto e um conteúdo discreto, exatamente como as gravuras japonesas. Não é um silêncio vago e incompreensível, pois também o silêncio precisa ter contornos e formas. Tudo o que as palavras devem fazer é dar forma e contornos ao silêncio".[4]

O filme *O grande silêncio* descreve um ano da vida no mosteiro da Ordem dos Cartuxos. Dura três horas e quase nada é dito. Ai de mim! Quando assisti ao filme em St. Louis, ele deveria

---

[3] MAITLAND. *A Book of Silence*, p. 42.
[4] HILLESUM. *An Interrupted Life*, pp. 167s.

ter-se chamado *Na grande ruidosa mastigação de pipoca*. As reações do público eram fascinantes. Havia dois grupos, os aposentados e os estudantes, as únicas pessoas livres em um dia útil à tarde. Os aposentados não se entusiasmaram e alguns saíram antes do fim do filme. Ouvi por acaso observações como: "Por que pagar para assistir a tinta secando?" e "Não vou pagar para assistir à sequência". Mas os jovens não decidiram sair. Assistiram até terminar o último crédito. Saborearam o silêncio, como se o esperassem havia muito tempo. Quando no final um velho monge cego fala, suas palavras têm autoridade, porque se originam de seu silêncio, até quando ele dá graças por sua cegueira. Esse silêncio une a comunidade monástica, como um grupo de pessoas ligadas por ouvir em silêncio a música que terminou um momento antes.

Precisamos fazer calar a tagarelice interior. Segundo uma frase budista, "acalmamos a mente travessa". Um de meus confrades escoceses costumava preparar sermões indo falar com vacas. Isso não sugeria uma baixa opinião da inteligência da congregação. A calma das vacas simplesmente o ajudava a prestar atenção ao evangelho. Sebastian Moore, osb, incentiva-nos: "Ora, para ouvir o que Deus nos diz, precisamos acabar completamente com o barulho mental. E isso é mais fácil do que pensamos; tudo o que tenho de fazer é perceber que falar comigo mesmo faz dois de mim, eu e eu mesmo, e isso não pode ser verdade, por isso deixo esse eu-comigo desintegrar-se em apenas eu e é aí que Deus está e tem estado o tempo todo. Não existem dois de mim: o amor faz-me um só. A princípio é um choque, mas respire fundo e diga: 'Está bem, aqui estou, Deus. É a tua vez'".[5] É bom

---

[5] MOORE. *The Contagion of Jesus*, p. 172.

que além de ler a Bíblia também a escutemos juntos na igreja. Escutar sugere uma recepção mais passiva, aceitando o texto conforme ele nos é oferecido pelo leitor, em sua velocidade e entoação. Como leitores, estamos no controle, aptos a parar, voltar, reler, determinar o ritmo. Isso é bom, mas também precisamos escutar com outras pessoas, compartilhando a recepção da dádiva. É a diferença entre escutar uma sinfonia no meu aparelho de som estereofônico em casa e ouvi-la em uma sala de concertos.

Fiquei muitas vezes com os pais de um de meus confrades em Cornwall. O pai era pintor abstrato. Muitos de seus quadros consistiam em apenas algumas linhas de cor. A princípio eu não via nada nelas. Achava que, se tivesse dez minutos, eu me sairia tão bem quanto ele. Temia os convites ao seu estúdio, onde ainda mais telas eram apresentadas para reação e avaliação. O que eu podia dizer? "Mais três listras de cores, isso parece familiar!" Eu tinha de conviver com os quadros, tomar o café da manhã na presença deles e também o chá da tarde e o último drinque. Eu tinha apenas de ficar com eles e aprender a ver o jogo de luzes nas telas. Paciência e passividade eram necessárias para que eles me ensinassem sua linguagem, educassem meus olhos. Então me harmonizei com a beleza deles. É como aprender uma nova língua. A princípio, quando as pessoas falam conosco em outra língua, não dá nem para distinguir as palavras. É apenas ruído espanhol ou chinês. A língua educa nossos ouvidos de modo que captamos suas formas e cadências e acabamos por ouvir palavras. E assim é quando ouvimos as Sagradas Escrituras. Precisamos evitar a inquirição imediata, como se pudéssemos forçosamente, depressa demais, entender sua mensagem. A ocasião para análise surgirá em seu devido tempo. Se nos apressarmos, acabaremos tentando encaixá-las em nosso mundo mental em vez de descobrir a amplitude da Palavra de Deus. Thomas Merton, o monge cisterciense, fala da "escuridão de minha mente vazia, este mar que se abre dentro de mim assim que fecho os olhos".[6] Há um escutar passivo, uma calma receptividade, que nos abre à impregnação pela Palavra, como Maria. Assim, temos de simplesmente estar com o texto, descansar em sua presença sem tentar em demasia entendê-lo a esta altura. Recebemos a Palavra de Deus com tranquila hospitalidade, como um hóspede que reverenciamos. Yann Martel escreve no romance *The Life of Pi* [A vida de Pi]: "Nenhuma ameaça vinda do púlpito, nenhuma condenação de igrejas ruins, nenhuma pressão dos colegas, só um livro das Sagradas Escrituras esperando tranquilamente para dizer olá, tão terno e intenso quanto o beijo de uma garotinha em tua face".[7]

Tudo isso é muito bonito, mas e se alguém está preso à "louca corrida da vida", como Dorothy Day? Para a maioria das pessoas, em especial jovens pais, é difícil conseguir silêncio. Janet Martin Soskice escreve a respeito de uma "visão recebida" sobre a vida espiritual que "consistia em longos períodos de silêncio, reflexão concentrada, igrejas escuras e liturgias dignificadas. Em suas esferas mais altas, consiste em tempo passado em oração contemplativa, retiros e, às vezes, disputas dolorosas com Deus retratadas por John Donne ou George Herbert. Consiste, acima de tudo, em solidão e serenidade. Não inclui tomar conta de crianças pequenas".[8] "O que não temos é um monge que

---

[6]   De *The Song of Jonas*, citado em ELIE, Paul. *The Life You Save May Be Your Own*, p. 210.

[7]   MARTEL. *The Life of Pi*, p. 208.

[8]   MARTIN SOSKICE. *The Kindness of God*, pp. 12s.

encontre Deus enquanto faz a comida com uma criança pedindo água, outra que precisa que lhe limpem o traseiro e um bebê nos ombros."[9] Não sou esse monge, nem mesmo esse frade! Soskice afirma que ser pai ou mãe é treinamento em uma espécie de atenção, uma consciência da criança que é intuitiva e instintiva, espiritual e racional e que é sua própria forma de "desprendimento" e, assim, parte da vida espiritual. Esse tipo de atenção faz também parte do ato de a Igreja escutar a Palavra de Deus, embora, com muita frequência, esta não seja valorizada. Fez parte do ato de Maria escutar depois do nascimento de seu filho.

"Aqui estou!"

Ambos, Moisés e Maria, são abordados: "Vendo o Senhor que Moisés se aproximava para observar, Deus o chamou do meio da sarça: 'Moisés! Moisés!' Ele respondeu: 'Aqui estou!'" (Ex 3,4); "Alegra-te, cheia de graça! O Senhor está contigo". A fé não é, em primeiro lugar, a adesão a algumas proposições, embora, como veremos, isso tenha seu lugar. É ficar atento àquele que nos chama pelo nome e espera uma resposta. Gabriel Josipovici escreve: "Todos os que são chamados por Deus reconhecem que não há como fugir do diálogo: Noé, Abraão, Moisés, Samuel, Isaías, Jeremias. Quando Deus os chama pela primeira vez, sua resposta costuma ser: 'Por favor, deixa-me em paz. Não quero falar contigo. Não sou digno. Não posso fazê-lo. Procura outro'. Contudo, eles respondem e Deus os fortalece, dizendo-lhes que sempre estará com eles".[10] No Antigo Testamento, a costumeira resposta de

---

[9]   Ibid., p. 23.
[10]   JOSIPOVICI. *The Book of God*, p. 171.

fé é uma única palavra hebraica, *Hineni*, "Aqui estou!". "Ao dizer *Hineni*, o interlocutor assume a responsabilidade por si mesmo e pela tarefa que Deus lhe impuser, seja ela qual for. Adão e Jonas, muito simplesmente, recusam-se a dizer *Hineni*."[11] É perigoso responder a Deus: "Aqui estou!". Não se sabe aonde a conversa com Deus pode levar. Quando visitei o monte Sinai, avistei ao lado do santuário da sarça ardente um antigo extintor de incêndio. No fim Maria diz: "Eis aqui a serva do Senhor! Faça-se em mim segundo a tua palavra". É seu *Hineni*.

Nunca fui abordado por uma voz misteriosa chamando-me "Timothy" e, em nossa sociedade, os que afirmam ter ouvido tais vozes costumam ser considerados malucos. Nunca fui visitado nem mesmo por um anjo menor. Assim, o que a fé significa para pessoas como nós? Vinte anos atrás, em Sydney, fui convidado para jantar por um padre e uma irmã de outra ordem religiosa. Depois de uns dois copos de vinho, eles se mostraram entusiasmados com a maravilha que era ter um relacionamento pessoal com Jesus e não entendiam como alguém que não tinha essa bênção conseguia viver. Eu me sentia cada vez mais imperfeito. Não duvidava de sua sinceridade, mas a linguagem não se entrosava com minha experiência; perguntei a mim mesmo se eu seria uma fraude, não um verdadeiro cristão. Eu não conseguia imaginar Jesus como meu companheiro invisível, com quem eu tinha um relacionamento intenso. O que me faltava? Ao refletir naquela conversa tantos anos depois, percebo duas coisas. Primeiro, que não sei o que eles queriam dizer com aquele "relacionamento pessoal". Talvez não pensassem, de modo algum, em Jesus como amigo invisível. Segundo, que, pelo menos em

---

[11] Ibid., p. 172.

minha experiência, a ausência desse tipo de relacionamento com Jesus não é, necessariamente, perda de intimidade. O fato de eu não imaginar Jesus a meu lado, tagarelando como meu chapa, não significa ausência. Nossa intimidade com Deus é mais profunda, pois ele está "mais perto de mim do que eu estou de mim mesmo", nas palavras de Santo Agostinho. Então, o que significa para gente como eu ser abordado por Deus e dizer "Aqui estou!"? Este livro todo é uma resposta a essa pergunta e o que apresento agora é apenas um primeiro passo.

Ouvir a Palavra de Deus e dizer "Aqui estou!" leva a um novo sentimento de quem eu sou. Descubro quem eu sou no relacionamento com Deus. Pense nas histórias que contamos a nosso respeito, as "autobiografias" implícitas que trazemos na cabeça, que justificam nosso senso de identidade pessoal. Por exemplo, posso lhes contar a história de minha infância, de como me tornei dominicano e do que me aconteceu a partir de então. Meus sessenta e tantos anos neste planeta não têm sido apenas uma sucessão casual de acontecimentos, mas uma vida humana, com forma e direção. Lembro-a, de certa maneira, como uma vida que vai a algum lugar, com desvios ocasionais no caminho. No epitáfio de sua autobiografia, Gabriel García Márquez escreve: "A vida não é apenas o que a pessoa viveu, mas aquilo de que ela se lembra e como ela se lembra disso para contá-lo".[12]

Jamais conto a história de minha vida apenas como assunto puramente pessoal. Toda sociedade apresenta-nos modelos, vários tipos de histórias, que nos ajudam a entender quem somos como maridos e esposas, pais, acadêmicos, soldados, artistas,

---

[12] MÁRQUEZ. *Living to Tell the Tale.*

namorados. Filmes e romances apresentam histórias nas quais nos reconhecemos. Dom Quixote entendia a si mesmo em termos das aventuras cavalheirescas de sua época e via-se como bravo cavaleiro. O romance de Peter Carey, *True History of the Kelly Gang* [A verdadeira história da gangue de Kelly], também tem seu momento quixotesco. Narra a história de Ned Kelly, o salteador e ladrão de bancos australiano do século XIX, e de seus amigos. Para suas façanhas eles vestiam uma armadura tosca. O cerco em torno deles aperta quando estão escondidos com reféns, cercados pela polícia, aguardando o último ataque e a morte. Entre eles está um anão, que recita o discurso do dia de São Crispim em *Henrique V* de Shakespeare:

> Pois aquele que hoje derramar seu sangue comigo
> Será meu irmão; mesmo que nunca seja tão vil,
> Este dia enobrecerá sua condição:
> E os cavalheiros da Inglaterra, agora na cama,
> Julgar-se-ão amaldiçoados por não estarem aqui,
> E não darão valor a sua virilidade enquanto falar alguém
> Que lutou conosco no dia de São Crispim.

Eles olham uns para os outros de um jeito novo. Esses salteadores são vistos como cavaleiros do rei Henrique. E quando o anão acabou de declamar o discurso, segundo as palavras do diário sem pontuação de Ned, "houve um momento de silêncio e então a Sra. Jones deu um grande hurra e todos os homens batiam palmas e assobiavam e o aleijadinho estava iluminado, eu o ergui e o sentei na barreira".[13] Essas pobres pessoas de uma parte

---

[13]   CAREY. *True History of the Kelly Gang*, p. 408.

remota da Austrália, com vidas aparentemente insignificantes e que enfrentam morte ignominiosa, imaginam-se dentro de uma história que dá certa beleza a seu sórdido fim. O drama da história é deles e também o sangue deles é enobrecido. A amassada chapa de lata velha torna-se a brilhante armadura dos cavaleiros de Henrique na véspera de Agincourt. Uma história antiga transforma momentaneamente quem eles se julgam ser.

Quando Moisés e Maria foram abordados por Deus, fosse da maneira que fosse, isso os levou a habitar histórias diferentes. O "Aqui estou!" deles colocou-os em uma história que era antiga e nova e transformou a identidade deles. Moisés é chamado para fora de sua pequena história, escapando da ira do faraó por ter matado um egípcio e planejando instalar-se com sua mulher no deserto. Ele ouviu a voz que disse: "Eu sou o Deus de teu pai, o Deus de Abraão, o Deus de Isaac, o Deus de Jacó" (Ex 3,6). É levado de volta a uma história mais antiga, a de seus antepassados, e será envolvido em um futuro que nunca escolheu, conduzindo seu povo à liberdade na terra prometida. A história das grandes proezas que Deus fez por seus ancestrais no passado e da promessa de um novo lar estava, é de se supor, viva de alguma maneira na memória de seu povo, mas esquecida. A memória é acordada e torna-se história dele, a verdadeira história de sua vida. Isso não tem, de modo algum, a intenção de atenuar o evento no deserto, como se fosse apenas algum tipo de mudança mental, como se ele *apenas* recordasse uma lembrança esquecida. Encontrar-se nessa história, antiga e nova, foi a base de um novo relacionamento com Deus. E o mesmo acontece com Maria. Ela está imersa na tranquila história de sua vida, aguardando o casamento com José e a felicidade doméstica, quando de repente vê-se enredada em uma história muito mais longa, que remonta ao rei Davi e alcança o Reino. Gabriel lhe diz: "Ele será grande, será chamado Filho do Altíssimo, e o Senhor Deus lhe dará o trono de Davi, seu pai. Ele reinará para sempre sobre a descendência de Jacó, e o seu reino não terá fim" (Lc 1,32s).

Ao contrário de Moisés e de Maria, é improvável que muitos de nós ouçamos a voz de Deus chamando-nos pelo nome e, contudo, durante toda a história cristã, o encontro com a Palavra de Deus exige uma reação. Se respondemos dizendo: "Aqui estou!", então as histórias de nossas vidas também são transformadas. No ano de 269, um rico jovem egípcio chamado Antônio foi à igreja no domingo: "Aconteceu que o evangelho estava então sendo lido e ele ouviu que o Senhor dissera ao rico: 'Se queres ser perfeito, vai, vende os teus bens, dá o dinheiro aos pobres, e terás um tesouro no céu. Depois vem e segue-me'. Como se esse lembrete dos santos lhe tivesse sido enviado por Deus e como se essa passagem tivesse sido lida especialmente por causa dele, Antônio saiu imediatamente e deu aos aldeões os bens que herdara dos antepassados – consistiam em cerca de trezentos acres muito encantadoras e férteis – para que não fossem um estorvo para ele e para sua irmã".[14] Isso soa um tanto penoso para sua irmã, que, ao que parece, não opinou sobre o assunto! Quando Antônio ouve essa passagem é "como se essa passagem tivesse sido lida especialmente por causa dele". Mil anos mais tarde, Francisco de Assis estava vivendo alegremente a vida desregrada de um jovem rico. Seus sonhos e fantasias eram moldados pelas cantigas dos trovadores da vida romântica. Então ele ouviu

---

[14] Da leitura do breviário para sua festa, da Vida de Santo Antônio por Atanásio, caps. 2-4.

as mesmas palavras que haviam desconcertado Santo Antônio. Foi pessoalmente abordado por elas, e elas transformaram seu senso de pessoalidade.

Isso pode acontecer conosco. Ouvimos as palavras das leituras da Bíblia e sentimos que elas são dirigidas pessoalmente a nós. Não tenho uma opinião tão enfatuada de minha importância, a ponto de imaginar que Deus inspirou os evangelistas pensando em mim, ou mesmo que o lecionário foi planejado para que eu recebesse essas palavras como dirigidas a mim nesse dia. Seria absurdo. Eu não digo "Aqui estou!" a um interlocutor invisível, como se meu celular tivesse de repente me ligado com Deus. É muito mais radical que isso. Nessa história do caso de amor de Deus com a humanidade, descubro *quem* eu sou. As palavras parecem dirigidas a mim pessoalmente porque tocam meu mais profundo senso de pessoalidade. Aqui, nesta história do relacionamento de Deus com a humanidade, eu encontro a mim mesmo. É a história que oferece um vislumbre do sentido de minhas alegrias e tristezas, minhas vitórias e derrotas. Quando a samaritana que estava junto à fonte foi à cidade contar às pessoas sua conversa com Jesus, ela diz: "Ele me disse tudo o que eu fiz" (Jo 4,39). Jesus não recitou sua biografia condensada, mas nas palavras dele a samaritana descobriu quem ela era e isso era inseparável dele.

Quando estava na Torre, depois de ter sido terrivelmente torturado por Richard Topcliffe, São Roberto Southwell rabiscou o nome "Jesus" em seu breviário. Ele apegou-se a esse nome. Jesus é aquele que o abordou e para quem toda a sua vida é "sim". O terror de pregar secretamente o Evangelho, perseguido por informantes, a sórdida tortura na Torre, a morte próxima personificam sua resposta à palavra dirigida a ele na Escritura. Assim, quando vamos à igreja e ouvimos as leituras, não esperamos ouvir novos fatos a respeito de Deus, mas encontrá-lo. Nós fazemos isso de outras maneiras, certamente – em nossos amores, na beleza, nas vidas das pessoas santas. Mas na manhã de domingo, esperamos ouvir nessas leituras a história do relacionamento de Deus com a humanidade e reconhecê-la como nossa.

Antônio e Francisco descobriram que as histórias de suas vidas que haviam expressado eram contestadas. Tinham um sentimento de identidade coerente que o Evangelho punha em dúvida. Francisco descobriu que ansiava por um romance mais profundo que o de trovadores. Talvez, em nosso tempo secular, nos falte até isso. Há pouco discernimento da forma e unidade de nossa vida pessoal. Em nosso complexo mundo moderno, temos identidades frágeis. Alasdair MacIntyre escreveu sobre como "a modernidade divide cada vida humana em uma variedade de segmentos, cada um com suas normas e formas de comportamento. Assim, o trabalho é separado do lazer, a vida privada da pública, o corporativo do pessoal. Assim, a infância e a velhice foram arrancadas do resto da vida humana e transformadas em esferas distintas. E todas essas separações foram realizadas para que a diferença de cada uma e não a unidade da vida do indivíduo seja o que passa por essas partes nos termos das quais aprendemos a pensar e a sentir".[15] Desse modo, nossa cultura não nos incentiva a procurar uma narrativa abrangente que dê um sentido coerente a nossas vidas. Vivemos na cultura do "agora".

Não raro a necessidade de descobrir a história de nossa vida é provocada por alguma experiência dramática de alegria ou dor.

---

[15] MacIntyre. *After Virtue*, p. 204.

POR QUE IR À IGREJA?

Pode ser um nascimento. O nascimento de um filho estimula os pais não apenas a alimentá-lo, mas a se perguntar quem eles são, agora que têm um filho. Não admira que as mães sofram com frequência de depressão pós-parto. Foi perdida uma identidade, como indivíduo solitário e livre, antes de outra ser encontrada. Precisam prantear quem elas foram antes de poderem descobrir quem elas serão. Trouxeram a este mundo um ser que, esperam, viverá muito depois de terem morrido. Já não é mais possível viver apenas este momento presente. Muitas vezes é então que jovens pais voltam à igreja e ouvem a história do caso de amor de Deus com a humanidade e descobrem-se dentro dele e dizem pela primeira vez: "Aqui estou!". A experiência dramática pode também ser a morte. A conversão de Chateaubriand foi provocada pela morte de sua mãe: "Confesso que não tive nenhuma grande inspiração sobrenatural. Minha convicção veio do coração. Chorei e acreditei".[16] Isso não significa que sua conversão foi apenas emocional. Ele abriu caminho para uma maneira nova e mais verdadeira de ver sua vida, uma narrativa mais longa.

No poema *The Mauve Tam-O'Shanter* [O gorro escocês cor de malva], Paul Groves descreve a primeira vez que viu sua mulher, na praia de Elie, correndo atrás do chapéu, e como trinta anos mais tarde ficou ao lado de sua cama quando ela morreu:

> Segurei sua mão. O osso antigo
> por baixo da pele ai estivera desde
> o início dos tempos:
> você foi um fato imemorável
> que ninguém podia cancelar. Nosso firme pacto

---

[16] BURLEIGH. *Earthly Powers*, p. 114.

não podia ser rompido. Ninguém podia arrastar a rima
e a razão daquela praia de Elie
com tudo ao nosso alcance:
o lar, os filhos, os prósperos anos passados,
nosso primeiro beijo,
e um chapéu levado pelo vento que eu habilmente peguei.
Esses números não contribuem para nada.
E contudo percebo que não era
para acabar desse jeito.[17]

Essas últimas palavras evocam nossa perplexidade quando enfrentamos o sofrimento: "não era para acabar desse jeito". Que história pode ser contada que tem esse fim? Para algumas pessoas, a conquista da fé é a descoberta dessa história da vida, morte e ressurreição de Jesus, que simplesmente não "acaba desse jeito". É a história que faz de todas as nossas vidas histórias que vão a algum lugar em vez de apenas ser uma sucessão meticulosa de alegrias e tristezas. Em face da morte, a nossa e a dos outros, então também nós podemos sentir que "não era para acabar desse jeito". Nos evangelhos, descobrimos que não acaba e, assim, nossas vidas não são absurdas e sem sentido.

Alegra-te

O anjo diz a Maria: "Alegra-te", e por fim ela se alegra, embora não imediatamente. Quando terminam as leituras, dizemos: "Graças a Deus!". E depois do evangelho, dizemos a Cristo: "Glória a vós, Senhor!". Eucaristia significa literalmente "ação de graças", e nossa primeira ação de graças é pela Palavra de Deus.

---

[17] GROVES. *The Mauve Tam-O'Shanter*, p. 21.

■ POR QUE IR À IGREJA?

Alegramo-nos, embora, como Maria, possa levar algum tempo para descobrirmos por quê. Talvez tenhamos ouvido narrativas de batalhas sangrentas, clamores por vingança, o terrível presságio do juízo final, ou textos estranhos afirmando que as mulheres têm de usar chapéu na igreja, ou textos escandalosos como os que afirmam terem as mulheres de sujeitar-se aos maridos. Ouvimos constrangidos esses textos e dizemos "Graças a Deus!". Fazemos isso porque, por mais estranhos ou assustadores que eles sejam, em todos os textos há um parcela de boa-nova – Evangelho – à espera de ser revelada. Herbert McCabe escreveu: "Somos aqueles que Deus ama. Este é o Evangelho. É nisto que cremos, cremos na crença, crença no amor de Deus, como a coisa suprema a nosso respeito [...] A fé é uma espécie de conhecimento de que Deus nos ama".[18] Se esses textos fazem parte da Palavra de Deus dirigida a nós e à qual respondemos "Aqui estou!", então, de algum modo, tudo o que ouvimos nas leituras deve ser expressão do amor de Deus pelo qual damos graças.

A única maneira de eu entender alguns dos textos mais violentos e esquisitos como expressões de amor é ver neles a lenta gestação da Palavra divina de amor incondicional, que é Jesus Cristo. Foram necessários séculos de diálogo entre Deus e seu povo Israel para a língua desse povo tornar-se adequada para ser portadora daquela Palavra de perfeito amor, exatamente como foram necessários séculos para a língua inglesa ficar pronta para Shakespeare escrever *Hamlet*. Demora apenas nove meses para uma criança ficar pronta para sair do útero, mas foram necessárias inúmeras gerações de profetas e escribas, mães e pais, poetas e legisladores, para a língua do Povo de Deus ficar pronta

---

[18] McCabe. *Faith within Reason*, p. 35.

"AQUI ESTOU!" ■

para a Palavra de amor se fazer carne. Os israelitas tomaram emprestado palavras e mitos, leis e liturgia dos egípcios e cananeus, babilônios e assírios, persas e gregos, enriquecendo sua língua devagar, até ela ficar pronta para o nascimento daquele que podia, por exemplo, contar a parábola do filho pródigo. A graça de Deus operou durante milênios, lentamente purificando a religião do ódio e da vingança, gradativamente se revelando a outras nações, fazendo brotar a noção de que Deus é, na verdade, o Deus único e o Deus de todos. Por exemplo, pode nos parecer brutal uma vingança sétupla ser prometida para quem matar Caim (cf. Gn 4,15). Mas isso era um pequeno passo da vingança ilimitada de muitas sociedades guerreiras antigas em direção ao que nos ordenou : "amai vossos inimigos", dai a outra face e perdoai setenta vezes sete.

A palavra "evangelho" vem de "boa magia", boa-nova. Se não ouvimos o que é lido nos evangelhos como boa-nova, então não ouvimos corretamente. Por exemplo, pode parecer que os relatos do juízo final são ameaçadores em vez de boa-nova, e eles têm sido usados para aterrorizar gerações de cristãos, como no clássico relato de um sermão sobre o castigo eterno em *Retrato do artista quando jovem*, de James Joyce. Mas é só quando ouvimos tudo, até o juízo final, como notícia bem-vinda, pela qual damos graças, que ouvimos o Evangelho como Palavra de Deus. Como isso pode acontecer? Podemos ouvir o juízo final como um apelo para entender nossa dignidade humana e assumir a responsabilidade por nossas ações, para ficar "em pleno sol mais uma vez", como George Mackay Brown convidou Stella Cartwright. É boa-nova que não somos apenas vítimas, mas, confiantes na misericórdia, ousamos reivindicar nossas vidas como nossas. É boa-nova que o único julgamento que importa é o último, o de Cristo. Somos julgados pelos outros por nossos fracassos ou nossa obesidade, nossa preguiça ou feiura, nossa estupidez ou idade. A mídia está sempre pronta para julgar todos e condená-los. Podemos até nos encontrar diante de um juiz no tribunal e ser condenados por algum crime. Mas, graças a Deus, só existe um julgamento que importa, o último, e esse é proferido pelo juiz misericordioso, que já perdoou tudo, desde que aceitemos sua misericórdia. Muitas vezes temos de lutar com as Sagradas Escrituras a fim de quebrar a casca dura e encontrar a mensagem nutritiva dentro dela. A principal tarefa do pregador é nos ajudar a perceber todo texto como motivo de alegria. Agostinho diz a respeito de pregar: "o fio de nosso discurso ganha vida por intermédio justamente da satisfação que sentimos com aquilo sobre o que falamos".[19] É esse o assunto da próxima cena deste primeiro ato.

---

[19] *De cath. Rud., Ii, 4,* citado em BROWN, Peter. *Augustine of Hippo*, p. 253.

ATO 1, CENA 3

"Como acontecerá isso?"

Em seguida vem a homilia. O *Webster's Dictionary* define pregar como "Dar conselhos morais ou religiosos, principalmente de forma tediosa" e, com demasiada frequência, assim é. Em *Barchester Towers* [As torres de Barchester], Anthony Trollope lamenta:

> Talvez atualmente não exista maior provação imposta à humanidade nos países civilizados e livres que a necessidade de escutar sermões. Ninguém, exceto um clérigo pregador, tem, nessas esferas, o poder de forçar uma plateia a sentar-se em silêncio e ser atormentada. Ninguém, exceto um clérigo pregador, deleita-se em chavões, truísmos e banalidades e, contudo, recebe como seu privilégio incontestável o mesmo comportamento respeitoso que receberia se palavras de eloquência veemente ou lógica persuasiva saíssem de seus lábios [...] Ele é o indivíduo enfadonho da época, o velho de quem nós, Sindbads, não conseguimos nos livrar, o pesadelo que perturba nosso descanso dominical, o íncubo que sobrecarrega nossa religião e torna o serviço divino desagradável.[1]

A pregação tediosa há muito é um sofrimento. São Paulo prolongou seu monótono discurso por tanto tempo que Êutico

---

[1] TROLLOPE. *Barchester Towers*, capítulo VI, War.

adormeceu, caiu do terceiro andar e morreu (cf. At 20,9). Quando vejo alguém que luta com enormes bocejos quando prego na Blackfriars, consolo-me, já que minha pregação ainda não o matou. Quando São Cesário de Arles pregava, as portas da igreja tinham de ser trancadas, para impedir que as pessoas fugissem do tédio. John Donne, clérigo anglicano do século XVII, disse que os puritanos pregavam por tanto tempo porque não paravam enquanto a congregação não despertasse.

Hoje em dia enfrentamos mais que o antiquíssimo problema de homilias maçantes. Há uma crise em nossa linguagem de fé. Quer estejamos pregando na igreja, quer tentando partilhar nossa fé com os filhos ou os amigos, é difícil encontrar as palavras corretas. Se nos sentimos embaraçados, talvez não seja porque somos tímidos, como muitos britânicos. É difícil evitar parecer moralista ou sentimental quando se fala de Deus. Há uma fome por livros de espiritualidade, mas, pelo menos para mim, esses livros quase sempre parecem vazios ou um tanto malucos. Os livros de teologia acadêmica costumam ser difíceis e estar longe de nossa experiência vivida. Em minhas tentativas de compreender o Evangelho, romances e filmes sempre ajudam mais.

Essas crises na linguagem da fé ocorrem periodicamente na vida da Igreja. A do século XIII, com o surgimento de um mundo urbano novo com mercadores e universidades, levou à fundação da Ordem Dominicana. A crise do século XVI, com sua consciência aprofundada das dúvidas e lutas do indivíduo, encontrou sua resposta em pessoas como Inácio de Loyola e Martinho Lutero e, na Grã-Bretanha industrial do século XVIII, os irmãos Wesley. Como achar, nos dias de hoje, palavras convincentes com as quais falar de Deus? Para entender o desafio, examinemos de novo a narrativa da anunciação.

Gabriel diz a Maria: "Salve, ó favorecida! O Senhor está contigo" (Lc 1,26-28). No grego, há um interessante jogo de palavras. As palavras traduzidas por "Salve" (*chaire*) e "favorecida" (*kecharitōmenē*) são relacionadas. Daí a tradução preferida da frase como: "Alegra-te, cheia de graça!". Graça e alegria são relacionadas. A graça de Deus nos alegra, embora às vezes o degelo de nossos corações seja doloroso. A alegria de Maria é porque ela será agraciada com um filho.

É espantosa a frequência com que na Bíblia Deus irrompe na vida das pessoas por meio da gravidez. Mulheres velhas e estéreis como Sara, Ana e Isabel concebem. O propósito de Deus opera quando Betsabeia, mulher de Urias, o hitita, dá à luz o filho de Davi. A Palavra de Deus é fértil. Ela fecunda o solo de nossas vidas. Moisés proclama a Israel: "Escutai, ó céus, que vou falar, e a terra ouça as palavras de minha boca. Goteje como chuva minha doutrina, como orvalho se espalhe meu discurso, qual chuvisco sobre as plantas e como aguaceiro sobre as pastagens" (Dt 32,1s). E, assim, o nascimento de um filho de uma virgem não é acontecimento isolado, mas o clímax da fértil presença divina na história humana. O caso de amor de Deus e Israel tomou esse rumo desde o começo. É espantoso e, também, de certa maneira esperado. No evangelho de Mateus, o anjo anuncia a José que Jesus nascerá para cumprir a profecia de Isaías: "Eis que a virgem ficará grávida e dará à luz um filho. Ele será chamado pelo nome de Emanuel" (Mt 1,23). É verdade que a palavra "virgem" aqui traduz uma palavra hebraica que significa simplesmente uma jovem. Mas essa é uma objeção de mentalidade mesquinha que encanta apenas os inclinados à literalidade. A história da Bíblia, do livro do Gênesis à gênese desse menino, sempre foi sugestiva desse momento.

No início do relacionamento com Deus, Israel descobriu que sua religião era diferente das religiões de fertilidade dos vizinhos, que reviviam as histórias dos deuses. Sua fé não trata das batalhas e dos casos de amor dos deuses lá em cima, mas está no relacionamento de Deus com seu povo. Outras religiões tinham sagradas montanhas mitológicas, representadas pelos zigurates e as pirâmides. Israel tinha a pequena Sião, "[a montanha] que ele amava" (Sl 78,68). É uma história de crises sucessivas – a queda, o dilúvio, a torre de Babel, o exílio no Egito e em Babilônia, a destruição da monarquia e do templo –, mas cada uma delas leva Deus e Israel a uma intimidade mais profunda. Deus faz seu nome habitar no meio do povo escolhido. A lei é dada como penhor de amizade. Assim, a gravidez de Maria concebendo o menino Emanuel, "Deus-conosco", é a consumação de um longo caso de amor. Se for separada daquela narrativa de intimidade cada vez mais profunda, então a concepção virginal de Jesus parece ser um acontecimento biológico esquisito, sem nenhum significado religioso claro.

Mas nem mesmo essa gravidez é o clímax final. Ela prepara o caminho para a completa novidade da ressurreição. O túmulo vazio traz o Cristo ressuscitado. O túmulo, o lugar da morte, torna-se o útero da vida eterna. O drama da vigília pascal, do círio pascal, aceso na escuridão e repetidamente baixado na água batismal, é redolente com o simbolismo de fecundação e vida nova. É a fertilidade inimaginável da presença de Deus entre nós.

Segundo Irineu, o menino Jesus "traz completa novidade".[2] Essa novidade de Deus não é a da indústria da moda, que todo ano procura lançar no mercado um novo estilo. Nem é a novidade da mídia que todo dia transmite os últimos acontecimentos. É a inconcebível vitalidade daquele que Moisés encontra no deserto, cujo nome é "Eu sou aquele que sou.". Para nossos antepassados, isso não sugeria um Deus que é uma entidade estática, um ser insensível. Evocava o dinamismo inesgotável daquele que, segundo Santo Tomás de Aquino, é pura ação. Tomás chega a se perguntar se não é melhor considerar a palavra "Deus" mais verbo do que substantivo. "O Deus de Tomás", escreve Fergus Kerr, op, "assemelha-se mais a um acontecimento que a uma entidade."[3] Deus é puro acontecimento.

A graça, então, não deve ser considerada uma pílula de vitamina sobrenatural, mas sim nossa participação na vida do Deus que é sempre novo. É o que Cornelius Ernst, op, chamou de "o momento genético". Ele escreveu: "Todo momento genético é um mistério. É alvorada, descoberta, primavera, renascimento, vinda para a luz, despertar, transcendência, libertação, êxtase, consentimento nupcial, dádiva, perdão, reconciliação, revolução, fé, esperança, amor. Pode-se dizer que o cristianismo é a consagração do momento genético, o centro vivo do qual ele revê as perspectivas indefinidamente variadas e mutáveis da experiência humana na história. Essa, pelo menos, é ou deveria ser sua afirmação: que é o poder de transformar e renovar todas as coisas: "Eis que faço novas todas as coisas (Ap 21,5)".[4]

---

[2] *Adversus Haereses* 4, 34, 1.
[3] KERR. *After Aquinas*, p. 190.
[4] ERNST. *The Theology of Grace*, p. 74.

Não vamos à Eucaristia para lembrar um acontecimento que é simplesmente passado. Somos tocados por seu acontecimento presente em nossas vidas. Tomás de Aquino diz que encontramos Cristo não tanto ressuscitado, mas ressuscitando (*homo resurgens*).[5] Somos contemporâneos do drama, mais ou menos como os judeus que lembram a travessia do mar Vermelho como acontecimento do qual participam mesmo agora, toda vez que celebram a Páscoa (dos judeus). Agora somos tocados pela inesgotável inovação de Cristo. Quando foi pregar em sua terra natal (Lc 4,16-30), Jesus leu uma passagem de Isaías e disse: "Hoje se cumpriu esta passagem da Escritura que acabamos de ouvir". A fala de Jesus foi o acontecimento da graça. Foi como se a palavra de Isaías fosse uma semente que germinasse naquele dia em Nazaré. Toda vez que falamos de Deus tentamos participar da germinação.

Certa vez, um sacerdote recém-ordenado pediu ao colega mais velho para dar uma olhada no sermão dominical que ele preparara:

– Isso basta?

– Basta para quê? – replicou o mais velho.

Em *Peace like a River* [A paz como um rio], de Leif Enger, um garoto pede informações sobre um pregador: "Acontecem coisas quando ele prega?".[6] É essa a questão toda vez que tentamos de algum modo partilhar nossa fé. As pessoas têm o menor vislumbre do acontecimento de Deus?

Agora percebemos por que é tão difícil falar de Deus. Não é porque nos esforçamos para explicar uma coisa que é difícil

---

[5] Torrell. *St. Thomas Aquinas*, p. 136.
[6] Enger. *Peace Like a River*, p. 38.

entender, como a teoria especial da relatividade. Tentamos partilhar um vislumbre da completa fertilidade da presença de Deus, do que Ernst chama de "o momento genético". Por exemplo, é mais fácil descrever um narciso que sua germinação, ou um casamento que o ato de se apaixonar, ou um tratado de paz que o acontecimento da reconciliação. Os primeiros dominicanos suplicavam a *gratia praedicationis*, a graça de pregar. Não só que tivessem o que dizer, mas que suas palavras fossem indulgentes para os outros, o acontecimento de Deus em suas vidas.

O sábio disse
À amendoeira:
Fala-me de Deus.
E a amendoeira floriu.[7]

Pode parecer, então, que é quase impossível falar de Deus, quer na igreja, quer no bar ou com nossos amigos. Como pode qualquer um de nós transmitir mesmo que seja a menor indicação da efervescência da graça? Somente os maiores poetas como Gerard Manley Hopkins têm alguma possibilidade de comunicar que "todas as coisas nela [na natureza] vivem num frescor renovado".[8] Mas isso não é difícil, porque muitos de nós somos poetas medíocres, pois a cultura ocidental tende a ter um entendimento um tanto atrofiado do que significa para nós usar palavras, "fato seco sem fermento".[9] Muitas culturas, como a do antigo Israel, sabiam que toda fala era poderosa e que palavras

---

[7] Poema anônimo em um cartaz na Abadia de Sylvanès. Traduzido para o inglês por David McAndrew, que enviou o poema ao autor.
[8] HOPKINS. *Poems and Prose*, p. 27.
[9] MARTEL. *The Life of Pi*, p. 64.

concedem vida e morte. Deus disse: "Faça-se a luz!", e a luz se fez. Somos feitos à imagem e semelhança de Deus e isso significa que nossa fala comum deve ter um toque de criatividade divina. No Ocidente, inclinamo-nos a pensar na fala como meio de transmitir mensagens de um cérebro para outro, a transmissão de informações. Mas não tem a declaração "Eu te amo" nenhum outro propósito senão o de expor um fato?

Esse entendimento reduzido de palavras é o que Shigeto Oshida, dominicano japonês, chama encantadoramente de "o terceiro pé do frango". É o conceito abstrato de um pé de frango que não é nem o esquerdo nem o direito, mas um simples pé de frango em geral: "É desastroso quando 'o terceiro pé do frango' começa a andar por si só!".[10] Ele afirma que a linguagem torna-se vazia, quando preguiçosamente usamos grandes palavras abstratas como "paz" ou "liberdade" desenraizadas da vitalidade de nossa experiência. Se perdemos esse sentimento do poder das palavras para ferir e curar, criar e destruir, vital e fértil, germinando nas vidas uns dos outros, então não admira que achemos difícil falar de Deus, pura ação.

São Paulo escreve: "Agradecemos a Deus sem cessar, porque, ao receberdes a Palavra de Deus que ouvistes de nós, vós a recebestes não como palavra humana, mas como o que ela de fato é: Palavra de Deus que age em vós que acreditais" (1Ts 2,13). Isso pode parecer absurdamente pretensioso, megalomaníaco até. Como alguém ousa proclamar que fala a Palavra de Deus? Não parece tão estranho em culturas nas quais todas as palavras são participação na palavra criativa de Deus.

---

[10] "Zen: the mystery of the word and reality": <http://www.monasticdialog.com>. Esta tradução é melhor do que a que está em Takamori Sōan.

Quando Maria irrompe no *Magnificat*, ela se alegra porque "o Todo-Poderoso fez para mim coisas grandiosas". Ela se parece menos com um historiador que relata grandes batalhas que com um comediante que conta uma piada. A piada é uma coisa que acontece entre o comediante e a plateia. Quando rimos, caem as barreiras entre nós e o mundo vira de cabeça para baixo. Maria partilha conosco sua alegria pelo que Deus fez, virando o mundo de ponta cabeça: Deus "encheu de bens os famintos, e mandou embora os ricos de mãos vazias". Precisamos contar a boa-nova aos outros, do mesmo modo que simplesmente temos de compartilhar uma boa piada. Quando chegamos à parte final e todos desabam, então revivemos nosso primeiro prazer na surpresa. É impossível pregar a ressurreição e não sorrir ou mesmo rir. O hino de Peter Abelard para a sexta-feira santa, composto para sua Héloïse, pede a Cristo que "possas nos conceder a risada da graça pascal".[11] Gerry O'Collins, sj, nos fala do costume da "risada pascal" (*risus paschalis*) na Alemanha pré-Reforma. O pregador expressava a vitória de Cristo sobre o pecado e a morte, gracejando com a congregação.

Paulo diz: "Ai de mim, se eu não anunciar o evangelho!" (1Cor 9,16). Se não partilharmos nossa fé, ela pode se transformar em cinzas em nossa boca. Quando partilhamos nossa fé, o acontecimento da graça, a reação dos outros ajuda-nos a recuperar a sensação de seu frescor, que ela é realmente *boa-nova*. Um rabino judeu contou esta história sobre seu avô, que foi aluno do famoso rabino Baal Shem Tov. Ele disse: "Meu avô era paralítico. Certa vez pediram-lhe para contar uma história sobre seu mestre e ele contou como o santo Baal Shem Tov costumava pular e

---

[11] O'COLLINS. *Jesus*, p. 132.

dançar enquanto rezava. Meu avô ficou de pé enquanto contava a história e esta empolgou-o tanto que ele teve de pular e dançar para mostrar como o mestre fazia. Desde aquele momento, ficou curado. É assim que as histórias deveriam ser contadas".[12] Ele é curado porque conta a história para os outros.

Partilhar nossa fé, então, exige que sejamos tocados pelo que acontece na Escritura. Com as parábolas de Jesus isso costuma ser claro. Elas não apenas comunicam informações; são momentos de graça. Jesus as narra para levar as pessoas a um novo modo de ver as coisas. Ele nos fala dos dois homens que foram rezar no templo (cf. Lc 18,10-13), o fariseu presunçoso e o publicano que ficou no fundo do templo, dizendo: "Meu Deus, tem compaixão de mim, que sou pecador!". Quando Jesus nos diz que o publicano voltou para casa justificado, ficamos chocados e temos uma nova percepção de como as pessoas se situam em relação a Deus. Ou quando narra a parábola do bom samaritano, ele começa com a pergunta do doutor da Lei: "E quem é o meu próximo?", mas nos conduz a uma nova pergunta: "Qual dos três foi o próximo do homem que caiu na mão dos assaltantes?" (Lc 10,36).

A Bíblia vem de uma cultura muito diferente da nossa, por isso às vezes é difícil perceber o que acontece, do mesmo jeito que é difícil entender uma piada em outra língua. Como podemos começar? O anjo saúda Maria: "Ela ficou muito confusa com estas palavras e começou a pensar qual seria o significado da saudação" (Lc 1,29). O anjo lhe diz para alegrar-se, mas essa não é sua primeira reação. E quando ouve que terá um filho, ela fica perplexa: "Como acontecerá isso, já que eu não convivo com um

---

[12] Citado por METZ, Johann Baptist. *Concilium*, May 1973, p. 86.

homem?" (Lc 1,34). Quando vagueia no deserto, Moisés fica intrigado ao ver a sarça que está em chamas mas não se consome. Ele diz: "Vou aproximar-me para admirar esta visão maravilhosa: como é que a sarça não para de queimar?" (Ex 3,3). Começamos a nos envolver com a Palavra de Deus quando ela nos deixa perplexos.

Se nos familiarizamos com a Bíblia, então ela cessa de nos chocar, como a piada que ouvimos muitas vezes. Temos de renovar nosso sentimento de sua estranheza. Um jeito de fazer isso é ler o texto bem lentamente, palavra por palavra, e perguntar por que foi usada essa palavra em vez de outra. Peter Brown escreveu que quando Agostinho lia a Escritura, sempre perguntava: "Por que esta palavra?". Ele é "como a criança que fazia a pergunta básica: 'Mamãe, *por que* é uma vaca?'. Agostinho examina cuidadosamente o texto bíblico de maneira tal que todo sermão é intercalado por '*Quare... quare... quare...*' Por quê?... Por quê?... Por quê?"[13]

Em geral, leio do princípio ao fim um comentário sobre o texto evangélico. Acho a maioria dos comentários um tanto enfadonhos. O que dizem é, na maioria das vezes, óbvio ou inútil. Uma enorme quantidade de erudição produz apenas uma luzinha, mas diminui a velocidade de nossos olhos. Um de meus confrades franceses, exegeta, sempre viajava em trens com maletas cheias de livros, para não perder um momento de estudo. Um dia, o condutor reclamou que todas as maletas estavam bloqueando o corredor e ele devia pô-las no bagageiro. Ele protestou:

– Mas sou exegeta!

---

[13] Brown. *Augustine of Hippo*, p. 253.

E o condutor retrucou:

– Não importa. Até mesmo os estrangeiros têm de obedecer às regras.

Se seguirmos o texto lentamente, com a ajuda de um exegeta, então podemos reexperimentar o sentimento de sua singularidade. O encanto do excesso de familiaridade é quebrado e ficaremos intrigados.

Quando Elias vai ao monte Horeb, o que ele ouve é, literalmente, em hebraico: "uma voz de tênue silêncio". Que esquisito! O que isso significa? Em vez de nos deixar ser provocados pelo enigma, as traduções mais tradicionais a suavizam.* A *Good News Bible* traz: "o suave murmúrio de uma voz". Seus tradutores prometeram proporcionar "traduções claras, simples e sem ambiguidade".[14] Mas a beleza da Bíblia está em não ser clara, nem simples e nem sem ambiguidade. Suas palavras são enigmáticas, intrigantes e ardilosas. Em Lucas 13,18, o texto diz que o Reino de Deus é semelhante a um grão de mostarda que cresce e se torna uma árvore e os pássaros fazem ninhos em seus ramos. Mas isso é estranho. Sementes de mostarda não se transformam em árvores, apenas em arbustos, e só pássaros estúpidos fariam ninhos nelas, pois eles cairiam. Então, o que acontece aqui? Mas os tradutores da *New American Bible* eliminam a charada fazendo a semente crescer em um grande arbusto.

Já vimos que a primeira etapa de ouvir era uma receptividade passiva, deixando o texto falar, recebendo-o em silêncio. Agora passamos para a etapa seguinte, que é a da interrogação. Paulo

---

* A tradução da Bíblia pela CNBB traz: "o murmúrio de uma leve brisa". (N.T.)

14 PRICKET. *Words and the Word*, pp. 4ss.

começou alimentando os coríntios com leite, como "crianças em Cristo" (1Cor 3,1), mas está chegando a hora de passar para alimento sólido que precisa ser mastigado. Isso significa que temos, como Jacó, de lutar com o texto e exigir sua bênção. Isso é verdade quando nos dedicamos a qualquer texto interessante. Ele nos faz trabalhar. No prólogo de *Sweet Thursday* [Doce quinta-feira] de John Steinbeck,[15] Mack explica que para ele a leitura prende a imaginação: "Não gosto que ninguém me diga a aparência do sujeito que está falando. Quero imaginar sua aparência a partir do jeito como ele fala. E outra coisa – de certo modo, gosto de imaginar o que o sujeito está pensando baseado no que ele diz". Mack quer que sua mente trabalhe e não receba tudo pré-digerido. A poesia em especial – e grande parte da Bíblia é poesia – não deve ser fácil demais de entender. Precisamos daquilo que T. S. Eliot chamou de a "luta insuportável com palavras e significados".[16] E evidentemente é esse o caso quando lutamos com a Palavra do Deus Desconhecido.

Se tudo correr bem, chegará o momento em que simplesmente não fazemos ideia do que está sendo dito. Nas palavras da canção de Bob Dylan: "Você sabe que alguma coisa está acontecendo aqui, Sr. Jones, mas não sabe o que é, sabe?"[17]. Como Jacó, seremos derrotados. E então não teremos outra escolha senão a de nos voltarmos para Deus e pedir que nos ilumine. Não por acaso, São Domingos desejava que seus irmãos, frades da Ordem dos Pregadores, fossem mendigos. Às vezes as palavras que procuramos nos são dadas imediatamente. Em *Great Expectations* [As

---

[15]   STEINBECK. *Sweet Thursday*, p. vii.
[16]   ELIOT. "East Coker". In: Four Quartets, *The Complete Poems*, p. 179.
[17]   Citado em BARRON. *The Strangest Way*, p. 9.

POR QUE IR À IGREJA?

grandes esperanças], de Charles Dickens, o poema que Jo, o ferreiro, compõe para a lápide de seu pai é inspirado em um instante: "foi como pregar uma ferradura, completamente, com um único golpe"[18]. Não raro, os poetas sentem que o poema não é criado por eles, mas recebido como dádiva. Como D. H. Lawrence escreveu: "Não eu, não eu, mas o vento que sopra por meu intermédio".[19]

Em geral, porém, temos de trabalhar, lutar com o texto para descobrir o que nos é dado dizer. Como Moisés, diremos: "Pobre de mim, Senhor! Nunca tive facilidade para falar, nem antes, nem agora que falas a teu servo. Tenho boca e língua pesadas" (Ex 4,10). Então nossos ouvintes não nos considerarão grandes mestres, especialistas eruditos, mas pessoas como eles mesmos, perplexos e confusos. Mas Jesus nos disse que há apenas um Mestre e ele está no céu. Assim, é bom que às vezes vejam que estamos fora de nossa profundeza, porque então podem ver a imensurável profundeza de Deus. William Hill, op, escreveu: "Deus não fica sem os modos gaguejantes com os quais nos esforçamos para dar expressão àquela Palavra".[20] Nossas palavras hesitantes falam melhor que frases bem torneadas, porque são de alguém que recebe um dom em vez de alguém que demonstra seu próprio conhecimento profundo. Um pregador altamente eloquente, inteligentíssimo, que é cheio de conhecimento e sabedoria, faz parecer que a fé está fora do alcance dos comuns mortais. Embora conste que um camponês francês comentou: "Nosso novo padre não fala tão bem como o anterior. Imagine só, pobre padre, entendi tudinho".

---

[18] Primeira edição, London, 1861, capítulo 73.
[19] Citado em HYDE. *The Gift*, p. xiv.
[20] HILL. "Preaching as a 'Moment' in Theology", p. 186, citado por JANOWIAK, *The Holy Preaching*, p. 187.

Em 1283, um mestre dominicano de noviços prefaciou um livro que ele escreveu para o incentivo de seus noviços com uma oração ao Espírito Santo: "Na abundante misericórdia de tua graça, concede a esta obra um bom resultado, por meio de meu ministério, para tua honra e glória, a fim de que os que a leiam saibam que foi tua graça, Senhor, que a realizou".[21] Faz parte da pregação que o pregador seja considerado alguém que não transmite a própria sabedoria, mas transmite apenas um dom.

Assim, pedir a "graça de pregar" não significa que devemos simplesmente esperar que o Espírito Santo faça o trabalho todo. Podemos receber o dom precisamente por meio do trabalho do estudo, o esforço de dar origem a uma palavra. Annie Dillard capta bem a combinação de dom e trabalho duro que está envolvida: "Na melhor das hipóteses, a sensação de escrever é a de qualquer graça imerecida. É-lhe transmitida, mas só se você procurá-la. Você procura, parte seu coração, fica com dor nas costas, dá tratos à bola e, então – só então –, ela lhe é transmitida. Com o canto do olho você vê movimento. Algo move o ar e se dirige na sua direção".[22]

As palavras, o discernimento são dados inesperadamente, se estamos abertos para receber seu dom. Certa vez eu tentava desesperadamente preparar um sermão para a missa da família de um domingo. Eu era recém-ordenado, inexperiente e totalmente inseguro. Enquanto olhava fixamente para a folha de papel em branco na máquina de escrever, eu me perguntava se era, de alguma forma, qualificado para ser pregador. Tarde da noite, um dos irmãos bateu e disse que uma estudante estava à porta e

---

[21] Citado em TUGWELL. *The Way of the Preacher*, p. 33.
[22] DILLARD. *The Writing Life*, p. 75.

gostaria de me falar. A princípio protestei que estava ocupado demais preparando meu sermão.

– Ela é muito bonita.

– Está bem, suponho que devo ir ver o que ela quer.

E, certamente, foi ela quem me deu as palavras que eu procurava, meu anjo.

ATO 1, CENA 4

Maria partiu apressadamente

"Naqueles dias, Maria partiu apressadamente para a região montanhosa, dirigindo-se a uma cidade de Judá. Ela entrou na casa de Zacarias e saudou Isabel" (Lc 1,39s). Como Maria, escutamos em silêncio a Palavra de Deus; esforçamo-nos para entender e, então, estamos prontos para compartilhar nossa fé.

Maria parte apressadamente, morrendo de vontade de contar para alguém. Naturalmente, ela começa com alguém de quem é próxima, sua prima Isabel. A palavra "homilia" vem de uma palavra grega, *homilein*, que significa "conversa". Muitas vezes se supõe que a maneira comum de proclamar nossa fé é em voz alta, de um púlpito. Uma voz especial deve ser adotada, talvez intensamente sincera. Há um prato de massa chamado *strozza-preti*, "estrangulador de padre". E, às vezes, quando os padres pregam, parece mesmo que estão sendo estrangulados pelos colarinhos clericais. Mas Maria começa indo participar sua novidade à prima. Seu anúncio estará inserido em suas conversas costumeiras: o bate-papo sobre assuntos de família, esperanças políticas e religiosas e talvez até suas últimas descobertas gastronômicas. E o menino que ela dará à luz será um homem de conversa, que fala com as pessoas enquanto caminha. Ele tem conversas animadas com a samaritana que está junto à fonte, e com o cego de nascença, com qualquer um que ele encontre. Come, bebe e passa o tempo com todos: prostitutas, os odiados coletores de impostos, líderes religiosos, leprosos. Sempre tem tempo para conversar. A Palavra de Deus fez-se carne – não, inicialmente, em sermões proclamados de púlpitos, em livros eruditos de teologia, mas na conversa humana.

Os grandes pregadores sempre sentem prazer em conversar. Santo Alberto Magno, mestre de Tomás de Aquino, escreveu a respeito do prazer de buscar a verdade em boa companhia, *in dulcedine societatis quaerere veritatem*. Santa Catarina de Sena disse que não há maior prazer que falar de Deus com os amigos. Conversa subentende prestar atenção à outra pessoa, com os ouvidos abertos ao que ela tenta dizer, com simpatia por suas perguntas e dúvidas. O conversador precisa ser bom ouvinte. Afirma-se com frequência que a inspiração de Domingos para fundar a Ordem dos Pregadores veio-lhe em uma estalagem, depois de uma noite inteira de conversa com o estalajadeiro albigense. Como disse um de meus irmãos, Domingos não pode ter passado a noite inteira dizendo "Você está errado, você está errado, você está errado". Não podemos proclamar nossa fé a menos que tenhamos primeiro dado atenção à outra pessoa. O velho adágio afirma: "Você tem dois ouvidos e uma boca. Deve usá-los na proporção em que Deus os deu a você". O ato de partilhar nossa fé ocorre primeiro dentro dessa conversa mutuamente atenciosa. Não é uma pregação de segunda classe, para ser menos valorizada que falar de um púlpito.

A comunidade humana é sustentada pela conversa. É conversando que superamos equívocos, recebemos e oferecemos perdão, crescemos em simpatia e entendimento mútuo, temos prazer na companhia um do outro e criamos uma linguagem e lembranças compartilhadas. A conversa é, com certeza, a base de toda sociedade civilizada. Compartilhamos piadas, conversamos às refeições e em mensagens de texto, enviamos e-mails e cartas, mas também simplesmente passamos o tempo juntos sem outro propósito além de apreciar a conversa. Antes de Sara Maitland descobrir o silêncio, seu passatempo favorito era ser deipnossofista, aquele que cultiva "o amor ou a habilidade da conversa à mesa".[1] E a comunidade que é o Corpo de Cristo é sustentada de maneira muito parecida: múltiplas conversas em reuniões, cafés, bares e residências, o cuidado constante de manter-se em contato. Essa é a principal maneira de partilharmos nossa fé, como Maria e Isabel fizeram em uma conversa de primas. Até as homilias pregadas do púlpito fazem parte das contínuas conversas da comunidade, dando atenção às tensões que se manifestam, às questões contemporâneas, aos dramas pessoais, aos programas de televisão que as pessoas assistem, aos romances e filmes mais recentes. Pregamos formalmente do púlpito apenas para ajudar a pregação real, as conversas das comunidades e para oferecer ajuda se estas esmoreceram ou estão impedidas de prosseguir.

Chegamos à igreja carregando nossos dramas particulares da semana que passou, vergados pelos desafios de nossas famílias e nossos empregos. Começamos com arrependimento. Já vimos que isso não é insistir em sentimentos de culpa, mas abrir os olhos às pessoas que nos rodeiam na congregação, desfazendo-nos da

---

[1] MAITLAND. *A Book of Silence*, p. 13.

história meramente privada de nossas vidas, lembrando-nos de que essas pessoas são nossos irmãos e irmãs em Cristo. E então escutamos a Palavra de Deus, cada um esforçando-se à sua maneira para entender o sentido dela. A homilia deve apresentar o passo seguinte, ajudando-nos a ver como o que ouvimos, seja lá o que for, é boa-nova para nós todos. Ela deve nos reunir na comunidade de fé, para que logo estejamos prontos para levantar e juntos recitar o credo, dizendo: "Cremos". Deve ser fruto não só do estudo da Bíblia, mas das conversas da comunidade.

Assim, a homilia não é uma oportunidade para o pregador martelar suas opiniões. Não é ocasião para fazer intensa propaganda de suas atitudes, ou empurrar o programa de seu partido dentro da Igreja. Isso seria um abuso do púlpito, como alguém que dominasse a refeição e não deixasse mais ninguém dar uma palavra. Nossas palavras devem reunir e curar. Fazem parte de nossa descoberta do "mistério da vontade de Deus" para unir todas as coisas no céu e na terra em Cristo. A pregação traz a paz.

A conversa só acontece se somos sinceros uns com os outros. Assim, quando compartilho minha fé, minhas palavras precisam ser fiéis à complexidade de minha fé e humanidade. Barbara Brown Taylor, pregadora episcopal americana, relata a queixa: "Eu gostaria que os pregadores não mentissem tanto".[2] Não é tanto que os pregadores mentem ostensivamente; é antes que podemos preguiçosamente expelir suaves palavras intolerantes que não respeitam as vitórias e as derrotas que nosso povo aguenta. Pouco antes de morrer, Cornelius Ernst, op, escreveu em seu diário: "Não posso permitir que Deus só seja adorado em

---

[2] TAYLOR. *When God is Silent*, p. 107.

espírito pelo indivíduo introvertido e separado de tudo o que possa perturbar e provocar seu coração. Deve ser possível encontrar e adorar a Deus na complexidade da experiência humana".

É como os seres humanos vulneráveis, falíveis, perguntadores e interrogadores que somos, que falamos de Deus. Se não o fizermos, logo seremos descobertos. Se somos confiáveis, então as pessoas ficam à vontade com nossas palavras. De novo Barbara Brown Taylor: "Quando falo de minha humanidade, quero que os ouvintes reconheçam a deles. Quando digo 'eu', quero que digam 'eu também'".[3] Se vislumbram minhas dúvidas, hesitações, lutas, surpresas e prazer, então eles se reconhecem. Naturalmente, existe o risco de o pregador fazer-se o centro das atenções. O dominicano italiano do século XIII, João de Vicenza, era astro a ponto de quando ia cortar o cabelo as pessoas brigarem para possuir as aparas de seu cabelo, como se fossem relíquias. Ele se irritava com os irmãos que normalmente se recusavam a participar desse culto.[4] Mas isso não é argumento para a pregação impessoal. Se minhas palavras são fiéis a minhas questões, dúvidas, alegria e sofrimento, então é mais provável que apontem para Deus e que eu desapareça. Se minha fé está realmente inculturada em minha vida, a Palavra feito carne será mostrada às pessoas. A inculturação de nossa fé jamais ameaça a universalidade da Igreja.

É um paradoxo que, quando falo de Deus, em especial quando do prego, ensino ou escrevo, eu me esforce para encontrar as palavras certas, palavras que sejam realmente minhas, nascidas de minha vida e experiência, e que, no entanto, eu deva desaparecer,

---

[3] Id., *The Preaching Life*, p. 79.
[4] THOMPSON. *Revival Preachers and Politics*, p. 129.

para que as pessoas descubram Deus. Nas palavras de João Batista: "É necessário que ele cresça, e eu diminua" (Jo 3,30). Precisamos usar toda a nossa inteligência, conhecimento e sensibilidade para procurar compartilhar nossa fé e, contudo, só apontaremos para Deus se nos esquecermos de nós mesmos. O grande pregador judaico, o Maggid de Mezeritch, disse: "No momento em que o pregador ouve a si mesmo falar, ele deve encerrar".[5] Quando começamos a nos ouvir falar e ficamos um pouco fascinados por nossa eloquência, é esse o momento de parar antes de cairmos no sentimentalismo ou até na breguice. Milan Kundera escreveu: "A breguice faz duas lágrimas rolarem em rápida sucessão. A primeira lágrima diz: Como é bonito ser comovido, juntamente com toda a humanidade, por crianças que correm na grama. É a segunda lágrima que faz *kitsch kitsch* [brega brega]".[6]

Com frequência receamos que, se formos vistos como somos, então seremos desacreditados como testemunhas. Posso destacar-me como hipócrita. Muitos de nós receamos ser fraudes. Mas pregadores são hipócritas profissionais. Pregamos melhor sobre o que não conseguimos viver, mas ansiamos viver. Simon Tugwell, op, afirma que isso "não é apenas uma infeliz atribulação do pobre pregador, é parte integrante de sua vocação: é isso que garante, por assim dizer, que toda excelência seja atribuída a Deus e não a ele".[7] Hoje em dia há uma crise de pregação e isso talvez se deva a nosso medo de sermos sinceros, sinceros quanto a nossas dúvidas, questões e até fraquezas. Ambrósio, bispo de Milão do século IV, escreveu: "Um bispo não faz nada mais

---

[5]   WIESEL. *Souls on Fire*, p. 71.
[6]   De *A insustentável leveza do ser*, citado por BEPLATE, Justin. No Rosy Veil, p. 11.
[7]   TUGWELL. *The Way of the Preacher*, p. 79.

perigoso diante de Deus e nada mais vergonhoso diante dos homens, que deixar de proclamar livremente seus pensamentos".[8] Hoje em dia, muitos pregadores cristãos vivem perigosamente!

Assim, a conversa a respeito de Deus só prospera se falo como a pessoa que sou. Também preciso dirigir-me às pessoas como elas são. Maria vai à casa de Isabel compartilhar sua fé. Pede a hospitalidade da prima. Quando falamos de Deus aos outros, então precisamos, em imaginação, entrar em suas casas e aceitar sua acolhida. Em nossas igrejas, muita gente está por um triz. Não raro suas vidas não são conforme a imagem costumeira da "boa família cristã". Divorciaram-se e voltaram a se casar, vivem com parceiros, são homossexuais ou fizeram abortos. Sentem-se profundamente inseguros na igreja, prontos para fugir a um sinal de rejeição. Precisamos nos pôr em seu lugar, ouvir com seus ouvidos, sofrer com suas feridas, sentir com sua pele. Não é tão difícil, porque não somos diferentes. Nossas palavras têm de fazer espaço para aquilo pelo que eles vivem e com que lutam, para suas dúvidas e prazeres. Portanto, preciso falar como sou, para o outro como ele é e então alguma coisa pode acontecer.

Assim, Maria começa partilhando sua fé com alguém de quem ela é próxima, Isabel; elas são membros da mesma família mais ampla, compartilham o mesmo mundo religioso e até suas inesperadas gravidezes. Mas alguns meses mais tarde Maria dará à luz seu filho, que tumultuará profundamente sua vida. Gaston Petit, op, é um pintor canadense que vive no Japão. Sua pintura da anunciação é dominada pela figura irresistível do arcanjo Gabriel, guerreiro samurai que carrega os símbolos de divindade e

---

[8] AMBRÓSIO. *Discorsi e Lettere* II/III, p. 53, linha 20.

de poder imperial. Maria ficou menor, delicada garota japonesa que derrubou sua flauta no chão. Isso prefigura a maneira como seu filho vai virar seu mundo de cabeça para baixo. Maria vai pensar em seu coração na mensagem dos anjos aos pastores. Ela trará Jesus para ser apresentado no templo e Simeão lhe dirá que uma espada traspassará sua alma. Esse menino entrou em seu seio e seu mundo, mas ele também transformará esse mundo e contestará suas convicções. As primeiras palavras que Maria lhe dirige são as da mãe magoada e atônita: "Filho, por que agiste assim conosco?". As primeiras palavras dele em resposta são quase brutais: "Por que me procuráveis? Não sabíeis que eu devo estar naquilo que é de meu pai?" (Lc 2,49). Ele vai declarar que aquele que faz a vontade de seu pai é sua mãe e seu irmão e sua irmã. Ele se libertará dos limites da lei, tocará leprosos, perdoará pecados e terá uma morte vergonhosa na cruz. O pequeno mundo da conversa íntima de Maria e Isabel será explodido.

Annie Dillard afirmou que escutar o Evangelho é a coisa mais arriscada que se pode fazer: "As igrejas são crianças brincando no chão com seus estojos de química, misturando uma porção de TNT para matar a manhã de domingo. É loucura usar chapéus de palha e chapéus de veludo femininos para ir à igreja; deveríamos todos usar capacetes protetores. Os porteiros deveriam distribuir salva-vidas e bandeiras de sinais".[9] Muitos de nós habitamos pequenos mundos cristãos sustentados pelas conversas locais, dialetos e tradições comuns. Estamos confortáveis em nossas seitas, nossas paróquias, mosteiros ou grupos de oração. São nossos lares religiosos; falamos a língua de nossa tribo. Com bastante frequência sustentamos uma identidade

---

[9] DILLARD. *Teaching a Stone to Talk*, pp. 40s.

cristã declarando o que não somos. Somos católicos romanos e definitivamente não somos anglicanos, ou somos dominicanos e, graças a Deus, não somos jesuítas, ou somos cristãos liberais, ao contrário daqueles tradicionalistas intolerantes. Mas, como Maria, a gestação da Palavra de Deus em nossas vidas desafiará tudo o que é preconceituoso e triunfalista, convidando-nos a andar na ponta dos pés na amplidão de Deus.

Todo compromisso com a Palavra de Deus abre-nos para fora de nossas tacanhas tribos eclesiásticas. Subverte nossas tentações em relação à superioridade sectária; derruba as muralhas que erigimos ao redor de nossa tradição. Nossas homilias, todas as formas pelas quais partilhamos nossa fé, só transmitirão o "acontecimento da graça" se estivermos abertos a outras maneiras de ser cristão e, na verdade, de ser humano. São Domingos viajava com o irmão Beltrão para Paris e eles encontraram um grupo de peregrinos alemães. Domingos ficou frustrado por não poder pregar para eles, já que não entendia alemão. E então disse a Beltrão: "Vamos rezar para os entendermos, assim poderemos partilhar com eles a boa-nova". É interessante que Domingos não reza para que os alemães o entendam, mas para que ele os entenda. Precisamos aprender outras línguas de fé, ampliar nossos vocabulários: "Alarga o espaço de tua tenda, ligeira estende a tua lona – nada de economia –, estica a corda, finca a estaca!" (Is 54,2).

Isso não acontece se fingirmos que os cristãos não se diferenciam e que somos todos, de alguma maneira, iguais. Não acontece por meio da negação de nossas convicções mais profundas. Se creio na divindade de Cristo, então não posso pôr isso de lado em nome da unidade da Igreja e subscrever a uma crença em Jesus que era antes uma Coisa Boa. Se creio que a opção pelos pobres é fundamental para o Evangelho, então não posso fingir que Deus também tem uma opção especial pelos ricos. Não acontece tentando criar um discurso neutro, algum esperanto teológico, que todos falem, um cristianismo do mínimo denominador comum. Precisamos defender o que cremos, mesmo se isso nos levar à tensão com outros. Depois da Segunda Grande Guerra, Albert Camus disse em uma palestra aos irmãos dominicanos em Paris: "O diálogo só é possível entre pessoas que permaneçam o que são e que falem a verdade".[10] Contudo, essa dolorosa conversa com os que foram formados em outras tradições vai "purificar o dialeto da tribo"[11] de tudo o que é estritamente ideológico e sectário, do preconceito e do desprezo oculto e do desejo de dominação. Exatamente como o filho de Maria transcendeu o pequeno mundo de sua mãe e de sua tia, também a Palavra de Deus abre nossos corações e mentes e expande nossos vocabulários.

A fertilidade não é possível sem diferença. É a união na diferença de um homem e uma mulher que gera vida nova. Duas pessoas do mesmo sexo não podem ter bebês. E para nossa pregação ser fértil, então precisamos ter a ousadia de encontrar a diferença, de nos expormos a pessoas com outras experiências, teologias e políticas. Abrirmo-nos para os outros é extremamente doloroso, em especial se eles estão próximos de nós, são membros de nossas famílias ou comunidades religiosas. É mais fácil dialogar com um muçulmano que conversar com um irmão da nossa comunidade com quem temos profunda divergência teológica. Por causa da profunda insegurança de nossa sociedade, buscamos a segurança dos que têm a mesma opinião que nós.

---

[10]   CAMUS. "L'Incroyant et les chrétiens", p. 372.
[11]   ELIOT. *Complete Poems*, p. 194.

Mas nenhuma comunidade dos que têm a mesma opinião é sinal do Reino de Deus.

Deus proclama a Moisés: "Eu vi a opressão de meu povo no Egito, ouvi os gritos de aflição diante dos opressores e tomei conhecimento de seus sofrimentos. Desci para libertá-los das mãos dos egípcios e fazê-los sair desse país para uma terra boa e espaçosa, terra onde corre leite e mel: para a região dos cananeus e dos heteus, dos amorreus e dos ferezeus, dos heveus e dos jebuseus" (Ex 3,7s). Como pregadores somos chamados a convidar as pessoas para uma terra ampla e espaçosa, fora dos estreitos confins de qualquer pequena ideologia, exatamente como o Bom Pastor conduz as ovelhas fora da segurança de seus redis para as amplas pastagens de Deus: "[...] as ovelhas escutam a sua voz, ele chama cada uma pelo nome e as leva para fora" (Jo 10,3).

O belo e triste romance de Ian McEwan, *On Chesil Beach* [Na praia], tem seu clímax naquela praia com o colapso do relacionamento de duas pessoas na noite de núpcias. Eles claramente se amam, anseiam um pelo outro, mas são separados pela incompreensão. Eles não têm as palavras capazes de abrir um espaço onde seu evidente amor mútuo possa florescer. Eles não dão tempo para que sejam encontradas: "Amor e paciência – se ao menos eles tivessem tido ambos ao mesmo tempo – com certeza os teriam ajudado a vencer as dificuldades".[12] Pelo resto de suas vidas eles serão incompletos, sem a única pessoa que amaram realmente. É, para mim, uma parábola de história cristã, com sua fragmentação e oportunidades de reconciliação perdidas. Amor e paciência nos ajudam a vencer as dificuldades e a descobrir as palavras que nos permitem um amor mais tolerante.

---

[12] McEwan. *On Chesil Beach*, p. 166.

POR QUE IR À IGREJA?

Até 1994, os esquimós não tinham nenhuma palavra para designar "vespa", já que nunca tinham visto uma. Em persa existe uma palavra, *nakhur*, para nomear o camelo que só dá leite quando se coçam suas narinas; temos ainda menos probabilidade de precisar da palavra do reino de Ndongo, *Oka-shete*, para indicar a dificuldade de urinar depois de comer sapos antes de a chuva cair. Acréscimo mais útil ao nosso vocabulário pode ser *Tingo* da ilha da Páscoa, que significa "tomar emprestado objetos da casa do vizinho até não sobrar nada".[13] Partilhar nossa fé é sempre mais que declarar nossas convicções: é encontrar nosso lugar naquela conversa que continua desde que Jesus começou a falar com qualquer um que ele encontrasse na Galileia e que é a vida da Igreja. Essa conversa tem tido momentos de desavenças e incompreensão mútua, mas com amor e paciência devagar aprenderemos a falar aquela linguagem de Deus, a conversa franca, imparcial da Trindade, em que não há competição nem rivalidade, mas perfeito prazer mútuo. Palavras verdadeiras contribuem para a unidade, mas elas só são verdadeiras se curarem.

Herbert McCabe escreveu que partilhar a vida da Trindade é como uma criança pequena que escuta uma fantástica conversa de adultos em um bar:

> Pense por um momento em um grupo de três ou quatro adultos inteligentes que se descontraem em uma dessas conversas que realmente divertem. Eles são espirituosos e respondem com rapidez uns aos outros – o que na Irlanda chamam de *Crack* [piada].[14] Ideias sérias podem estar em debate, mas ninguém está sendo

---

13   Todos esses exemplos foram tirados de BOINOD, *Toujours Tingo*.
14   Longe de mim corrigir o irlandês de Herbert McCabe, mas me disseram que deveria ser "craic".

sério. Ninguém está sendo pomposo nem solene (ninguém está pregando). Há arroubos da imaginação. Há piadas e trocadilhos, ironia e mímica, desrespeito e paródia de si mesmo [...] Ora, essa criança é como nós quando ouvimos falar da Trindade.[15]

Assim, o diálogo ecumênico ou mesmo inter-religioso não é questão de transigência, de buscar uma religião enfraquecida, uma espiritualidade universal moderada. Para o cristão, é aprender a falar a linguagem de Deus, a conversa da Trindade. Absurdamente, aquilo que é exclusivo do cristianismo ortodoxo, nossa crença nas três pessoas que são um único Deus, é o que nos inspira a travar conversa com os outros. Diálogo e evangelização não se excluem mutuamente, como veremos quando examinarmos o credo, pois uma evangelização que não foi conduzida em conversa amável não pode comunicar efetivamente um vislumbre do mistério da Trindade.

Escrevi como se sempre partilhássemos nossa fé falando, mas às vezes fazemos isso melhor de outras maneiras. "Pregai com frequência e usai palavras quando necessário", é um dito atribuído a São Francisco de Assis, mas que já circulava muito antes de ele nascer. Diziam a respeito do famoso rabino hassídico Levi-Yitzhak que "seus sorrisos eram mais importantes que seus sermões". Neste momento, quando há resistência instintiva ao ensinamento da Igreja, é a beleza de nossa fé que fala melhor. Jesus diz: "Quando eu for elevado da terra, atrairei todos a mim" (Jo 12,32). Somos atraídos a Deus pelo magnetismo de sua beleza irresistível. A beleza não nos ameaça nem intimida. Gerry O'Collins diz em *Jesus: A Portrait* [Jesus: um retrato]: "Damos

---

15   McCabe. *God, Christ and Us*, p. 115.

alegremente nossos corações ao que é belo. Apaixonamo-nos por homens e mulheres belos. Os que são belos exercem atração instantânea. Esperamos que sejam também bons e confiáveis, mas é sua beleza que atrai e prende nossa atenção. Jesus é a beleza de Deus em pessoa. Quando nos apaixonamos por sua beleza, estamos claramente no caminho para aceitar sua verdade e imitar sua bondade".[16]

Pintamos, dançamos e esculpimos nossa fé. De forma muito intensa, nós a expressamos na música, e é por isso que a Eucaristia deve, se possível, ser sempre cantada. William Temple, que viria a ser arcebispo da Cantuária, lutara na juventude com a crença no nascimento virginal de Jesus. Certa noite, escutando um concerto, ele de repente *soube* que era verdade. Ann Lamott cresceu em uma família de ateus e tinha profunda resistência a crer, "mas foi o canto que me atraiu e me abriu [...] Não houve sentimento de representação ou julgamento, só que a música era vida e alimento".[17] Ela fala de uma mulher que simplesmente se recusava a ter qualquer coisa a ver com um homem que estava morrendo de AIDS, até ser tocada pela música: "Talvez seja porque a música é tão física quanto pode ser; seu ritmo essencial é sua pulsação; seu som essencial, a respiração. Percorremos templos de barulho e, quando acrescentamos corações ternos a essa mistura, ela deixa, de algum modo, nos encontrarmos em lugares aonde não poderíamos chegar de nenhum outro jeito".[18]

Em outro romance, *Saturday* [Sábado], Ian McEwan descreve um cirurgião que visita o clube de jazz onde seu filho está tocando:

---

[16] O'COLLINS. *Jesus*, p. 1.
[17] LAMOTT. *Travelling Mercies*, p. 47.
[18] Ibid., p. 65.

Já não se sentindo cansado, Henry afasta-se da parede onde se encostara e caminha no meio da plateia escura, em direção à grande máquina de som. Deixa que ela o domine. Existem esses momentos raros em que os músicos tocam alguma coisa mais doce do que jamais encontraram antes em ensaios ou apresentações, além da proficiência apenas colaboradora ou técnica, quando sua expressão torna-se tão fácil e encantadora quanto a amizade ou o amor. É quando nos dão um vislumbre do que poderíamos ser, de nossas personalidades melhores e de um mundo impossível no qual damos aos outros tudo o que temos, mas não perdemos nada de nós mesmos. Lá fora no mundo real existem planos detalhados, projetos visionários para reinos pacíficos, todos os conflitos solucionados, felicidade para todos para sempre – miragens pelas quais as pessoas morrem e matam. O Reino de Cristo na terra, o paraíso dos trabalhadores, o estado islâmico ideal. Mas só na música, e só em raras ocasiões, a cortina realmente se ergue nesse sonho de comunidade e é provocantemente invocada antes de desaparecer gradualmente com as últimas notas.[19]

Com que frequência o véu se ergue em nossas celebrações da Eucaristia e nos dão um vislumbre desse "mundo impossível"?

Um último exemplo: *Um sonho de liberdade*, filme rodado em 1994, dirigido por Frank Darabont, fala de Andy, banqueiro americano que foi preso depois de injustamente condenado pelo assassinato da mulher. Ele se esforça para manter viva a esperança nesse mundo assustador. Tendo se tornado prisioneiro de confiança, com excepcional liberdade, certo dia ele assume a torre de controle e toca nos alto-falantes a música de *O casamento de Fígaro*, de Mozart. Todos param e são transfigurados. A beleza

---

[19] McEwan. *Saturday*, pp. 171s.

abre-lhes outro mundo no qual eles não são apenas criminosos, mas ousam ter novamente esperança de uma vida humana. Nenhum de nós prega tão bem quanto Mozart, ou nem mesmo de modo tão libertador quanto os músicos no clube de jazz, e é por isso que sempre precisaremos de artistas para partilhar o acontecimento da graça. Em *Oratório de Natal*, Johann Sebastian Bach celebrou o nascimento do "mais belo de todos os seres humanos". Precisamos encontrar a música para partilhar essa beleza com nossos contemporâneos.

ATO 1, CENA 5, PARTE 1

Cremos em Deus, criador do céu e da terra

Escutamos a Palavra de Deus; esperamos que a homilia nos tenha reunido na crença compartilhada. Agora estamos prontos para recitar o credo. Este pode não parecer um momento empolgante. Não percebemos murmúrios de expectativa na congregação, quando nos levantamos para proclamar nossa fé. Mas o credo tem realmente origem em uma experiência "de arrepiar",[1] o batismo. Na Igreja primitiva, depois de meses de preparação, os que iam ser batizados eram trazidos à igreja durante a vigília da Páscoa, para o que Cirilo de Alexandria chamou de "os ritos impressionantes". A igreja estava escura, a pessoa era despida e mergulhada na água fria três vezes, enquanto confessava sua fé nas três pessoas da Trindade; indivíduos invisíveis dirigiam-se a ela. A experiência era desconcertante, provavelmente aterradora. A recitação do credo baseava-se na experiência dramática de romper com a vida antiga e tornar-se membro da comunidade dos fiéis. Hoje o batismo não costuma ser tão empolgante, embora o arcebispo de York tentasse recuperar a sensação de dra-

---

[1] YARNOLD. *The Awe-Inspiring Rites of Initiation*, pp. ix, 56.

POR QUE IR À IGREJA?

ma com o batismo pela imersão, na catedral de York. *The Times* relatou que ele reintroduzira o batismo com água. O que eles pensavam que tínhamos usado todos esses anos, gim?

Para aqueles cristãos primitivos, a recitação do credo significava um rompimento corajoso e até perigoso com a vida anterior. Nas *Confissões*, Agostinho descreve como Vitorino veio a crer, mas inicialmente tinha vergonha de professar sua fé em público. Ele era estudioso renomado, orador público. Ficou literalmente embaraçado por ter de mergulhar. Agostinho descreve como ele o fez em palavras dirigidas a Deus:

> Enfim, chegada a hora de fazer a profissão de fé. Em Roma, os que se hão de aproximar para receber a graça costumam fazer essa profissão de um lugar elevado, com fórmulas fixas e decoradas, na presença do povo fiel, mas Simpliciano contou-me que os presbíteros ofereceram a Vitorino que a fizesse à parte, como se costumava permitir a alguns que deixavam antever timidez e vergonha. Mas ele preferiu confessar a sua salvação na presença da plebe santa. Se tinha professado publicamente a retórica, apesar de nela não ter ensinado a salvação, que motivo havia para, ao pronunciar as vossas palavras, ter medo da vossa mansa grei, ele que, ao proferir os seus discursos, não temia as turbas dos insensatos?![2]

Quando ele se apresenta, todos se regozijam. "Vitorino, Vitorino!", sussurram. Foi tão dramático como se Richard Dawkins chegasse à igreja para proclamar sua fé cristã.

Rowan Williams afirma que o credo dos apóstolos começa com "Creio" porque tem origem na cerimônia do batismo.[3] O

---

[2] SANTO AGOSTINHO. *Confissões*, p. 169.
[3] WILLIAMS. *Tokens of Trust*, p. 6.

indivíduo faz a declaração pessoal de fé para ser recebido na comunidade da Igreja. O credo niceno começa com "Cremos" e é a declaração da fé dos que fazem parte, a fé da Igreja, frequentemente definida em oposição ao que a Igreja considerava heresias. Precisamos das duas formas. Há ocasiões em que precisamos ousar tomar uma posição pessoal e dizer "Creio". Somos convidados a fazer isso durante a vigília pascal quando renovamos nossas promessas batismais. Em outras ocasiões é apropriado dizer "Cremos", aceitando que nossa fé não é a adesão privada a algumas proposições, mas nossa participação em uma comunidade de fiéis, que começou a existir dois mil anos antes de nosso nascimento e subsistirá depois de nossa morte.

Há hoje poucos países nos quais a proclamação do credo pode pôr em perigo a vida da pessoa, como acontecia nos primeiros séculos de perseguição. Contudo, talvez sentíssemos parte do constrangimento inicial de Vitorino, se tivéssemos de fazê-la na presença de amigos e colegas que não partilham nossa fé. Por que relutamos em nos mostrar publicamente como crentes? Depois que viu um jovem muçulmano desenrolar seu tapete de orações no posto de gasolina e rezar na direção de Meca, um amigo meu jurou que nunca mais hesitaria em dar publicamente graças às refeições.

Hoje em dia, a recitação do credo encontra três tipos de resistência em nossa sociedade: ser identificado como crente em uma época secular; proclamar nossa fé em forma de dogmas; fazê-lo com palavras formuladas pela Igreja há séculos. Nunca houve no Ocidente, pelo menos desde a Revolução Francesa, uma rejeição pública tão veemente à religião. *The God Delusion* [A fraude de Deus],[4]

---

4   DAWKINS. *The God Delusion.*

de Richard Dawkins, é um dos livros de maior venda no mundo. A religião é amplamente considerada irracional e fonte de conflito violento em todo o globo. Portanto, até confessar "Creio" é arriscar-se a se expor ao ridículo e ao desprezo. Pior ainda, o credo é declaração de crença na forma de dogmas. Algumas pessoas acreditam ser, sob qualquer condição, sinal de imaturidade, que talvez seja tolerável se a pessoa aderir a uma vaga espiritualidade, mas é convicção de nossa sociedade que dogmas são "dogmáticos", que eles obstruem a mente da pessoa. Aceitá-los é recusar-se a pensar por si mesmo.

Nossos antepassados que definiram esses dogmas discutiram cada palavra. Importavam-se tão apaixonadamente com a formulação correta de sua fé que Atanásio estava preparado para suportar o exílio e a morte por causa de uma única palavra do credo, *homōousios*. Ário, contra quem, em grande parte, volta-se o credo niceno, ensinou aos estivadores de Alexandria canções que apoiavam sua teologia. Dá para imaginar os carregadores do aeroporto de Heathrow empolgando-se com a questão de Jesus ser ou não ser verdadeiro Deus? Com certeza, não os cristãos!

Nossa sociedade certamente não é menos dogmática, mas não tem consciência disso. G. K. Chesterton comentou que "há apenas dois tipos de pessoas: as que aceitam dogmas e sabem disso, e as que aceitam dogmas e não sabem disso".[5] Perdemos o senso de que as palavras certas importam, na fé como em tudo o mais. Certa vez dois jovens que faziam uma pesquisa me abordaram à saída de Blackfriars. Perguntaram-me se eu acreditava que Jesus era literalmente o Filho de Deus. Respondi que dependia do que eles queriam dizer. Se queriam dizer que Jesus era o filho do Pai

---

[5]   CHESTERTON. "The Mercy of Mr. Arnold Bennett".

exatamente no mesmo sentido em que eu era o filho de meu pai, então "não". Se a pergunta era se ele era verdadeiramente o Filho do Pai e foi "gerado, não criado", então, "sim". Eles se entreolharam, atônitos, e um deles disse: "Anote como 'não sei'".

O propósito dos dogmas da Igreja não é suspender toda discussão. Muito pelo contrário, eles surgiram em oposição a heresias que faziam exatamente isso, colocando as verdades de nossa fé em posições teológicas intolerantes que traiam o mistério. Javier Melloni, sj, afirma que dogmas podem ser tratados como ídolos, o que faz parar nossa busca de Deus, mas que, entendidos apropriadamente, são ícones que nos convidam a levar avante nossa peregrinação em direção ao mistério, afastando-nos de respostas fáceis demais.[6]

Quando proclamamos o credo, não só concordamos com dogmas, nós o fazemos com palavras que foram compostas pela Igreja séculos atrás. Para muitas pessoas, a aceitação das fórmulas da Igreja, uma fé definida por uma instituição, parece infantil e intelectualmente insincero, uma renúncia à integridade intelectual. Thomas Merton ficou tão aborrecido ao descobrir que um livro de teologia católica que estava lendo continha o *Nihil Obstat*, a permissão eclesiástica oficial para publicação, que quase o jogou pela janela do trem. Foi bom que não o fez, pois foi esse livro que mudou sua vida.[7]

A enorme popularidade de *O Código Da Vinci* mostra que as pessoas têm profunda desconfiança de qualquer norma oficial. Todas as instituições são suspeitas e poucas o são mais que as

---

6   MELLONI. "Mediation and the Opacity of Scriptures and Dogmas".
7   ELIE. *The Life You Save*, p. 80.

Igrejas. Rowan Williams exprimiu muito bem isso com respeito à Bíblia, em um sermão de Páscoa:

> Ficamos instantaneamente fascinados pela sugestão de conspirações e disfarces; isso se tornou tanto a essência de nossa imaginação atualmente que, ao que parece, é natural esperá-lo quando nos voltamos para textos antigos, em especial textos bíblicos. Nós os tratamos como se fossem matérias impressas que não convencem, cuja origem é uma fonte oficial e cuja intenção é esconder a história real; e essa história real aguarda o investigador intrépido para revelá-la e participá-la ao mundo que a espera. Tudo o que se pareça com a versão oficial é automaticamente suspeito. Alguém está tentando impedir que você descubra o que realmente aconteceu porque o que realmente aconteceu pode perturbar ou contestar o poder do mundo oficial [...] Por isso é provável que a reação moderna à proclamação: "Cristo ressuscitou!" seja: "Ah, mas você tinha de dizer isso, não tinha? Agora, qual é a programação verdadeira?"[8]

Portanto, recitar o credo é um ato de coragem. Expomo-nos a acusações de sermos bobocas, fanáticos, arrogantes e crédulos.

Então para mim o que significa confessar que eu creio em Deus? Pode parecer que estou afirmando a existência de uma pessoa muito poderosa e invisível, alguém que dirige o universo, o diretor geral de tudo. Como acontece com o monstro do Lago Ness ou o Abominável Homem das Neves, alguns creem que esse ser existe e outros, como Dawkins, não creem. Você pesa os indícios e decide. Se é assim que você pensa, então talvez apoie a declaração de Bertrand Russell que, se depois de sua morte, ele

---

[8] Ver: <http://www.archbishopofcanterbury.org>, Easter Sunday 2006.

descobrisse que afinal de contas Deus existia, ele diria: "Deus, deverias ter dado provas mais evidentes de tua existência".

Porém, todos os grandes teólogos – católicos, ortodoxos e protestantes – sempre rejeitaram essa ideia de crença em Deus. Deus não é uma, nem três pessoas invisíveis poderosas. Não estamos dizendo que além de todas as pessoas visíveis importantes cuja existência é evidente, como o presidente dos Estados Unidos e o secretário-geral das Nações Unidas, há três extras a quem não vemos, que são ainda mais importantes. Se você fizesse uma lista de todas as coisas que existem, Deus não estaria nela. Deus é a razão de haver alguma coisa em vez de nada; a fonte de tudo o que existe, mas não outra coisa existente.

The Meaning of Life [O sentido da vida] parodia exatamente essa ideia de Deus. John Cleese interpreta um diretor de escola que dirige as orações da escola.

Diretor: Ó Senhor.

R: Ó Senhor.

Diretor: És tão grande.

R: És tão grande.

Diretor: Tão absolutamente imenso.

R: Tão absolutamente imenso.

Diretor: Por Deus! Posso dizer que estamos todos realmente impressionados aqui embaixo.

R: Por Deus! Posso dizer que estamos todos realmente impressionados aqui embaixo.

Diretor: Perdoa-nos, Senhor nosso, por esta nossa execrável bajulação.

R: E lisonja descarada.

Diretor: Mas és tão forte e, bem, simplesmente tão super...
R: Fantástico.

Muitos ateus rejeitam a existência desse Papai Celeste absolutamente imenso. Por toda a história cristã, muitos teólogos importantes dizem que eles estão certos em rejeitá-lo. Esse não é o Deus cristão. Seria preciso libertar-nos dessa terrível figura, o Chefe Divino. Ele nos sufocaria e nos roubaria nossa liberdade. O ateísmo é, principalmente, sair da sombra dessa figura opressiva na qual, de qualquer modo, nenhum cristão ortodoxo acredita. Quando o cardeal Murphy-O'Connor pediu insistentemente o diálogo entre crentes e ateus, Dawkins retrucou que não via razão para discutir com alguém como o cardeal que acreditava em conversar com "um amigo imaginário"[9]. Mas o diálogo com os ateus é importante, por no mínimo uma razão – eles se livram de perder tempo desacreditando em um deus que, de qualquer modo, nenhum cristão tradicional aceita.[10] Podemos clamar, como mestre Eckhart no meio de um sermão: "Rezo para que Deus me livre de Deus".

Em *Seminary Boy* [Seminarista], John Cornwell descreve sua perda de fé e sua volta a ela: "Muitos que se afastaram da religião para seguir o agnosticismo e o ateísmo, como eu fizera, estão talvez em um estado de árida espiritualidade, 'a noite escura da alma', tanto quanto qualquer contemplativo. Aquilo de que estamos fugindo não é, em absoluto, Deus, mas as falsas representações, 'o entulho e a lantejoula', como disse certa vez W. B. Yeats, que se passam por ele. Assim, 'o ódio de Deus pode levar a alma

---

[9] BBC website, 9 May 2008.
[10] TURNER. "How to be an Atheist", pp. 317-335.

CREMOS EM DEUS, CRIADOR DO CÉU E DA TERRA

a Deus'".[11] Muita gente está fora da Igreja porque não criamos espaço dentro da comunidade para sua busca.

No evangelho de João, o primeiro pregador da ressurreição é Maria Madalena. Nós a vemos no jardim, perplexa com a ausência do corpo de Jesus. Quando encontra Jesus, ela o confunde com o jardineiro. São suas perguntas e dúvidas que a levam a esse encontro com o Senhor ressuscitado, quando é chamada pelo nome, enquanto Pedro e o discípulo amado vão para casa sem encontrá-lo. E a primeira pessoa a confessar a divindade de Cristo foi Tomé, o que duvidara. Recusou-se a acreditar nos discípulos quando estes lhe contaram que viram Jesus: "Se eu não puser a mão no seu lado, não acreditarei". Mas quando Jesus apareceu, foi ele quem professou sua fé: "Meu Senhor e meu Deus!". São Gregório Magno comentou: "Seu ceticismo foi mais vantajoso para nós que a fé dos discípulos que creram".[12] São os que questionam e duvidam, os que ficam perplexos e inseguros, que mantêm viva a fé da Igreja e abrem caminho para encontros com o Senhor ressuscitado. Dostoiévski escreveu: "Não é como uma criança que eu acredito em Cristo e confesso sua fé, mas meu *hosanna* passou pela grande provação das dúvidas".[13]

Podemos ir além. Muitos de nossos contemporâneos ficam zangados com os que creem em Deus, considerando-os responsáveis por grande parte da intolerância e da violência que se desencadeia em todo o mundo. Nossa reação instintiva talvez seja considerar tais pessoas simplesmente inimigas da religião. Mas há um lugar para raiva na Igreja, até raiva de Deus. Jó tem

---

[11] CORNWELL. *Seminary Boy*, p. 339, citando *Supernatural Songs* V.
[12] Homilia 26, da leitura do breviário para a festa de São Tomé, Apóstolo.
[13] Citado por CASSEDY. *Dostoevsky's Religion*, p. 90

raiva de todos, inclusive dos amigos piedosos que lhe dizem para ser humilde e aceitar seu destino. Ele está furioso até com Deus. Mas Deus diz aos companheiros de Jó: "Estou indignado contra ti [Elifaz de Temã] e os teus dois amigos, porque não falastes corretamente de mim, como fez meu servo Jó" (Jó 42,7). As palavras raivosas de Jó a respeito de Deus estão mais próximas da verdade que os piedosos chavões de seus consoladores. O judaísmo sempre manteve viva uma salutar tradição de raiva contra Deus. O muito famoso Levi-Yitzhak de Berditchev disse a Deus que se não começasse a responder a suas orações, ele se recusaria a fazê-las. Ele advertiu Deus que se não melhorasse, Deus estaria em apuros no Juízo Final! E quando o criticavam por suas palavras "ímpias", ele dizia que, como filho de Israel, era possível dizer qualquer coisa.[14] Um romance judaico contemporâneo, *Disobedience* [Desobediência], de Naomi Alderman, mantém a tradição bem viva. O narrador diz que quando discordamos de Deus, "nunca duvidemos que também nós, como Abraão e Moisés, podemos discutir com o Senhor. É direito nosso. O simples fato de nossa existência adquiriu para nós o espaço para ficarmos diante dele e apresentarmos nossa defesa".[15]

Nossa liberdade cristã também é assim. A raiva pode ser criativa ou destrutiva. Raiva "é o poder que destrói limitações, levando-nos a nos tornarmos visionários ou vândalos. Se cedemos a nossa aspiração à visão de Deus, precisamos aceitar ao mesmo tempo a possibilidade de sermos vândalos. De maneiras diferentes, ambos estão insatisfeitos com a simples realidade presente".[16]

---

[14] WIESEL. *Souls on Fire*, p. 111.
[15] ALDERMAN. *Disobedience*, p. 234.
[16] TUGWELL. *Reflections on the Beatitudes*, p. 108.

Se déssemos mais espaço para a raiva criativa e promissora dentro da Igreja, então lá fora haveria menos raiva destrutiva contra nossa fé.

Então, o que significa crer no Pai, no Filho e no Espírito Santo? Para Tomás de Aquino, a crença não é, fundamentalmente, acreditar em coisas a respeito de Deus. Deus é um mistério fora do alcance de nosso entendimento. Nesta vida estamos ligados a Deus como ao Desconhecido. A crença é o começo da amizade com Deus. Começa, como vimos, ao sermos abordados por Deus. Deus chamou nossos antepassados na fé e eles responderam *Hineni*, "Aqui estou!". Eles são convidados a descobrir quem são na história mais longa da amizade de Deus com seu povo. Maria é convocada a ultrapassar a pequena história doméstica de seu relacionamento com José; ela se vê presa em uma narrativa mais longa que remonta às promessas feitas ao rei Davi e chega até a salvação do Povo de Deus. Com o credo, damos mais um passo em nosso entendimento do que significa aceitar essa amizade.

Muitas vezes o primeiro sinal de amizade é que temos o máximo prazer em descobrir que vemos o mundo de maneira semelhante. Vemo-nos rindo das mesmas piadas, apreciando os mesmos romances, compartilhando outros amigos. Apreciamos as mesmas coisas. Amigos não se olham primordialmente como enamorados. Olham juntos para o mundo. Habitam o mesmo mundo. Amizade certamente subentende sim conhecer fatos a respeito de alguém, por exemplo, que o outro existe e mora em Oxford. Mas a adesão a esses fatos não basta para constituir uma amizade. Do mesmo jeito, somos amigos de Deus, não pensando coisas a respeito dele, mas vendo coisas com Deus, pelos olhos de Deus, por assim dizer. Nicholas Lash escreveu: "Se a fé

POR QUE IR À IGREJA?

é a maneira na qual, nesta vida, conhecemos Deus, então aprender a 'crer em Deus' é aprender a ver todas as coisas da maneira que Deus as vê; dignas de infinito dispêndio de entendimento, interesse e cuidado".[17]

Concordo realmente com várias proposições, tais como que Deus existe, mesmo que eu não entenda o que significa para Deus existir. Creio que Jesus nasceu, morreu e ressuscitou. Mas isso não basta. Tomás de Aquino ressalta que até o diabo aceita a verdade dessas proposições. A amizade com Deus muda a maneira como eu vejo tudo. As pessoas da Trindade não são três "amigos imaginários", nas palavras de Dawkins, três pessoas com quem eu tenho conversas imaginárias. Mais exatamente, a amizade com o Deus Trino transforma minha percepção do mundo. Crendo no Pai, criador do céu e da terra, vejo tudo com gratidão. Crendo no Filho, alegro-me em sua inteligibilidade e busco entendimento. Crendo no Espírito Santo, transbordo de amor. Portanto, a doutrina da Trindade não deve fazer de mim um fanático, que não tolera quem tem outra fé ou não tem fé nenhuma. Deve encher-me de gratidão por sua existência, abrir minha mente para eles e ajudar-me a vê-los afetuosamente. O dogma importa. A ortodoxia liberta-nos do preconceito e da mesquinhez e abre nossos corações e mentes. É, disse G. K. Chesterton, "uma aventura".

Examinaremos o credo niceno e veremos como a crença em cada uma das três pessoas da Trindade é uma introdução às hospitaleiras amizade e felicidade divinas. Neste capítulo examinaremos a crença em Deus Pai e no próximo examinaremos a crença em Deus Filho e em Deus Espírito Santo.

---

[17] LASH. *Believing Three Ways in One God*, p. 22.

O credo consiste em uma lista de artigos. Um dos meus preceptores em Oxford, ilustre estudioso veterotestamentário, confessou que, durante a recitação do credo, deixava de fora os artigos nos quais ele não acreditava naquela semana. O credo pode parecer uma catalogação da fé, que exige a adesão a alguns itens independentes. Quantos precisamos aceitar para ser aprovado? Mas Santo Tomás de Aquino afirmou que há só duas coisas em que cremos, duas *credibilia*: que Deus existe e que somos amados em Jesus Cristo. Cada palavra do credo é realmente necessária para aproximar-nos desse mistério de amor. Herbert McCabe, pensador rigoroso e exigente, escreveu: "Toda a nossa fé é a crença de que Deus nos ama; quero dizer que não há mais nada. Qualquer outra coisa em que dizemos acreditar é apenas uma forma de dizer que Deus nos ama. Toda proposição, todo artigo de fé será expressão de fé apenas se for uma forma de dizer que Deus nos ama".[18] Nossa confissão de fé na Trindade não é adesão a uma doutrina obscura, afastada da vida comum, matemática celeste; é declaração da verdadeira natureza de todo amor, nossa participação nesse amor perfeito, constante, de Pai e Filho, que é o Espírito Santo. A doutrina da Trindade desafia-nos a livrar nossos amores e amizades de tudo o que é dominador, condescendente, egoísta ou explorador. As formas intolerantes de cristianismo perderam terreno, literalmente.

Cremos em um só Deus, Pai todo-poderoso, criador do céu e da terra, de todas as coisas visíveis e invisíveis.

Deixamos de lado toda reflexão sobre o que significa chamar Deus de "Pai" e de encarar as dificuldades que algumas pessoas

---

[18]   McCabe. *Faith Within Reason*, p. 33.

POR QUE IR À IGREJA?

têm com esse título, até examinarmos o pai-nosso. Agora analisaremos somente o que significa reconhecer Deus como criador. A criação não é, do ponto de vista mais fundamental, o que aconteceu no princípio, há 13,7 bilhões de anos. É a dádiva divina atual da existência a tudo o que existe. Ser criado significa que não preciso existir. Minha existência é dádiva de Deus em todos os momentos.

A gratidão pela dádiva da vida e pela fertilidade do solo é fundamental a quase toda civilização conhecida. É o fundamento de quase todas as religiões. Adão e Eva foram criados para cultivar o solo e produzir seus frutos. É essa a primeira vocação da humanidade. Os que estão em contato com a terra e com o milagre anual da fertilidade raramente são ateus. Mas no supermercado os vegetais transformam-se em mercadorias embrulhadas em plástico, produtos em vez de dádivas. Quando Oshida dava retiros aos bispos asiáticos, enviava-os, durante os primeiros dias, aos arrozais para plantar e recusava-se a deixá-los parar só porque suas costas e seus joelhos doíam. Escreveu: "O fazendeiro que dá duro do raiar do dia ao anoitecer sabe que um grão de arroz não é produto seu, coisa produzida por seu esforço, mas algo que lhe foi dado por Deus. Ele precisa oferecer o grão de arroz a Deus, que está oculto, mas que dá tudo. Precisa dizer: 'Isto é teu'".[19] Sara Maitland chama a atenção para o elo entre o silêncio e a jardinagem. "A jardinagem deu-me um meio de trabalhar com o silêncio; não 'em silêncio', mas *com* silêncio – era uma criatividade silenciosa. O próprio jardim, por meio daquele crescimento silencioso, usou mais energia que eu; cresceu silenciosamente, mas não de forma insensata."[20]

---

[19] OSHIDA. Takamori Sôan.
[20] MAITLAND. *A Book of Silence*, p. 21.

Para muitas culturas, é inconcebível que a terra possa, de algum modo, ter dono. Um dominicano espanhol, especialista em agricultura, visitou uma aldeia maia nas montanhas da Guatemala e ficou atônito com o cultivo altamente desenvolvido da terra. Perguntou a um dos camponeses se a terra era propriedade coletiva ou individual. O camponês respondeu: "O senhor me pergunta quem é o dono da terra? Como alguém pode ser dono da própria mãe?".[21]

Trinta anos atrás visitei uma aldeia zulu nas montanhas Drakensberg, na África do Sul. Disseram-me que eu deveria levar um frango. Portanto, no caminho passei por um supermercado e comprei um, um bloco branco sem cabeça, embrulhado em plástico. Quando o apresentei ao chefe da aldeia, ele lançou-lhe um olhar perplexo.

– O que é isto? – perguntou.

– É um frango.

Evidentemente ele não acreditou. O pacote não parecia ter surgido de um ovo, mas era apenas outro produto estranho dos brancos. Segundo um dito sufi, "A galinha não bota ovo no mercado".

Os sociólogos especulam sobre as propriedades mágicas das estações de trem na França oitocentista. Camponeses profundamente religiosos vinham a Paris em busca de trabalho, mas a partir do momento em que seus pés tocavam a plataforma, eles nunca mais iam à igreja. Esqueciam-se de Deus. Em uma favela urbana, deixava de ser óbvio que tudo era dádiva, e a memória do Doador de todas as coisas boas desaparecia rapidamente.

---

[21] PIERCE, *San Martín de Porres*, p. 60.

POR QUE IR À IGREJA?

As cidades são também lugares de barulho e pressa, onde é difícil ouvir o silêncio de Deus. Agora, pela primeira vez na história humana, mais da metade de todos os seres humanos vivem em cidades. Em um ambiente inteiramente construído por mãos humanas e onde o silêncio é raro, como é possível manter viva a consciência do Doador de todas as coisas boas?

Assim, a base de nossa amizade com Deus criador é a gratidão. Percebemos a incerteza das coisas, até de nossa existência, e damos graças. Segundo Ronald Rolheiser, "ser santo é ser estimulado pela gratidão, nada mais e nada menos".[22] Mestre Eckhart, dominicano alemão do século XIV, disse que "se a única oração que eu fizer for 'Dou-te graças...', isso basta". No verão de 2007, visitei o bairro mais pobre e mais violento de Bogotá, na Colômbia, onde nossos estudantes dominicanos vão todo fim de semana para ajudar a estabelecer uma comunidade cristã. A coordenadora da paróquia, Maria, mora em um barracão rudimentar, pouco mais que algumas folhas de zinco apoiadas na parede de um rochedo. Ela nos acolheu com água. De forma muito comovente, partilhou sua enorme gratidão pelas bênçãos de sua vida, pelos netos, o lar, a comida. Ela é um dos bons amigos de Deus.

Em um romance de Patrick O'Brien, Stephen Maturin atravessa uma floresta a caminho de visitar um amigo, Jack Aubrey:

Era uma área comum, erguida ao poder mais alto: o sol nascente brilhava através de um tênue véu sem nem sinal de fulgor e dava às cores um frescor e uma intensidade que Stephen nunca vira. O mundo verde e o céu de um azul puro e delicado poderiam ter

---

[22] ROLHEISER, *The Holy Longing*, p. 66.

acabado de ser criados; e à medida que o dia esquentava, uma centena de perfumes enchia o ar. "É praticamente impossível retribuir graças de forma plena" ele refletiu, sentado no degrau de uma cerca e olhando duas lebres que brincavam, ficando de pé e se esmurrando, depois saltando e correndo e saltando de novo [...] Ele perdeu as lebres de vista e seguiu seu caminho, cantando em um sussurro estridente: *Quoniam tu solus sanctus, tu solus Dominus, tu solus altissimus*, até que um cuco gritou a sua esquerda: cuco, cuco, alto e claro, seguido de uma gargalhada e respondido por um cuco, cuco mais fraco lá longe, à direita.[23]

Às vezes, nossos olhos captam coisas sendo dadas: "O mundo verde e o céu de um azul puro e delicado poderiam ter acabado de ser criados". Os salmos nos relatam que Deus disse uma palavra "e tudo se fez". Olhos gratos vislumbram que a existência não é um fato, mas um ato. Quando o compositor tcheco católico Petr Eben era criança enviaram-no a Buchenwald, porque seu pai era judeu. Durante um curto período, ficou na câmara de gás à espera da morte. Mas ele disse: "Creio que nosso século tem uma falta profunda de gratidão. Por isso talvez a tarefa mais urgente seja o louvor, de outra forma as pedras bradariam em protesto".[24] É essa a base da educação religiosa.

> Recebeste dádivas de mim; elas foram aceitas.
> Mas não sabes pensar nos mortos.
> O cheiro de maçãs de inverno, de geada e de linho.
> Não há nada além de dádivas nesta pobre, pobre terra.[25]

---

[23]   O'Brian. *The Reverse of the Medal*, pp. 178s.
[24]   Obituário de *The Times*, 7 Dec. 2007.
[25]   Milosz. "You Received Gifts", trad. Robert Hass e Renata Gorczynski, *Ironwood* 18, 1981, p. 186, citado em Hyde, *The Gift*, p. xxi.

■ POR QUE IR A IGREJA?

No romance de Zadie Smith, *On Beauty* [Sobre a beleza], Howard é um acadêmico inglês que trabalha na América. Howard não tem tempo para religião. Jerome, seu filho, volta para a Inglaterra e descobre a fé:

"O que realmente percebi é que Howard tem um problema com a gratidão", reclamou Jerome, mais para si mesmo que para o irmão. É como se ele soubesse que é abençoado, mas não soubesse onde pôr sua gratidão porque isso o deixa constrangido, porque isso seria lidar com a transcendência – e todos sabemos que ele detesta fazer isso. Assim, negando que existem dádivas no mundo, algumas coisas essencialmente valiosas – é como ele abrevia a questão da gratidão. Se não há dádivas, então ele não tem de pensar em um Deus que as concedeu. Mas é aí que está a alegria.[26]

A necessidade de gratidão não pode ser provada, mas é contagiante. O cardeal Basil Hume disse que quando era criança e queria furtar uma maçã da despensa, achava que Deus lhe diria para não fazê-lo. Quando ficou mais velho, desconfiava que Deus lhe diria: "Vá em frente. Pegue duas maçãs". As chamadas cinco provas de Tomás da existência de Deus não têm o propósito de serem provas em sentido moderno. São cinco maneiras de mostrar que nada precisa existir. Elas põem em dúvida nosso sentimento do mundo como presente de forma inabalável e inevitável.

Por que ir à igreja? "Eucaristia" significa "Ação de graças". Vamos para dar expressão pública a nossa gratidão. Nas imensas metrópoles do mundo, ambientes inteiramente construídos, as congregações se reúnem para dar testemunho de nosso

---

[26] SMITH. *On Beauty*, p. 237.

Deus generoso. Na afobada selva urbana, oferecem-se lugares de louvor e, mais raramente, de silêncio. Naturalmente, posso dar graças na privacidade de meu lar – "Sete vezes por dia eu te louvo" (Sl 119,164) –, mas para fazer justiça a Deus e ao próximo, preciso tornar visível minha gratidão. E devemos reconhecer o mesmo impulso de gratidão em pessoas de outros credos. Nos rabinos hassídicos do século XVIII, como o Baal Shem Tov, ou místicos sufistas como Rumi, reconhecemos sua gratidão como nossa. Reconhecemos um companheiro de gratidão, mesmo que sua Eucaristia assuma outras formas. Mas e a crença no Filho e no Espírito? Não exprime dissensão?

ATO 1, CENA 5, PARTE 2

Cremos em Jesus Cristo, Filho Unigênito de Deus, e no Espírito Santo

Cremos em um só Senhor, Jesus Cristo, Filho Unigênito de Deus, nascido do Pai antes de todos os séculos: Deus de Deus, Luz da Luz, Deus verdadeiro de Deus verdadeiro; gerado, não criado, consubstancial ao Pai. Por ele todas as coisas foram feitas.

Talvez a linguagem pareça confusa e distante de nossa fé naquele bom homem Jesus, que festejava e bebia com pecadores e contava parábolas ingênuas. E, contudo, o que está em debate é simples e fundamental para nossa fé. Tomé, o que duvidara, fez sua confissão: "Meu Senhor e meu Deus!". O que isso significa? A Igreja primitiva lutou durante séculos a fim de encontrar palavras para expressar sua crença de que esse homem Jesus não era apenas um profeta, um mensageiro de Deus, alguém semidivino, um anjo, mas Deus. Como assim? Realmente, não entendemos a afirmação, pois é um mistério fora de nosso alcance, mas essas palavras do credo são fruto de uma longa luta de nossos antepassados na fé para *não* fazer dela uma bobagem. É uma verdade que não pode ser entendida pela razão, mas eles tentaram descobrir pelo menos como isso não era contra a razão.

Denis Minns, op, escreveu:

> Depois de muito debate penoso, a Igreja chegou à conclusão de que quando dizemos que encontramos Deus em Jesus, temos de entender Deus no sentido estrito da palavra. Faz parte da tarefa da doutrina da Trindade reconhecer que os problemas que surgem dessa maneira de falar são problemas reais. Jesus é Deus e o Pai é Deus, há um só Deus, mas Jesus não é o Pai. Esse é um jeito muito misterioso de falar. A questão não é que deveríamos ficar desorientados com isso, mas que deveríamos perceber que o enigma origina-se em primeiro lugar porque Deus revelou-se para nós e é isso que, ou melhor, quem Jesus é: a revelação da pessoa de Deus para nós. Portanto, a Trindade tem esse tremendo impacto na vida dos cristãos, que o Deus único em quem acreditamos não é um Deus que está escondido, mas um Deus que pode ser visto, ouvido e tocado na pessoa de Jesus: um Deus que se derrama em amor por nós.[1]

Então, mais uma vez, nossa fé não é primordialmente a adesão a fatos a respeito de Deus, mas a amizade com Deus. Esse homem Jesus oferece-nos mais que palavras a respeito de Deus, discernimento espiritual. Ele não veio promover valores. Não veio falar-nos da amizade de Deus por nós. Ele é a amizade de Deus por nós, feito carne e sangue.

A amizade transforma a maneira de vermos. Se, crendo em Deus criador, vemos o mundo com gratidão, como a fé no Filho de Deus muda nossa maneira de ver o mundo? "Por ele todas as

---

[1] Ver: <http://www.torch.op.org>, 18 May 2008.

coisas foram feitas." Não damos apenas graças pela existência do universo. Confessamos que o universo foi feito pela palavra de Deus. A criação não é apenas o resultado de forças cegas e puro acaso. É o fruto da Palavra de Deus, o que significa que ela é inteligível. E é inteligível para nós, porque somos pessoas da Palavra. Estamos em sintonia com a Palavra. Adão, o primeiro jardineiro, também dá nome aos animais, pois ele é o parceiro da Palavra na criação de um mundo inteligível. Para os israelitas, os nomes das coisas não eram rótulos arbitrários, de modo a, por exemplo, se poder distinguir um coelho de uma lebre, mas abrangia o que alguma coisa realmente é. O significado não é imposto de fora, mas descoberto. Segundo uma frase medieval, *Omne ens est scibile*, "Todo ser é conhecível". Temos não apenas a felicidade da gratidão, mas também do entendimento. Portanto, a amizade com Deus, a crença, é viver em um mundo que é radiante de inteligibilidade.

O poema de George Herbert, *Prayer* [Oração], relaciona as coisas que têm lugar na oração e termina assim:

A via láctea, a ave do paraíso,
Sinos da igreja ouvidos além das estrelas, o sangue das almas
A terra de aromas; algo entendido.[2]

"Algo entendido": pode ser o prazer de entender as leis da natureza. Albert Einstein expressou seu deslumbramento e sua perplexidade com a inteligibilidade do mundo. Ele se deleitava com suas teorias da relatividade gerais e especiais porque elas revelavam como o mundo é. A descoberta científica revela

---

[2] HERBERT. *The Complete Poems*, p. 45.

o que aguarda nosso entendimento. Ele escreveu: "O eterno mistério do mundo é sua compreensibilidade [...] O fato de ser compreensível é um milagre".[3] Os cientistas propõem a teoria de que tudo começou com o Big Bang. Não há razão para os cristãos não aceitarem essa ideia. Ela tem de ser ou não aceita em bases puramente científicas. Mas a metáfora – o Big Bang – contrasta de forma interessante com a afirmação cristã de que no princípio era a Palavra de Deus: um barulho sem sentido versus um som inteligível. Não há, além disso, nenhuma incompatibilidade inevitável entre a teoria dos cientistas e a crença da tradição judeo-cristã, mas a metáfora científica sugere uma origem sem sentido e assim, presumivelmente, um fim sem sentido.

Podemos experimentar o prazer de entender a nós mesmos e outras pessoas por meio da literatura e da poesia, da antropologia ou da filosofia. São Paulo escreveu que "subjugamos todo pensamento para torná-lo obediente a Cristo" (2Cor 10,5). De certa forma, todo pensamento pertence à Sabedoria de Deus. Toda reflexão que é iluminadora, em qualquer disciplina, reflete aquele que é a luz do mundo. A palavra "inventar" significava originalmente "descobrir". A antiga Festa da Invenção da Verdadeira Cruz não subentendia que Santa Helena inventou-a! Toda criatividade intelectual humana, nosso poder de desenvolver novas teorias científicas, de compor poemas, produzir filmes é, na melhor das hipóteses, uma descoberta do que estava reservado para nosso conhecimento. A palavra neotestamentária para verdade, *aletheia*, subentendia "inauguração", "descobrimento".

---

[3]   ISAACSON. *Einstein*, p. 462.

■ POR QUE IR À IGREJA?

Simone de Beauvoir ficou perplexa quando soube que Simone Weil chorou ao ouvir falar de uma grande fome que assolava a China. Beauvoir disse: "Invejei um coração capaz de bater através do mundo". Mas ela acreditava ser mais importante para as pessoas ter uma razão de viver do que lhes dar comida. Ao que Simone Weil replicou: "É óbvio que você nunca passou fome".[4] Mas qual das Simones está certa? É um páreo duro. O que é mais miserável no fim, uma vida privada de sentido ou de comida? E, em todo caso, são as primeiras tarefas de Adão, cultivar a terra e dar nome aos animais, muito diferentes? É possível entender alguma coisa, se não se tem senso de gratidão? Em algumas línguas, "pensar" e "agradecer" derivam da mesma raiz.

Um sintoma do ateísmo prático de nossa sociedade é o de que ela se abstém até de fazer as perguntas maiores. Por que existe alguma coisa em vez de nada? O que é a felicidade humana? Qual é nosso destino? Um taxista que pegou Bertrand Russell aproveitou a oportunidade para provocar o cérebro famoso: "Eu lhe perguntei: 'Bem, então, senhor, de que se trata?' e, sabe, ele não soube me dizer". Partilhamos a vida de Deus Filho procurando compreender tudo à luz do Evangelho, e procurando entender o Evangelho à luz de todo discernimento contemporâneo. Todas as nossas palavras são de algum modo ecos da Palavra. Somos discípulos, o que significa "estudantes", buscando a felicidade do entendimento. Certa vez, vi no banheiro de um bar em Oxford um grafite, escrito em letras bem pequenas, no canto do teto: "Se você olhou até este ponto, deve estar procurando alguma coisa. Por que não experimentar o catolicismo romano?".

---

[4]   BEAUVOIR. *Mémoire d'une jeune fille rangée*, p. 312.

Quando um jovem muçulmano egípcio meu amigo tinha dez anos, mandaram-no visitar um sábio imame. Ele orgulhosamente se gabou de saber o Alcorão inteiro de cor. Mas o imame não se impressionou. Disse que o Alcorão é um mapa para peregrinos. "Viaje!" Acreditar no logos abre nossas mentes para todos os que buscam entendimento, quaisquer que sejam suas crenças e até se não tiverem nenhuma. Se toda verdade é uma em Cristo, então estaremos abertos à verdade onde quer que a encontremos. Tomás de Aquino cita com frequência a opinião atribuída a Ambrósio de que toda verdade, não importa quem a diz, vem do Espírito Santo.[5] A pessoa mais citada por Tomás de Aquino na primeira pergunta da Suma, sobre o alcance da teologia cristã, é um filósofo pagão. Somos suplicantes em busca da verdade, felizes em aprender seja com quem for. Paulo escreveu que em Jesus Deus quis "reconciliar consigo todos os seres, tanto na terra como no céu" (Cl 1,20). Uma forma de nos reconciliarmos uns com os outros é pensar muito: o esforço da compreensão mútua. Está na moda falar de "amor forte"; isso inclui pensamento rigoroso. Amor sem inteligência é apenas emoção superficial. O romancista A. S. Byatt escreveu: "A capacidade humana de pensar e transformar sentimentos em pensamentos é o caminho para abandonar o narcisismo".[6] Pensar quebra a casca do ego.

Naturalmente, podemos às vezes perder toda noção de sentido; o absurdo parece triunfante. E isso nos leva à parte seguinte do credo.

---

5 ST I, II 109 1 ad 1; comentário sobre João, lectio 1.
6 BYATT. *Novel Thoughts*.

> E por nós, homens, e para nossa salvação, desceu dos céus e se encarnou pelo Espírito Santo, no seio da Virgem Maria, e se fez homem. Também por nós foi crucificado sob Pôncio Pilatos, padeceu e foi sepultado. Ressuscitou ao terceiro dia, conforme as Escrituras, e subiu aos céus, onde está sentado à direita do Pai. E de novo há de vir, em sua glória, para julgar os vivos e os mortos; e o seu reino não terá fim.

Quando estamos sufocados por uma sensação de ausência de sentido, o credo não nos apresenta uma explicação. Não justifica o despropósito de alguém que amamos morrer de câncer. O credo apresenta-nos uma história que inclui a cruz, o momento escuro em que Cristo gritou com voz forte: "Meu Deus, meu Deus, por que me abandonaste?". Às vezes tudo o que podemos fazer é ficar naquele lugar escuro, onde tudo já não faz mais sentido, e esperar a Páscoa. Grande parte do cristianismo é uma disciplina de espera, espera no Advento pelo Natal, espera no sábado santo pela Páscoa, espera depois da Ascensão por Pentecostes.

O professor Eamon Duffy, historiador de Cambridge, conta como certo dia sua fé desmoronou. Ele havia sido um católico praticante feliz e, então, um seu amigo, padre anglicano, morreu, e ele mergulhou na escuridão. Ali estava o horror da morte.

> E com o horror veio a percepção de que Deus se fora; não existia nenhum Deus e eu não tinha fé. Era como se todo o condicionamento, todos os argumentos e andaimes emocionais que eu construíra em torno e dentro de minha vida nunca tivessem existido. Eu já não acreditava, já nem mesmo queria acreditar;

estava completamente hipnotizado pela esmagadora percepção de mortalidade. Eu nunca fora muito bom para rezar e agora, mais que nunca, toda oração parecia falsa. Sentia-me confuso e embaraçado com minhas tentativas de rezar, como um homem visto falando sozinho em um vagão de trem.[7]

Quando a fé voltou, veio como uma dádiva. Ele sabia que tinha de escolher entre um mundo triste e inútil e outro onde amor, perdão e celebração eram possíveis.

Não tenho muita lembrança do processo pelo qual fiz minha escolha; exceto que, quando comecei a compreender que eu a fizera, ela pareceu-me mais dádiva que escolha. Um domingo, quando me sentei depois da comunhão, apenas olhando as pessoas que caminhavam até o altar, fui suavemente arrebatado por uma transbordante sensação de companheirismo, de gratidão, de alegria e, estranhamente, de pena. Minha mente encheu-se, literalmente encheu-se, com um único versículo dos salmos (Sl 26,8): "Senhor, gosto da casa onde moras e do lugar onde reside a tua glória".[8]

Duas coisas são interessantes aqui. Antes de mais nada, sua fé voltou quando ele estava na igreja. Ele não se afasta da comunhão da Igreja. Esperou com os que realmente acreditavam. Essa é uma razão para ir à igreja. Mestre Eckhart escreveu:

Está escrito no Apocalipse que Nosso Senhor disse às pessoas: "Eis que estou à porta e bato; se alguém ouvir minha voz e abrir a porta, eu entrarei em sua casa e tomaremos a refeição" [...] Ele está ali,

---

[7] DUFFY. *Faith of our Fathers*, p. 4.
[8] Ibid., p. 8.

deixando-se ficar, esperando para nos aprontarmos e abrirmos a porta e deixá-lo entrar [...] Espera com mais urgência que você que a porta se abra. Você é mil vezes mais necessário para ele do que ele é para você [...] Entretanto, talvez você pergunte: "Como acontecerá isso? Não sinto sua presença". Mas olhe! Perceber a presença dele não está em seu poder, mas no dele. Quando convém a ele, ele se mostra; e ele se esconde quando quer.[9]

Segundo, Duffy reconhece que precisa fazer uma escolha e percebe que ela é "mais dádiva que escolha". Charles Taylor afirma que é característica do secularismo a fé ser considerada escolha. "Posso achar inconcebível que eu abandone minha fé. Mas há outros, inclusive talvez pessoas muito próximas a mim, cujo modo de vida não posso, com toda sinceridade, simplesmente rejeitar como depravado, ou cego, ou indigno, que não têm fé (ou pelo menos não em Deus ou no transcendente). A crença em Deus já não é mais axiomática. Há alternativas."[10] O cristianismo está lá fora no mercado, competindo com outras crenças, controlando sua parte do mercado e promovendo sua marca. O que será? Zen budismo? Islã? Cristianismo? Alguns "selecionam": um toque de meditação zen misturado com amor cristão e talvez temperado com uma pitada do kama sutra! Mas quando a pessoa passa a crer, então isso não é experimentado como escolha, mas como dádiva surpreendente e imerecida de sentido. Assim, a fé subverte os princípios da cultura do consumismo. Ela nos dá gratidão inteligente.

Deus pede a algumas pessoas que esperem um longo tempo no escuro. Descobrimos recentemente que madre Teresa de

---

[9] Citado em MURRAY, Paul, op, "Contemplative Prayer in the Dominican Tradition", palestra inédita.
[10] TAYLOR. *A Secular Age*, p. 8.

Calcutá ficou imersa em aridez durante décadas. Santa Teresa d'Ávila suportou a noite escura durante grande parte da vida e o mesmo aconteceu com Santa Teresa de Lisieux. Parece ser perigoso chamar-se Teresa! A etimologia do nome é obscura, o que parece apropriado para essas santas que suportaram tal obscuridade. Mas é ali, na noite, que Deus se dá mais intimamente que antes. Rowan Williams escreveu: "A luz está no âmago da escuridão, a alvorada surge quando entramos plenamente na noite. Quando reconhecemos nosso Deus nessa experiência, podemos realmente dizer como o salmista: 'nem as trevas são escuras para ti e a noite é clara como o dia; para ti as trevas são como luz'" (Sl 139,12).[11]

Devo confessar que nunca mergulhei completamente na noite escura da alma; ocasionalmente em noite cinzenta. Talvez Deus a guarde para seus amigos mais fortes. Santa Teresa d'Ávila disse a Deus: "Se tratas teus amigos assim, isso explica por que tens tão poucos!". Se alguém esperou tanto tempo por um vislumbre de sentido, então nunca será tentado a sentir-se superior a pessoas de outra fé ou sem nenhuma fé. Entenderá que sentido é dádiva; não é concedido por causa de nenhuma superioridade pessoal. Simplesmente damos graças, seja quem for que partilhe a dádiva conosco.

Cremos no Espírito Santo, Senhor que dá a vida e procede do Pai e do Filho; e com o Pai e o Filho é adorado e glorificado: Ele que falou pelos profetas.

A crença no Espírito Santo é, de forma mais evidente, não *apenas* uma questão de acrescentar outra pessoa divina à lista.

---

[11] WILLIAMS. *Open to Judgement*, p. 99.

Não podemos contar quando nos preocupamos com Deus da mesma maneira que contamos as coisas que por acaso existem. Dizer que Deus é uno não é afirmar que há um só Deus, da mesma forma que um dia poderá haver só um panda sobrevivente. É procurar alcançar a completa unidade e simplicidade de Deus. Mais que uma unicidade numérica, é uma unidade de ser fora de nosso alcance. Se dizemos que duas pessoas se amam, então não estamos apenas fazendo uma declaração numérica. Indicamos uma reciprocidade, mutualidade, que é mais do que duas pessoas sentirem a mesma coisa uma em relação à outra. De maneira ainda mais radical, dizer que Deus são três não é afirmar que há três pessoas, mas que poderia também haver quatro. É indicar, em nossa frágil linguagem, aquele amor que é totalmente mútuo sem introversão, eterno e, contudo, voltado para fora de si mesmo; "o Amor que move o sol e as outras estrelas".[12] Assim, quando dizemos que Deus é um e três não fazemos declarações numéricas, mas sim lutamos para vislumbrar o mistério do amor que é a existência da Trindade.

O Espírito não é tanto o objeto da crença, mas sim o sujeito. Sob qualquer condição, é no Espírito Santo que acreditamos. Sebastian Moore, osb, afirmou que "a terceira pessoa é a mais difícil de entender só porque ela *é* nosso entendimento, *é* o Filho expandindo-se em nós e assim levando-nos ao Pai".[13] O Espírito é a amizade do Pai e do Filho; como o papa João Paulo II gostava de dizer, é "o Amor Divino em pessoa".

O neto de nove anos de meu irmão mais velho, Mattie, enviou-lhe um cartão postal: "Vovô, eu o amo tanto. Amo-o até

---

[12]   Dante Alighieri. *A divina comédia*, Paraíso, canto xxxiii, verso 146.
[13]   Moore. *The Contagion of Jesus*, p. 17.

mais do que amo Deus". Deus não ficaria com ciúmes porque Deus é aquele amor com o qual Mattie ama meu irmão. Santo Agostinho escreveu: "Que ninguém diga: não sei o que amar. Que ele ame seu irmão e amará exatamente aquele amor".[14] A crença no Espírito Santo é, então, encontrarmo-nos dentro da amizade que é Deus, o amor que nunca é derrotado e que transforma nossa percepção um do outro e de nós mesmos. É a recusa do cinismo, da tentação de pensar que, lá no fundo, somos apenas genes egoístas ou pessoas egoístas em busca de nossos propósitos e que o amor é uma ilusão momentânea em vidas que não vão a lugar nenhum.

John Rae, ex-diretor da Westminster School, veio me questionar a respeito de minhas razões para crer em Deus. Ele presidira as vésperas na abadia de Westminster durante anos, mas sempre se considerara agnóstico. Agora queria decidir em um ou outro sentido e pediu que se encontrasse com alguns cristãos e ateus para ouvir seus argumentos. Ele pretendia escrever um livro sobre sua investigação. Infelizmente John morreu antes que o livro fosse publicado. Encontramo-nos várias vezes e nos tornamos bons amigos. Nossas discussões muitas vezes giraram em torno da natureza do amor. É o amor apenas uma emoção? Morreríamos por aqueles que amamos? Percebemos no amor algum indício do sentido de tudo? O amor nos dá um vislumbre do transcendente? O que os cristãos querem dizer quando afirmam que na ressurreição o amor sai vitorioso sobre a morte? John telefonou-me para dizer que tinha câncer terminal e gostaria de ver-me antes de morrer. Assim, visitei-o em dezembro de 2006, antes de partir para a Ásia em uma longa viagem. Ele fez-me

---

[14] *De Trinitate* 8, 8, citado em ERNST. *Theology of Grace*, p. 37.

desistir de qualquer esperança de conversão no leito de morte, mas frente à morte queria conversar novamente sobre a natureza do amor. Eu lhe disse que, mesmo que chegasse tarde demais para vê-lo quando voltasse da Ásia, eu tinha esperança de vê-lo no céu. Ele apenas sorriu.

Em um romance extraordinário e maravilhoso, *The Time Traveller's Wife* [A mulher do viajante do tempo], de Audrey Niffenegger, o herói deixa uma carta para ser aberta por sua mulher depois de sua morte: "Nosso amor foi o fio através do labirinto, a rede sob o que anda no arame lá no alto, a única coisa real nesta minha estranha vida em que jamais pude confiar. Hoje sinto que meu amor por você tem mais densidade neste mundo do que eu mesmo; como se pudesse sobreviver depois de mim e rodeá-la, mantê-la, abraçá-la".[15] Nossa crença no Espírito Santo é a afirmação de que o amor sobrevive e sobreviverá.

Certamente, é verdade que pessoas que não creem muitas vezes têm vidas maravilhosas, ternas e admiráveis e encontram um senso de propósito que dá sentido a suas vidas, mesmo em face da aniquilação final. Seria impertinência um cristão dizer simplesmente que foi iludido. Mas pode-se afirmar, com todo o respeito possível, que o sentido que descobre é, na verdade, o antegozo de uma alegria que é eterna. Terry Eagleton escreveu: "Às vezes os crentes falam como se uma importante diferença entre eles e os descrentes fosse que, para eles, o sentido e o propósito da vida estão fora dela. Mas isso não é bem verdade, mesmo para os crentes. Para a teologia clássica, Deus transcende o mundo, mas aparece como uma profundeza dentro dele. Como observa Wittgenstein em algum lugar: se existe essa coisa de vida eterna,

---

[15] NIFFENEGGER. *The Time Traveller's Wife*, p. 503.

deve estar aqui e agora. É o momento presente que é a imagem da eternidade, não uma sucessão infinita desses momentos".[16]

Pierre Claverie, op, acreditava que sua missão, como bispo de Orão, na Argélia, era cultivar a amizade com os muçulmanos. Foi em nome dessa amizade que ele publicamente se opôs aos islamicistas que aterrorizavam o país. Começou a receber ameaças de morte. Seus superiores disseram-lhe que ele precisava parar de falar abertamente e seus amigos muçulmanos tentaram protegê-lo. Mas, em 1º de agosto de 1996, ele encontrou a morte. Depois de passar um dia com o ministro do exterior francês, voltou para casa com um jovem amigo muçulmano, Mohammed Bouchikki, que exercera as funções de motorista só naquele dia. Ele era aguardado. Ao entrar em casa, uma bomba explodiu e reduziu os dois a pó, deixando o sangue do cristão e do muçulmano misturado na parede. No funeral, lotado de muçulmanos, vários amigos deram testemunho a respeito de Pierre. O último foi uma jovem muçulmana que relatou como ele a trouxera de volta à fé muçulmana e que "Pierre era o bispo dos muçulmanos também". Ele foi enterrado com sua estola predileta que tinha as palavras árabes: *Allah mahabba*, "Deus é amor".[17] Amigos muçulmanos e cristãos mantêm seu túmulo sempre coberto de flores. O amor perdura.

Mais uma vez, a crença no Espírito Santo não exprime dissensão. Não reivindicamos a posse exclusiva da graça do Espírito. Aludimos àquele que é "o doador da vida", presente em toda vida e amor. O Espírito Santo purifica nossos amores de tudo o que é arrogante, dominador e manipulatório, purificando

---

[16] EAGLETON. *The Meaning of Life*, p. 174.
[17] PÉRENNÈS. *A Life Poured Out*, p. 249.

nossos olhos do cinismo. Ao partilhar a vida da Trindade, somos lentamente curados da rivalidade e do medo. E assim o dogma da Trindade não estimula intolerância e reivindicações de superioridade cristã. Começamos a Eucaristia em seu nome. No credo professamos nossa fé nela e abençoamos uns aos outros em seu nome, quando somos mandados para casa. Partilhar a vida do Deus Trino, ser formado por sua amizade eterna, abre nossas mentes e corações para ver com gratidão, para sentir prazer no entendimento e para ultrapassar a nós mesmos no amor. Quando usamos essa linda doutrina para atacar nossos adversários, para fortificar as muralhas eclesiásticas contra nossos inimigos, então negamos o sentido do ensinamento.

Os cristãos dividem-se quanto a se nosso relacionamento com outros crentes deve ser de diálogo ou de evangelização. Devemos proclamar nossa fé na esperança de converter os outros, ou respeitosamente dialogar com pessoas de outras religiões, recusando-nos a tentar atraí-los para nossa fé? A doutrina da Trindade sugere que essa é uma falsa dicotomia. Com efeito, toda proclamação da fé cristã que não fosse cheia de gratidão e que não buscasse entendimento e amizade não seria verdadeiramente trinitária. Os únicos caminhos em que podemos partilhar nossa fé na Trindade são precisamente por intermédio da amizade grata, inteligente, afetuosa. Uma proclamação agressiva da Trindade seria tão incoerente quanto um pacifista atacar o adversário a fim de convertê-lo às suas opiniões. Jesus personificava essa proclamação em sua conversa. Toda conversa a respeito de Deus espera a conversão – de todos os participantes. O rumo da conversa está nas mãos de Deus. Toda conversão leva à conversa. Cada palavra subentende que nos voltamos uns para os outros, para falar e escutar.

> Cremos na Igreja, una, santa, católica e apostólica. Professamos um só batismo para a remissão dos pecados. E esperamos a ressurreição dos mortos e a vida do mundo que há de vir.

Esses artigos do credo não foram simplesmente acrescentados no fim de nossa confissão de crença no Espírito Santo. O dom do Espírito Santo em Pentecostes é o nascimento da Igreja, nossa participação na ressurreição de Cristo e na vida do mundo que há de vir.

As pessoas muitas vezes afirmam crer em Jesus, mas não conseguem aceitar a Igreja. Por que ir à igreja no domingo, quando posso cultivar um belo relacionamento com Jesus no conforto de meu lar? Mas se a morte e ressurreição de Jesus são apenas a história daquele único homem, então ela não tem a ver conosco mais que todas as histórias pagãs de deuses que morreram e ressuscitaram. Creio que a ressurreição de Jesus não envolve o túmulo vazio e a transformação de seu corpo. Mas sua ressurreição é a vitória do amor sobre o ódio, da comunhão sobre a traição e, assim, é nossa história também. Cristo ressuscitado reuniu ao redor de si os discípulos dispersos, que o tinham negado e fugido. Não foi uma coisa que simplesmente aconteceu depois da ressurreição, como eu posso sair da cama e então tomar o café da manhã com os irmãos. A aparição de Jesus aos discípulos e seu perdão dos pecados deles – a vida que compartilhavam – é sua ressurreição irrompendo em nossas vidas.

Nossa sociedade tem preconceito contra instituições e, em especial, a "Igreja institucional". Mas Vincent McNabb, op, afirmou que até a vida de Cristo é uma instituição. "A Encarnação não é um acontecimento, mas uma instituição. Jesus nunca desistiu do que assumiu".[18] A solidariedade de Deus com a humanidade, que germinou no ventre de Maria, perdura na Igreja. Todas as reivindicações feitas para a Igreja no credo são sinais de que o amor alcançou a vitória. A Igreja é "una". Se o mistério sagrado que celebramos na Eucaristia é o mistério da vontade de Deus de reunir tudo em Cristo, então deve haver um sentido no qual a Igreja sempre e para sempre permanece una. Essa unicidade é participação na unidade de Deus. Mais que uma questão de matemática, ela diz alguma coisa da natureza do amor que nos une. Muitas das divisões entre os cristãos giram em torno da natureza dessa unidade necessária. Em minha Igreja, cremos que essa unidade precisa encontrar uma forma visível. Não basta afirmarmos alguma vaga unidade espiritual. O cristianismo é fé na encarnação e, assim, essa unidade precisa ser demonstrada. Para outros cristãos, essa unidade institucional parece mais um pesadelo, isso eu entendo muito bem! Afirmar que a Igreja é católica e apostólica é dizer que nenhuma distância que nos separa dos apóstolos, nem a do tempo nem a do espaço, pode destruir nossa unidade no Espírito Santo. Dois milênios nos separam daquele pequeno grupo de discípulos que encontrou Cristo ressuscitado e, contudo, formamos uma só comunidade com eles. Se não for assim, a vitória é da morte. Afirmar que a Igreja é católica é dizer que pertencemos uns aos outros mais profundamente em Cristo do que pertencemos a qualquer nação, tribo ou família. Se não for assim, o ódio e as divisões que levaram à sexta-feira santa saem vitoriosos.

Talvez a afirmação mais difícil de engolir seja a de que a Igreja é santa. É evidente que membros da Igreja não raro são

---

[18] McNabb. *Thoughts Twice-Dyed*, p. 73.

corruptos, cruéis, falsos e covardes. Não se pode negar isso, "os fatos sendo inflexíveis e não facilmente conduzidos", como diz a Sra. Gamp, em *Martin Chuzzlewit*.[19] Mas foi assim desde o princípio. Jesus escolheu como colunas Pedro, que o negou, e Paulo, que matou discípulos de Jesus. Essa comunidade frágil e pecadora é onde todos nos sentimos em casa. Ao confessar que a Igreja é santa, afirmamos que a vitória de Cristo sobre o pecado na manhã de Páscoa não pode ser desfeita. Por mais corruptos e pecadores que sejam os membros do Corpo de Cristo, o amor previu nossas faltas e as perdoa. Podemos ser pecadores, mas nossa crença no batismo, na ressurreição dos mortos e na vida eterna é a maneira pela qual a ressurreição continua a acontecer entre nós, *homo resurgens*,[20] Cristo ressuscitando agora.

Crer na Trindade sem crer na Igreja una, santa, católica e apostólica seria, no meu entender, absurdo. Nossa fé não é primordialmente adesão a fatos a respeito de Deus, mas amizade com Deus, e essa amizade assume a forma visível da Igreja. Isso não quer dizer – em absoluto – que Deus só tem amizade com os cristãos, mas essa amizade universal precisa de um sinal encarnado, exatamente como amigos precisam de expressões visíveis de sua amizade. Podemos ser um grupo pequeno comparado a toda a humanidade, mas o anel de casamento é apenas um aro de ouro que significa amor.

A crença na Trindade sem essa permanente encarnação de amizade poderia ser apenas outra história a respeito dos deuses. Israel, já vimos, renunciou aos mitos dos deuses, às histórias dos amores e das guerras deles. A amada de Deus não era uma deusa,

---

[19] DICKENS. *The Life and Adventures of Martin Chuzzlewit* [*Martin Chuzzlewit*], cap. 51.
[20] TORRELL. *Saint Thomas*, p. 136.

mas Israel, e seu lar era a pequena Sião, "a montanha [de Sião] que ele amava" (Sl 78,68). Era um amor ao qual ele não renunciou, pois os judeus permanecem amados por Deus, mas cremos que Deus aproximou-se de nós sob a forma de um judeu peculiar e, desse modo, partilhou nossa humanidade e armou sua tenda entre nós. A Igreja é o sinal permanente da fidelidade de Deus. Deus nunca retira o amor que deu. Não faz sentido crer na Palavra de Deus a menos que se creia na comunidade que ouviu essa Palavra, anotou-a, editou-a, reconheceu-a pelo que ela era e definiu o cânon das Escrituras. A Igreja pode ser a comunidade dos que vivem pela Palavra de Deus, mas a Bíblia é também fruto da vida da Igreja.

Mas crer na Igreja como artigo independente de fé e não como parte de nossa crença no Espírito Santo seria cair na idolatria. É uma tentação. Um de meus irmãos escoceses afirmou que a Igreja é verdadeiramente o sucessor de Israel, pois também ela está sempre ansiando por falsos ídolos! Assim, a crença na Trindade sem a Igreja leva à mitologia e na Igreja separada da Trindade leva à idolatria. A amizade de Deus nos chama para fora de ambas.

ATO 1, CENA 6

"Pedi e vos será dado"

No credo, declaramos nossa crença em Deus criador, expressando nossa gratidão por suas dádivas. Agora, na verdade, ousamos pedir mais. As orações de intercessão são as primícias da fé. Havia uma cidade piedosa e temente a Deus no sul dos Estados Unidos onde todos iam à igreja e eram bons. E então certo dia um homem chegou e abriu um bar que se tornou o centro de todo tipo de comportamento descontrolado: bebida, dança e, quem sabe, até sexo. Todos os bons cristãos rezaram para que o bar fosse fechado. Eles bradaram ao céu e realmente, seis meses depois, o bar foi incendiado. O dono do bar exigiu indenização dos cristãos. Eles negaram a responsabilidade. O que tinham feito? Ele retrucou: "Sou eu o único neste lugar que acredita no poder da oração?".

Jesus nos exorta: "Pedi e vos será dado! Procurai e encontrareis! Batei e a porta vos será aberta!" (Mt 7,7). Precisamos ser ainda mais insistentes. Começamos simplesmente pedindo e, se isso não funcionar, precisamos buscar e finalmente talvez tenhamos de bater às portas do céu. Deus pode não dar se pedirmos apenas de forma rotineira, automática. Deus quer que desejemos apaixonadamente. O propósito não é pressionar

Deus. É impossível fazê-lo. Não rezamos para mudar a ideia de Deus a nosso respeito, mas, como Herbert McCabe insistia com frequência, para mudar nossa ideia a respeito de Deus. Deus é eterno e, assim, o tempo todo é presente para Deus. Se suplicamos a Deus que passemos em um exame, não esperamos mudar a intenção anterior de Deus de que fôssemos reprovados. Não estamos pressionando Deus para de repente encher de pensamentos benevolentes o coração do examinador. Deus é eterno e, assim, sabe desde toda a eternidade que iríamos rezar para passar no exame e também se passaríamos ou não. Não rezamos para manipular a história e submetê-la a nossa vontade, mas porque Deus deseja que recebamos as coisas de acordo com nossas orações e, assim, as reconheçamos como dádivas.

Se rezo por um lindo dia para um piquenique e isso acontece, meus olhos se abrirão para recebê-lo como dádiva de Deus. Esse dia é uma dádiva tanto quanto o lindo dia pelo qual não rezei. Toda coisa boa é uma dádiva, mas a oração abre-me os olhos ao fato de serem dádivas. Rezar pedindo coisas e recebê-las como dádivas pode parecer infantil para as pessoas modernas "crescidas" que acreditam ser mais digno obter as coisas por si mesmas em vez de as suplicar a Deus. Mas pedir a ele o que queremos é realismo. O mundo real é criado, o que quer dizer dado por Deus a cada momento. Rezar para obter coisas é simplesmente reconhecer como são as coisas. Se vocês me desculparem um exemplo ligeiramente piegas, receber coisas em resposta à oração é como recebê-las embrulhadas para presente. Em *Love Actually* [Amor de fato], Rowan Atkinson desempenha o papel do vendedor que elevou a habilidade de embrulhar presentes a alturas sem precedente. O embrulho para presente não torna o objeto mais presente do que se fosse simplesmente entregue em um saco plástico, mas ressalta que é um presente para você. Não é uma coisa que você esqueceu durante a última visita ou que você comprou, mas um presente, a expressão de um relacionamento. Receber coisas em resposta a orações é ganhá-las de Deus embrulhadas para presente.

Tomás de Aquino chama a oração de "intérprete do desejo"[1] ou "intérprete da esperança". Esperamos aquilo que pedimos em oração, e é por isso que essas orações de intercessão nos preparam para o ato seguinte no drama da graça, a esperança. A oração educa nossos desejos e faz de nós pessoas apaixonadas. Naturalmente, o que queremos irrefletidamente é, muitas vezes de certa forma, menos que a eterna beatitude; pode ser apenas um lindo dia para um piquenique. E, assim, é bom que rezemos por esses pequenos desejos a fim de ficarmos confiantes para pedir mais. Nas orações formais, públicas, da Igreja, justificadamente rezamos pelas grandes causas de nosso país e de nosso planeta. Mas essas causas talvez estejam longe do que está remoendo nosso coração, no momento, e sejam tão abstratas quanto "o terceiro pé do frango".[2] Podemos nos ver rezando por todos os casais, quando o que realmente está nos preocupando é nosso casamento. Rezamos pelos que passam fome, mas nosso estômago está roncando pelo assado de domingo. Assim, precisamos achar tempo para rezar também pelo que realmente queremos agora. Se nos distraímos durante nossas orações, vai ver é porque não queremos realmente aquilo pelo qual estamos rezando. Herbert McCabe escreveu que "quem está em navios que estão

---

[1]   TOMÁS DE AQUINO. *Suma Teológica*, IIa IIae q.17.a2.
[2]   Veja Ato 1, Cena 2.

POR QUE IR À IGREJA?

afundando queixa-se de muitas coisas, mas não de distrações durante suas orações".[3] Se levarmos a Deus nossos desejos reais, então estaremos na presença de Deus como somos, em vez de uma falsa *persona* devota. Donald Cozzens encontrou um jovem que parecia ter vocação sacerdotal, por isso perguntou-lhe se desejava ser padre. Ele pensou um pouco e respondeu: "Não, não quero ser padre. Quero ser bispo".

Isso é que é sinceridade! Se nos achamos incapazes de rezar por alguma coisa, como nosso desejo de dormir com a bela mulher da terceira fileira, talvez isso signifique que não desejamos realmente fazê-lo. A oração cura nossos desejos de fantasia e os põe em contato com nossas aspirações fundamentais. Tendo descoberto que estava presa a ambições fúteis, Anne Lamott confessou: "Senti-me como um galgo veterano na pista de corridas que finalmente percebe estar perseguindo coelhinhos mecânicos: toda aquela energia e nem mesmo é um coelho de verdade".[4] Joseph Campbell disse que a maior tragédia na vida é subir a escada do sucesso e então descobrir que ela está encostada na parede errada![5]

Durante nossas intercessões depois do credo, rezamos juntos pelas coisas grandes: pela justiça, pelos que passam fome, pelo fim da violência. Pode-se pensar que essas orações são, até certo ponto, perda de tempo. Deus não precisa ser convencido de que essas coisas são necessárias. De qualquer forma, não podemos mudar a mente de Deus e, então, de que adianta? Tomás afirma que essas orações são uma das maneiras pelas quais Deus cuida

---

[3] McCabe. *God, Christ and Us*, p. 106.
[4] Lamott. *Travelling Mercies*, p. 266.
[5] Barron. *The Strangest Way*, p. 119.

de nossa dignidade.[6] A história humana não é apenas uma trama predestinada que segue em frente independente de nós. Somos filhos de Deus e estamos envolvidos na concretização de sua vontade. Rezar por justiça, por exemplo, e recebê-la de acordo com nossas orações, é uma das formas pelas quais somos atores na história da humanidade. Se desejamos a paz no Iraque, então devemos fazer ativamente campanha pela paz, mas também rezar por ela. Nossas ações são orações que podem ter efeitos reais. Nossas orações não são tentativas de torcer o braço de Deus; por meio delas somos envolvidos no providencial governo divino do mundo. Deus não só quer a paz no Iraque, como esperamos que ele no-la dê como dádiva, em resposta a nossas orações.

Santo Tomás acreditava que, no fundo, todas as orações são para nossa felicidade em Deus, quando veremos Deus pessoalmente; essa é uma oração que será concedida, pois Deus deseja que tudo o que ele criou encontre satisfação. Deus não nos criaria com desejos que acabarão sendo frustrados. Mas e se pedirmos, batermos e até chegarmos ao ponto de martelar a porta e nada acontecer? Santo Agostinho afirma que às vezes Deus mostra relutância para nos ensinar a desejar mais. "A vida toda de um bom cristão é desejo santo." Somos como sacolas que precisam ser esticadas para ficarem grandes o bastante para o que Deus deseja dar. "Da mesma maneira, ao atrasar a satisfação do desejo, Deus o estica; fazendo-nos desejar, ele expande a alma e com essa expansão ele aumenta sua capacidade".[7] Alguém pode recusar as batatinhas fritas e as barras de cereais que você pede

---

[6] TUGWELL. *Albert and Thomas*, p. 276.

[7] Das homilias de Agostinho sobre a Primeira Carta de São João, tradução do Breviário, sexta-feira, semana 6.

a fim de aumentar sua fome para a refeição realmente suculenta que está quase pronta.

Quando nossas orações são respondidas, isso acontece para que aumentemos nossa confiança em Deus, o doador de todas as coisas boas e, finalmente, de si mesmo. Pode ser que as orações sejam respondidas, mas nós nem notamos. Havia um homem em um bar no Alasca embebedando-se. Ele diz que cortou relações com Deus. Seu avião caiu. Ele ficou enterrado na neve, às portas da morte e rezou a Deus para que o salvasse, mas Deus não o salvou. Ele sente-se completamente abandonado. Então o *barman* diz:

– Mas você está aqui. Você foi salvo.

– Oh, isso é só porque alguns esquimós apareceram.

Na Idade Média, as orações dos dominicanos eram consideradas com respeito apreensivo. Por se recusarem a atender um pedido do papa Inocêncio IV, que solicitava um pedaço de terra, este zangou-se com os dominicanos e começou uma campanha contra a Ordem, determinado a tomar todos os seus privilégios. Os frades rezaram insistentemente para que o desejo dele fosse frustrado. Em 1254, ele assinou um decreto que abalou radicalmente a Ordem. No mesmo dia, segundo consta, ele foi paralisado por um grande derrame e morreu. Um mês depois, seu sucessor devolveu à Ordem todos os nossos direitos e por isso adquirimos a fama assustadora do poder de nossas orações, e era costume se rezar: *Litaniis Ordinis Praedicatorum libera nos, Domine*, "Das orações da Ordem dos Pregadores, livra-nos, ó Senhor", oração contra as nossas orações. Não se meta com os dominicanos!

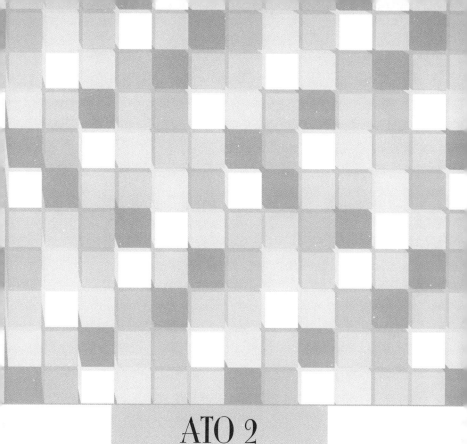

ATO 2

ESPERANÇA

ATO 2, CENA 1

Preparação das oferendas

Iniciamos agora o segundo ato da Eucaristia – esperança – que se concentra na oração de Cristo, a oração eucarística. Vale a pena salientar mais uma vez o que tento fazer nesta reflexão. A pergunta sempre presente é: Por que ir à igreja? De que adianta? Vamos para receber uma dádiva, uma participação na vida de Deus por meio da fé, da esperança e da caridade. Deus se dá discretamente, tranquilamente e quase sempre sem experiências dramáticas. A graça opera a paciente transformação de nossa existência. A Eucaristia é uma reencenação dramática da história de nossas vidas, daquilo que significa ser um ser humano criado para Deus. À medida que avançamos pela Eucaristia, procuro descobrir maneiras pelas quais ela se encaixa em nossas vidas cotidianas a fim de estarmos abertos para receber o dom da graça – não apenas quando estamos na igreja, mas o tempo todo. Por exemplo, quando examinarmos o ato central desse drama, a grande oração de esperança de Cristo, estaremos observando a liturgia, mas este não é um comentário sobre a liturgia. Tentaremos entender o sentido da dádiva que Cristo faz de seu corpo e sangue, mas esta não é uma obra de teologia eucarística. Procuro pôr o dedo na pulsação do drama e entender como ele é o drama de toda vida humana, pois sem esperança não há vida.

"Jesus e seus discípulos partiram para os povoados de Cesareia de Filipe. No caminho, ele perguntou aos discípulos: 'Quem dizem as pessoas que eu sou?'. Eles responderam: 'Uns dizem João Batista; outros, Elias; outros ainda, um dos profetas'. Jesus, então, perguntou: 'E vós, quem dizeis que eu sou?'. Pedro respondeu: 'Tu és *o Messias*, o Cristo'. E Jesus os advertiu para que não contassem isso a ninguém" (Mc 8,27-30). É esse o credo de Pedro. Jesus logo lhes diz que "era necessário o Filho do Homem sofrer muito, ser rejeitado pelos anciãos, sumos sacerdotes e escribas, ser morto e, depois de três dias, ressuscitar" (Mc 8,31), e eles iniciam a viagem a Jerusalém. A confissão de fé de Pedro marca o fim de uma etapa em sua vida; ele está com Jesus, fortalecendo-se na amizade, partilhando sua vida, escutando suas palavras, aprendendo a ver o mundo de maneira diferente. Agora Jesus e os discípulos não mais ficarão vagando pela Galileia e partirão para o lugar onde ele sofrerá, morrerá e ressuscitará. A declaração de fé de Pedro apressa esse tempo próximo e confuso em que tudo desmorona. Agora ele precisa aprender a esperar.

Muitos de nós trilhamos o mesmo caminho. A cada vigília pascal, milhares de pessoas em todo o mundo são batizadas e recebidas na Igreja. Depois de meses de preparativos, elas proclamam sua fé. Pode não ser uma experiência aterradora, como na Igreja primitiva, quando os batizandos eram desnudados e imersos na água gelada, mas marca uma ruptura em suas vidas, um recomeço. Elas podem bem dar um suspiro de alívio porque agora chegaram. Estão à vontade na Igreja e podem descansar em sua nova identidade como os que confessam, como Pedro: "Tu és o Cristo". Mas, para algumas pessoas, esse é apenas o começo de uma fase nova e mais dura da viagem, quando as dúvidas voltam à tona, a liturgia parece entediante e elas se perguntam se fazem parte, afinal. Algumas começam a se afastar. A narrativa evangélica mostra que isso é inteiramente compreensível. Essa deve ter sido a tentação de Pedro. Depois de Cesareia de Filipe, a lua de mel acabou. Sua amizade com Jesus deve agora passar por um período de teste; ele se perguntará o que faz e aonde vai; fracassará terrivelmente naquela noite pavorosa antes de Jesus morrer. Tudo isso o formará como homem cuja fé deve florescer em esperança e finalmente em amor maduro.

É esse com frequência o padrão de nossos casamentos, ou quando ingressamos em uma ordem religiosa ou somos ordenados. Parece que chegamos, que viemos para casa e, então, começam os tempos difíceis: preparação, compromisso e depois crise. É também o padrão da Eucaristia. Dedicamos tempo a escutar a Palavra de Deus, para fortalecer a amizade com Deus e para ver o mundo com gratidão. Como Pedro, proclamamos nossa fé e rezamos pelos desejos de nossos corações. Mas também para nós, agora termina o tempo na Galileia. Como ele, precisamos agora entrar na nova etapa do drama da graça. Escutamos a oração eucarística lembrando a crise dos últimos dias de Jesus, a quinta-feira e a sexta-feira santas. Também nossa fé precisa tornar-se o fundamento de uma nova virtude, a da esperança. O credo afirma a história de nossas vidas, que se estende desde a criação do céu e da terra por Deus até a vida eterna. Agora precisamos, por assim dizer, entrar dentro dessa história e fazê-la nossa, mesmo sem saber o que nos espera. Isso é esperança.

Nossa sociedade sofre profunda crise de esperança. Isso não significa que sejamos infelizes, apenas que perdemos a confiança de que nossas vidas, comunal e individualmente, estejam no

POR QUE IR À IGREJA?

caminho da felicidade.[1] Nossos antepassados acreditavam no progresso. Essa foi a fé secular dos últimos duzentos anos, a história que prometia um futuro. O século XX começou com banquetes nas ruas de Paris, Londres e Nova York, quando nossos antepassados celebraram o início de uma nova era, gloriosa, com a promessa de prosperidade e civilização universais. Quando o século XXI começou, estávamos menos confiantes de que nos conduzíamos para algum lugar. Apropriadamente, às vésperas do novo milênio fui ao aeroporto de Abidjan, na Costa do Marfim, a fim de pegar um avião para Angola, e fui avisado de que ele estaria três dias atrasado, se viesse!

Estamos diante da perspectiva de desastre ecológico que muitos cientistas asseguram-nos ser quase inevitável. No início de 2007, encontrava-me no belo atol de Rangiroa, um estreito círculo de terra apenas um metro acima do Pacífico. Rodeando a lagoa em sua única estrada havia pesados veículos 4 x 4 beberrões de gasolina, totalmente desnecessários nesse frágil círculo de coral, simbolizando a resignação desesperada ou a cegueira determinada ante o dia que se aproxima, quando o oceano pode bem elevar-se e Rangiroa desaparecer. Não somos nós esses veículos? A outra história compartilhada do futuro é a da chamada guerra ao terrorismo, que promete luta interminável. Que histórias de esperança podemos oferecer aos jovens? Por que trazer filhos a um mundo que parece não estar indo a parte alguma?

Para o cristianismo entrar em contato com uma geração que teme desastre iminente, não basta declararmos nossa fé. Precisamos ser pessoas esperançosas. É essa a "obra silenciosa" do segundo

---

[1] Trato deste assunto mais extensamente no primeiro capítulo de meu livro *What is the Point of Being a Christian?*

PREPARAÇÃO DAS OFERENDAS ■

ato da peça da graça, que se estende da preparação das oferendas até o fim da oração eucarística, a grande oração da Igreja.

Preparamo-nos para isso levando ao altar nossas oferendas de pão e vinho. Em geral as oferendas são levadas em procissão. Pode ser um acontecimento muito esmerado, como durante a missa de abertura do Sínodo da Oceania na praça de São Pedro, com centenas de pessoas dançando, trazendo frutas e comida das ilhas do Pacífico para oferecê-las ao Papa. Enquanto assistia a essa dança frenética e maravilhosa, lembrei-me da história de George Patrick Dwyer, arcebispo de Birmingham, que estava sentado ao lado do pároco enquanto uma mulher trazia as oferendas dançando. O arcebispo voltou-se para o pároco e disse: "Se ela pedir sua cabeça em uma bandeja, eu a darei".

Dom Jeremy Driscoll, beneditino americano, observa que

[...] os monges sempre fazem procissões. Como comunidade, sempre que vamos de um lugar para outro, não o fazemos confusamente; vamos em procissão. Entramos na igreja em procissão; saímos da igreja em procissão. Vamos em procissão fazer as refeições. Vamos em procissão para nossas celas. Vamos em procissão ao cemitério. Andamos em procissão ao redor de nossa propriedade. Alegro-me com todas essas caminhadas. Naturalmente, isso poderia acabar sendo formal demais; poderíamos fazê-lo sério demais e então seria esquisito. Mas experimento as procissões como algo extra em minha vida, uma coisa que, se não fosse monge, eu não teria no meu dia. E, assim, sou lembrado vezes sem conta que não estou passando apenas vagamente pela vida. Em minha vida estou inserido na procissão definitiva de Cristo. Faço parte de uma história enorme, um movimento enorme, um êxodo definitivo. Estou indo a algum lugar.[2]

---

[2] DRISCOLL. *A Monk's Alphabet*, p. 93.

POR QUE IR À IGREJA?

Todas as nossas procissões – na igreja, ao redor dela e fora dela – são sinais de que somos um povo peregrino, a caminho do Reino. Gosto particularmente dessa pequena procissão de pessoas que levam as oferendas ao altar. Podem ser apenas duas pessoas que caminham nervosamente, imaginando o que devem fazer, pondo o pão e o vinho nas mãos mais próximas e voltando depressa para a segurança de seus lugares, mas é a expressão da história da humanidade. Em uma de minhas primeiras aulas de teologia, o mestre dos noviços desenhou um grande círculo no quadro-negro e explicou como São Tomás achava que tudo vinha de Deus e voltava para Deus, o *exitus* e *reditus* da criação. A criação toda recebe sua existência de Deus e tudo busca satisfação voltando para Deus, o que para nós humanos é participação na felicidade de Deus. A procissão na qual as oferendas são levadas ao altar torna visível o momento decisivo daquele "enorme movimento" quando voltamos com desembaraço para casa. É o início de nossa jornada de esperança, nosso regresso ao lar. As oferendas levadas ao altar vêm de Deus e estão agora no caminho de volta para Deus. O grão "que a terra deu" tornou-se o pão "que mãos humanas fizeram" e que é oferecido a Deus. Um amigo, bispo anglicano do Sri Lanka, explicou que cada semana é a vez de uma família assar o pão, o *chapatti*, que se tornará o corpo de Cristo. Cobrimos o altar de oferendas que vêm de Deus e são para Deus – não só pão e vinho, mas nossas vidas e a do Filho de Deus.

Levamos ao altar o dinheiro angariado da congregação, que simboliza a semana toda de trabalho, que também é oferecida a Deus. Reconhecemos que nossa força, nossos talentos, nossa resignação, tudo o que nos permite ganhar a vida, também são de Deus e, em última instância, para Deus. É também no local de trabalho que lutamos para levar uma vida justa e virtuosa e onde precisamos descobrir as consequências de nossa identidade cristã. Ian Stackhouse, ministro batista, escreveu: "Quando você vai para o trabalho segunda-feira de manhã, não entra em terreno desconsagrado; melhor dizendo [...] você santifica até a rotina mais mundana com a graça do Espírito Santo".[3] Ele ressalta que depois de ser ungido, Davi voltou diretamente para o trabalho, o pastoreio de suas ovelhas. Quando um avião estava caindo, alguém gritou: "Pelo amor de Deus, alguém faça alguma coisa religiosa". Imediatamente um católico levantou-se de um salto e fez uma coleta.

A graça de Deus nos torna doadores. Na véspera do Natal, minha mãe, às escondidas, dava-nos – seis crianças pequenas – presentes para nosso pai que, por sua vez, dava-nos presentes para mamãe. Eles nos davam para sermos presenteadores. O judaísmo está consciente de que receber caridade é humilhante e, assim, os pobres devem receber o suficiente para também eles poderem dar. Precisamos cuidar da "honra humana" deles, sua *Kavod Habriyot*.[4] Existe um provérbio africano segundo o qual a mão que dá está sempre por cima; a mão que recebe está sempre por baixo. Deus nutre nossa dignidade fazendo-nos não meros beneficiários de suas dádivas, mas capazes de pôr alguma coisa no altar para lhe devolver.

A história da criação e redenção fala da circulação de dádivas. Muitas sociedades entendem que as dádivas devem ser passadas adiante. Transformar uma dádiva em propriedade, algo

---

[3]   STACKHOUSE. *The Day is Yours*, p. 68.
[4]   SACKS. *The Dignity of Difference*, p. 120.

■ POR QUE IR À IGREJA?

vendável, ou retirá-la de circulação, subverte a rede de dádivas. É por isso que Woody Allen adorava chocar as pessoas tirando um relógio do bolso para ver as horas: "É uma antiga herança de família... Meu avô o vendeu para mim em seus últimos momentos de vida".

O ofertório é um momento na circulação de dádivas que, como a circulação do sangue, nos mantém vivos na graça.

Colocamos no altar tudo o que é da humanidade, a alegria e o sofrimento, na esperança de que a graça de Deus faça alguma coisa disso. Geoffrey Preston, op, meu mestre de estudos, escreveu:

> Pense na prepotência, exploração e poluição do homem e da natureza que vai com o pão, toda a amargura da competição e da luta de classes, todo o egoísmo organizado de tarifas e aliança de preços, toda a cruel singularidade de uma distribuição mundial que traz abundância para alguns e subnutrição para outros, levando-os àquele símbolo de pobreza que chamamos de fila do pão, formada por mendigos para receber comida. E o vinho também – fruto da vinha e do trabalho de mãos humanas, o vinho dos feriados e das festas de casamento [...] Esse vinho é também a bebida alcoólica, fonte de algumas das formas mais trágicas de degradação humana: embriaguez, lares desfeitos, sensualidade, endividamento. Cristo se encarna em pão e vinho como esse e consegue fazer sentido disso, humanizá-lo. Nada que seja humano lhe é estranho. Se levamos pão e vinho à mesa do Senhor, comprometemo-nos a levar a Deus tudo o que o pão e o vinho significam. Comprometemo-nos a levar para Deus, para que ele faça sentido, tudo o que está partido e é desagradável. Comprometemo-nos na tristeza e na alegria do mundo.[5]

---

[5]   PRESTON. *God's Way to be Man*, p. 84.

156

Acima de tudo, colocamos nossas vidas ali, nossas ansiedades e nossos medos e fracassos, na esperança de que, de alguma forma, Deus aceite tudo o que somos, nos abençoe e nos santifique. Preparamo-nos para o sacrifício da missa, o *sacrificium*, literalmente "a santificação". Lembraremos a morte de Cristo naquele lugar mais ímpio, o Gólgota. Para o judaísmo, nada estava mais afastado de Deus que um cadáver. Mas Deus santificou essa morte profanada e hedionda e, assim, podemos colocar sobre o altar decididamente tudo o que somos e fizemos, confiantes de que a infinita criatividade da graça abençoe tudo. Nossas vidas com seus impasses e grosseiras tentativas de amar são colocadas naquele altar, parte de uma história em que tudo vem de Deus e vai para Deus. Nada é excluído, porque nada pode ser tão hediondo e impuro quanto a sexta-feira santa, e esse foi o momento decisivo da narrativa, o início da volta ao lar, quando Jesus elevou-se. Pierre Claverie, op, disse que precisamos colocar sobre o altar nosso ressentimento, nossa raiva, nossa amargura, para Deus curá-los.

Quando fui me confessar com um colega dominicano, ele mandou-me agradecer a Deus por meus pecados. Fiquei surpreso, mas ele tinha razão. Na esperança que é o drama fundamental da Eucaristia, podemos passar a ver tudo com gratidão. Em dezembro de 1993, dom Christian de Chergé, monge cisterciense, escreveu seu último testemunho. Ele era prior de uma comunidade que vivia no deserto em Tibhirine, na Argélia, e percebeu ser provável que um dia o assassinassem. Em seu testamento ele deu graças por tudo em sua vida e até por sua morte próxima e seu suposto assassino:

Se acontecer de um dia – e pode ser hoje – eu ser vítima do terrorismo que agora parece prestes a incluir todos os estrangeiros da Argélia, eu gostaria que minha comunidade, minha Igreja, minha família se lembrassem que minha vida foi *dada* a Deus e a este país. Gostaria que aceitassem que o Mestre Único de toda vida não era estranho a essa partida brutal. Gostaria que rezassem por mim: achar-me-iam digno de tal oferenda? [...] Por esta vida perdida, totalmente minha e totalmente deles, agradeço a Deus que parece tê-la desejado inteiramente por amor àquela ALEGRIA em tudo e apesar de tudo. Neste OBRIGADO que é dito por tudo em minha vida, a partir de agora certamente eu os incluo, amigos de ontem e de hoje e vocês, ó meus amigos deste lugar, além de minha mãe e meu pai, minhas irmãs e meus irmãos e suas famílias, um cêntuplo como foi prometido! E você também, meu amigo de última hora que não saberá o que faz, sim, também para você eu digo este OBRIGADO E ESTE ADEUS – para recomendá-lo a este Deus em cuja face vejo a sua. E que nos encontremos, felizes "bons ladrões" no paraíso, se for do agrado de Deus, Pai de nós dois [...] AMÉM! INSHALLAH!

Dom Christian e todos os membros de sua comunidade foram assassinados em maio de 1996, três meses antes do assassinato de Pierre Claverie.

Pensar em suas mortes traz à mente outro monge francês, também assassinado no Saara oitenta anos antes, Charles de Foucauld. Sua famosa oração era que pudesse se abandonar totalmente à vontade de Deus. Isso significa simplesmente colocar a vida naquele altar como dádiva recebida e devolvida, para Deus fazer o que quisesse.

Meu Pai,
Eu me abandono a ti,
Faz de mim o que quiseres.

PREPARAÇÃO DAS OFERENDAS

O que fizeres de mim,
Eu te agradeço.
Estou pronto para tudo, aceito tudo.
Desde que a tua vontade se faça em mim
E em tudo o que tu criaste,
Nada mais quero, meu Deus.

É uma oração que sempre achei difícil rezar, porque continuo receoso de que Deus me leve a sério e peça mais do que desejo dar. É aterrador perder o controle de nossa vida. Gostaríamos de conferir o que Deus teria em mente antes de assinar esse cheque em branco. Pode também parecer um pouco infantil, como se concordássemos em ser um joguete nas mãos de Deus, em vez de um ser humano adulto. Certamente estou errado em ter essas restrições. Em primeiro lugar é uma deficiência de esperança preocupar-me que Deus faça de minha vida qualquer coisa que não leve a meu máximo desenvolvimento. Deus deseja que alcancemos a felicidade inimaginável de compartilhar sua vida e, assim, o que quer que aconteça só pode ser um passo em direção a isso, mesmo que isso signifique suportar a sexta-feira santa. Segundo, entregar-me às mãos de Deus não é renúncia à minha liberdade, porque a presença divina em minha vida é sempre libertadora. O Deus que libertou os israelitas da escravidão no Egito não quer que seus filhos sejam robôs irracionais, mas que sejam independentes com dignidade. Se nos abandonarmos a Deus, então só pode ser da maneira como o mergulhão joga-se no ar, entrega-se às forças da gravidade, ato de liberdade no qual ele adquire controle precisamente o perdendo. Certa vez, ao voltar com um de meus irmãos do *pub* para o mosteiro dos dominicanos em Newcastle, vimos um homem pendurado em uma

POR QUE IR À IGREJA?

ponte, suspenso por uma corda; ele balançava-se de um lado para o outro, brincando com a gravidade, símbolo de gloriosa liberdade. Santo Agostinho escreveu esta frase admirável: *Pondus meum amor meus*, "O meu amor é o meu peso. Para qualquer parte que vá, é ele que me leva".[6] Neste momento da liturgia, entregamo-nos ao puxão gravitacional do amor divino, balançamo-nos ao redor do apogeu de nossa viagem e somos levados para casa.

Colocamos nossas oferendas no altar e agora estamos prontos para a etapa seguinte do drama da esperança, que é a oração eucarística. Neste momento nossas mãos estão vazias. Andreas English é um jornalista religioso alemão que criticara extremamente o papa João Paulo II. Acompanhou-o à Índia em 1999, quando o Papa foi visitar a casa de Mahatma Gandhi. Estava entediado e acompanhou sem interesse o Papa tirar os sapatos para honrar esse hindu santo. Na melhor das hipóteses, ele tinha esperança de que o Papa tropeçasse para tirar uma boa foto dele estirado no chão.

Então começou a conversar com uma velha senhora indiana, que conhecia Gandhi e fora enviada pelo governo indiano para testemunhar o acontecimento. Ela disse:

> Gandhi não tinha nada. Tinha apenas duas mãos vazias e a crença hindu. Mas o poderoso império britânico, com todas as suas canhoneiras e seus exércitos, não conseguiu vencer a luta contra essas mãos vazias. Eles não tiveram chance contra um pequeno hindu consciencioso. E assim foi com o Papa. Ele também não tinha exércitos. Tinha apenas duas mãos vazias como Gandhi, mas os russos não conseguiram vencer a luta contra sua crença, sua profunda confiança em um Deus libertador.

---

[6] SANTO AGOSTINHO. *Confissões* 13, 9.

160

Esse foi um momento de revelação que mudou a vida do jornalista para sempre, o poder de mãos vazias. Um de meus irmãos[7] perguntou ao arcebispo da cidade de Ho Chi Min qual era o segredo da vitalidade da Igreja no Vietnã. Eis a resposta: "É que somos impotentes".

Somos como os três magos que deram presentes a Jesus. Como suas mãos estão vazias, eles estão livres para aceitar tudo o que Deus lhes der; ao contrário de Herodes que considera o menino uma ameaça a suas posses, seu reino e sua riqueza. Suas mãos estão cheias demais para receber a dádiva que também a ele é oferecida em Cristo. Colocamos tudo no altar com confiança e esperança e, assim, nossas mãos estão abertas para receber as oferendas de Deus, o corpo e o sangue de seu Filho.

---

[7] Foi Manuel Merten, op, quem me contou a história de Andreas English.

ATO 2, CENA 2

Morte fora do acampamento

Chegamos agora à oração sumo sacerdotal de Cristo. Lembramo-nos de como, na noite antes de ser entregue, tomou o pão e o vinho e declarou serem eles seu corpo e sangue dados por nós. Ele fez isso no momento mais escuro, quando fora traído por Judas, estava prestes a ser negado por Pedro e muitos dos outros discípulos iriam fugir. "Era noite" (Jo 13,30). Por que foi dado esse sinal de esperança em tempo de crise?

Deus vem a nós como somos. Os seres humanos só vicejam quando passam por sucessivas crises. Não crescemos simplesmente como repolhos que passivamente desabrocham em sua plenitude vegetal. Amadurecemos suportando pequenas mortes e ressurreições. Primeiro, há a crise angustiante do nascimento, quando precisamos perder a cálida segurança do útero para vermos nossa mãe cara a cara. Depois, precisamos ser desmamados de seu seio, renunciar à íntima nutrição de seu corpo, para podermos sentar à mesa e gozar da comunhão da conversa. Precisamos passar pela montanha russa da puberdade, a abundância de hormônios transformando nossos corpos e confundindo

MORTE FORA DO ACAMPAMENTO

nossas mentes, enquanto nos consolidamos na adolescência. Chega o dia em que precisamos sair de casa e encontrar nossa independência, para podermos amar como adultos capazes. Finalmente, enfrentaremos a crise da morte e nos encontraremos plenamente à vontade em Deus, no fim da jornada. Tornar-se humano é somente uma crise após a outra, enquanto desenvolvemos uma intimidade cada vez mais íntima com Deus e uns com os outros.

Santo Tomás adorava dizer: "A graça aperfeiçoa a natureza"; ela movimenta-se pelos ritmos e transições de nossas vidas corpóreas. Quando visitei pela primeira vez a comunidade do noviciado em Woodchester no oeste da Inglaterra, fiquei desconcertado pela conversa com um frade que explicou que os sacramentos abençoam todos os dramas de nossa existência corpórea – nascimento e sexo, comer e beber, amar e pecar, doença e morte –, dignificando esses momentos com a presença renovadora de Deus.

A história do caso de amor de Deus com a humanidade alimenta-se desse mesmo dinamismo. Arnold Toynbee repetiu os que achavam ser a história apenas uma coisa abominável atrás da outra. A história da salvação é uma crise abençoada atrás da outra: a expulsão do jardim do Éden e o assassinato de Abel, o dilúvio e a torre de Babel, o chamado de Abraão para sair de casa e a descida ao Egito. A terra prometida é dada e tomada, o reino desmorona, o templo é destruído e Israel retorna ao exílio. Todos esses momentos de escuridão e desolação fazem parte da intimidade cada vez mais profunda de Israel com seu Deus: "Pois, agora, eu é que vou seduzi-la, levando-a para o deserto e falando-lhe ao coração" (Os 2,16). Israel precisava perder Deus como deus

POR QUE IR À IGREJA?

guerreiro, deus da fertilidade, deus nacional, deus contido em um templo e aplacado por sacrifícios, para que ele pudesse descobrir Deus cada vez mais intimamente, na lei, na humildade do coração e finalmente em alguém como nós.

Os cristãos creem que a crise culminante, da perda mais profunda e da intimidade mais sólida, aconteceu na noite anterior à morte de Jesus, que estamos prestes a reencenar, como ele nos pediu. Não é apenas o triste fim de um homem bom, mas a crise suprema no relacionamento de Deus com a humanidade. Deus encarnou-se nesse ser humano. Deus veio envolver-nos em sua vida e seu amor e dissemos "Não". Cremos que essa pessoa era a Palavra divina, a Sabedoria divina, aquele em quem descobrimos o sentido de nossas vidas e a razão pela qual existe alguma coisa em vez de nada. Assim, aquela noite põe em debate se alguma coisa faz sentido, afinal.

É provável que todos passemos por momentos em que nos perguntamos se nossas vidas pessoais têm algum sentido ou propósito, quando enfrentamos fracasso no amor ou no trabalho, desapontamento, ou morte – a nossa ou a de alguém que amamos. Em tais momentos, o mundo fica em pedaços. Em "Twelve Songs" [Doze canções], que muitos conhecemos por causa do filme *Quatro casamentos e um funeral*, W. H. Auden enfrenta o fracasso de um mundo significativo. O tempo e o espaço desmoronam:

> Ele era meu Norte, meu Sul, meu Leste e Oeste,
> Meu trabalho semanal e meu descanso dominical,
> Meu meio-dia, minha meia-noite, minha conversa, minha canção;
> Achei que o amor duraria para sempre; estava enganada.

Agora as estrelas não fazem falta; apaguem todas,
Embrulhem a lua e desmontem o sol.
Deixem o oceano vazar e as florestas desaparecerem;
Pois agora nada jamais pode acabar bem.[1]

A última ceia parecia o colapso não apenas do mundo de uma pessoa, mas de todo sentido sob qualquer condição para todos. Na sexta-feira santa, "uma escuridão cobriu toda a terra até às três horas da tarde" (Mc 15,33). Se crucificamos a Sabedoria divina, então, que sentido pode ter qualquer coisa? Se rejeitamos a Palavra de Deus, então o que quaisquer palavras têm a oferecer? Nesse momento aparentemente desesperançado, Jesus pronunciou palavras e fez um sinal. Ele disse: "Isto é meu corpo, entregue por vós". Os cristãos acreditam que essas palavras são verdadeiras. Nossas diferentes tradições oferecem várias interpretações do sentido em que elas são verdadeiras, mas concordamos que, se elas não são verdadeiras, então toda esperança de sentido vem abaixo. Segundo as palavras de Tomás de Aquino no *Adoro te devote*, "O que o Filho de Deus me disse, eu tomo por verdade, a própria verdade fala verdadeiramente, ou não há nada verdadeiro". Aquele que as pronunciou é a Palavra de Deus, por quem tudo foi feito. "Nela estava a vida e a vida era a luz dos homens. E a luz brilha nas trevas, e as trevas não conseguiram dominá-la" (Jo 1,4s).

Invocamos o Espírito de Deus sobre o pão e o vinho. O Espírito não é um vago poder divino; é o Espírito que pairou sobre as águas do caos no princípio e animou a palavra criativa de Deus; é o Espírito que "falou pelos profetas", dando-lhes o poder

---

[1] AUDEN. *Collected Shorter Poems*, p. 92.

de falar a Palavra de Deus também; é o Espírito que desceu sobre Maria e gerou a Palavra de Deus em seu seio. É o Espírito que opera em todas as palavras que dão vida, verdade e sentido, seja quem for que as pronuncie. Assim, essas palavras de Jesus não são verdade apenas de uma forma vagamente simbólica, sinal de um otimismo de que no fim tudo vai dar certo. Quando a Sra. Broadwater lhe disse que a Eucaristia era um belo símbolo, Flannery O'Connor replicou: "Bem, se é um símbolo, que ela vá para o inferno".[2] Nem são essas palavras verdadeiras em um sentido mágico, como se o que comemos fosse músculo, osso e corpúsculos disfarçados em pão e vinho, a fim de serem consumidos sem repugnância. Com efeito, a verdade dessas palavras poderia ter sido entendida naquela noite. O que significava dizer que seu corpo era uma dádiva quando ele acabara de ser vendido, ou que seu sangue era uma nova aliança quando a comunidade estava em processo de desintegração? As palavras de Jesus eram cheias de esperança; elas se estendem até o único contexto no qual poderiam começar a fazer sentido, que é o domingo de Páscoa. Na noite em que foi traído, eram como as palavras de uma língua que ainda não tinha sido inventada. É por isso que, creio eu, durante a oração eucarística lembramos suas palavras: "Tomai e comei [...] Tomai e bebei", mas não o fazemos imediatamente. Esperamos até reencenar nosso encontro com o Cristo ressuscitado antes de partilharmos a comunhão. Na quinta-feira santa, as palavras ficaram, por assim dizer, no ar, à espera de um contexto. Eram verdadeiras "ou então nada é verdade", mas devagar nos aproximaremos um pouco mais do sentido no qual elas são verdadeiras, à medida que seguimos a liturgia e chegamos perto da comunhão.

[2] ELIE. *The Life You Save May Be Your Own*, p. 176.

MORTE FORA DO ACAMPAMENTO

Começamos com o Prefácio. Pode-se pensar que se chama "Prefácio" porque precede a oração eucarística. Mas as palavras vêm do latim *prae-fari*, "proclamar na presença de". Originalmente a oração eucarística toda chamava-se "Prefácio" porque é proclamada na presença de Deus. O primeiro sinal de esperança, como vimos, é rezar, e essa é a grande oração de esperança de Cristo, proclamada na presença de seu Pai.

O Prefácio, no sentido moderno da palavra, é marcado por um movimento duplo. Leva-nos à presença da liturgia celestial, com todos os anjos e santos: "Erguei vossos corações!". A impressão é a de que devemos elevar nossos corações à presença de Deus. O original latino *Sursum corda*, "corações ao alto", sugere que, como balões de gás, eles flutuarão para cima sem esforço, desde que os deixemos fazê-lo. Mas o Prefácio também nos traz à terra. Fixa a oração eucarística na época do ano – do Advento ao Pentecostes –, ou no momento de nossas vidas – do batismo aos funerais –, ou na celebração do dia de algum santo. O Prefácio coloca nossa lembrança da noite anterior à morte de Jesus nas circunstâncias particulares de nossas vidas, enquanto enfrentamos o nascimento e a morte, o jejum e os banquetes. Assim, o Prefácio eleva-nos e nos faz descer, e esse movimento duplo é, literalmente, crucial.

O Prefácio culmina com o *Sanctus*, enquanto cantamos com todos os anjos e santos: "Santo, Santo, Santo, Senhor Deus do universo! O céu e a terra proclamam a vossa glória. Hosana nas alturas! Bendito o que vem em nome do Senhor! Hosana nas alturas!". Isso evoca dois momentos de entrada na santidade que mais uma vez nos elevam ao céu e nos trazem à terra. Quando Isaías contempla a glória de Deus no templo, ele ouve serafins que

167

POR QUE IR À IGREJA?

exclamam: "Santo, santo, santo é o Senhor , o Deus dos exércitos, a terra inteira está repleta de sua glória" (Is 6,3). Mas o *Sanctus* também lembra a entrada de Jesus na Cidade Santa, Jerusalém, vindo como o aguardado Messias em um jumentinho: "Hosana! Bendito o que vem em nome do Senhor! Bendito seja o Reino que vem, o Reino de nosso Pai Davi! Hosana no mais alto dos céus!" (Mc 1,9s). Desse modo, a primeira parte do *Sanctus* eleva-nos ao céu e, em seguida, a segunda parte traz-nos rapidamente à terra, com os gritos de boas vindas da multidão que logo se transformará na turba que pede o sangue de Jesus: "Crucifica-o!". Estamos sendo preparados para uma profunda revolução em nosso entendimento de santidade, que nos move da santidade do templo à santidade revelada no linchamento desse homem justo.

A terceira oração eucarística da Igreja Católica Romana começa assim: "Na verdade, vós sois santo, ó Deus do universo, e tudo o que criastes proclama o vosso louvor, porque por Jesus Cristo, vosso Filho e Senhor nosso, e pela força do Espírito Santo, dais vida e santidade a todas as coisas". Mas essa mesma oração por santidade leva-nos para a memória de como "na noite em que ia ser entregue, ele tomou o pão, deu graças e o partiu e deu a seus discípulos, dizendo: 'Tomai, todos, e comei. Isto é o meu corpo, que será entregue por vós'". Nesse momento santíssimo, Jesus apodera-se de sua morte brutal na cruz. Mas, para os contemporâneos judeus de Jesus, um cadáver era a coisa mais profana, "o pai dos pais da impureza". E nenhuma morte era mais profana que a crucificação. Paulo escreveu aos gálatas: "Cristo nos resgatou da maldição da Lei, tornando-se ele próprio um maldito em nosso favor, pois está escrito: 'Maldito todo aquele que for suspenso no madeiro'" (Gl 3,13). Portanto é esta a esperança da quinta-feira santa: que a morte próxima de Jesus, aquela total impureza, seja a revelação da santidade de Deus. Jesus vira de cabeça para baixo o entendimento veterotestamentário de santidade.

Certamente o que está em debate aqui não é a santidade como moralidade, ser bom.[3] A santidade de Deus é sua aterradora atividade, a vitalidade do único que se chama "Eu sou aquele que sou". É Deus como criador, a fonte de toda vida: "Toda vida, toda santidade, vem de ti". No Gênesis, Deus cria separando. Ele separa a luz das trevas, as águas de cima das águas de baixo, o solo firme das águas e o homem da mulher. Acima de tudo, Deus reservou Israel, um povo escolhido, separado das outras nações, para compartilhar sua vida e santidade: "Eu sou o Senhor , vosso Deus, que vos separou dentre os povos. Separai, pois, entre animais puros e impuros, entre aves puras e impuras. Não vos contamineis com animais, aves ou répteis que eu separei como impuros para vós. Sede santos para mim porque eu, o Senhor , sou santo. Eu vos separei dos outros povos para serdes meus" (Lv 20,24-26). Uma oração do tempo de Jesus dizia: "Bendito é o que distingue entre o santo e o profano, entre a luz e as trevas, entre Israel e os gentios, entre o sétimo dia e os seis dias de trabalho, entre as águas acima e as águas abaixo, entre sacerdote e levita e israelita". A santidade de Deus revela-se na separação de coisas que precisam ser mantidas separadas.

Toda transgressão desse mundo ordenado prenunciava o caos, o colapso da criação. O templo era a representação do cosmos, com as paredes que separavam os israelitas dos gentios,

---

[3] Veja meu artigo "Christ in Hebrews; Cultic Irony", *New Blackfriars*, Nov. 1987, pp. 494-504.

os homens das mulheres, os sacerdotes dos leigos. E, no centro, estava o Santo dos Santos, onde só o sumo sacerdote podia entrar. Os sacrifícios não eram apenas obra de alguns sacerdotes hereditários que abatiam ovelhas e cabras, mas metáfora para a constante sustentação do universo por Deus, que mantém a distância das águas do caos, marcando as diferenças do dia e da noite, a ascensão e a queda da lua, a alternância do dia e da noite, o ritmo do ano. A liturgia do templo mantinha o universo funcionando uniformemente, os rios fluindo na direção certa, as chuvas da primavera e do verão caindo onde deviam. Bem longe dessa santidade, então, estava a morte, a negação da criação, aquilo que no final nos separa de Deus. É a separação que toca o âmago de nosso ser e separa alma e corpo. Por isso, o sumo sacerdote não podia prantear nem seus parentes mais próximos, seguir atrás de seus caixões, ou tocar-lhe os corpos.

Assim, quando Jesus proclamou sua morte como o momento da nova aliança, então está implícita uma ideia nova e revolucionária da santidade de Deus, do que significa para Deus ser o criador. Lenta e dolorosamente, viemos a entender que a horrível morte amaldiçoada daquele homem em um patíbulo é a fonte de uma nova criação na qual a morte não existe mais. "Empacota a lua e desmonta o sol"; isso aconteceu na tarde da sexta-feira santa, o momento em que a ordem reconhecida sucumbiu, para que um mundo novo começasse.

Desde o início, Jesus fez sinais que indicavam essa completa novidade. Tocou leprosos, que eram impuros e estavam confinados às margens da habitação humana e que mantinham as pessoas afastadas gritando: "Impuro". Tocou a filha morta de Jairo e a devolveu à vida. Comia e bebia com prostitutas e pecadores.

Deixou-se tocar pela mulher que era pecadora, para horror de seu anfitrião, o fariseu: "Se este homem fosse profeta, saberia quem é a mulher que está tocando nele: é uma pecadora" (Lc 7,39). Ele transgredia a lei e deixava os discípulos comerem sem realizarem rituais de purificação. Isso não significava que ele era um tipo de pessoa liberal e relaxada, que não se preocupava com o ritual e que era tolerante e indulgente. Era o raiar da nova santidade divina, que não precisa de separação, nem mesmo da morte. É uma santidade que transcende toda aquela mentalidade binária, que contrasta o puro e o impuro, o leigo e o sacerdotal, o homem e a mulher – e até, os cristãos primitivos acabariam por entender, o judeu e o gentio.

A morte de Jesus, em especial no evangelho de João, é ato litúrgico. Ele é o Cordeiro Pascal sacrificado para nossa libertação, o sumo sacerdote que despe suas vestes sem costura. E quando morre, ele diz: "Está consumado". É linguagem cultual para a consagração do sacerdote.[4] É a verdadeira liturgia que renova a criação e consagra tudo. É verdadeiramente uma sexta-feira santa, *Vendredi Saint*, uma sexta-feira sagrada. No momento da morte de Jesus, "o véu do Santuário rasgou-se de alto a baixo, em duas partes, a terra tremeu e as pedras se partiram. Os túmulos se abriram e muitos corpos dos santos falecidos ressuscitaram! Saindo dos túmulos, depois da ressurreição de Jesus, entraram na Cidade Santa e apareceram a muitas pessoas" (Mt 27,51-53). O véu do templo rasga-se em duas partes para que o Santo dos Santos abra-se para todos. Todas as separações cuidadosas entre santo e profano, sacerdote e leigo, homem e mulher, israeli-

---

4   Ibid., p. 500.

ta e gentio estão abolidas. Fazemos todos parte da santidade de Deus. Até os mortos caminham na "cidade santa".

No livro do Apocalipse, a nova Jerusalém não terá nenhum templo. "Já não haverá maldição alguma. Na cidade estará o trono de Deus e do Cordeiro e seus servos poderão prestar-lhe culto. Verão a sua face e o seu nome estará sobre suas frontes. Não haverá mais noite: não se precisará mais da luz da lâmpada, nem da luz do sol, porque o Senhor Deus vai brilhar sobre eles e eles reinarão por toda a eternidade" (Ap 22,3-5).

Portanto, personificamos a santidade do Deus que torna novas todas as coisas, proclamando tudo o que é desprezado e considerado impuro como sendo de Deus. Os cristãos primitivos foram para Roma, Babilônia segundo o livro do Apocalipse, e proclamaram-na nossa cidade eterna. O Papa até assumiu o nome do grão-sacerdote pagão, supremo pontífice. Nicholas Boyle escreveu: "A presença no coração da Igreja do que é estranho, pagão, profano, impuro é essencial a sua natureza. Quando a Igreja encontra o que é profano, então ela deve dizer: 'Também por isto Cristo morreu'[...] Em tais momentos também a Igreja precisa morrer, precisa engolir seu orgulho, desistir da fronteira que ela pensava definir sua existência e descobrir uma vocação nova e maior. E essa vocação nova será ela própria definida por uma nova fronteira que, com o tempo, a Igreja também terá de transcender".[5]

Tem gente que sente prazer em descobrir que festas e lugares santos cristãos não raro têm raízes pagãs, como se de algum modo isso os desacreditasse, como se o cristianismo fosse

---

[5] BOYLE. *Sacred and Secular Scriptures*, p. 105.

meramente o glacê em um bolo pagão. Mas nosso entendimento cristão de santidade não é o de sermos independentes, separados do paganismo profano. Teilhard de Chardin afirmou: "Trazer Cristo, em virtude de uma ligação orgânica específica, ao centro de realidades que são consideradas as mais perigosas, as menos espirituais, as mais pagãs – nisso consistem meu evangelho e minha missão".[6]

"Pois os corpos dos animais cujo sangue o sumo sacerdote leva ao Santuário, para a expiação do pecado, são queimados fora do acampamento. Por isso também Jesus sofreu do lado de fora da porta, para, com seu sangue, santificar o povo. Vamos, portanto, sair ao seu encontro, fora do acampamento, carregando a sua humilhação" (Hb 13,11-13). Faz parte de nosso sacerdócio comum em Cristo estendermos os braços para abraçar todos os que são considerados impuros, que estão desterrados da comunidade, e reuni-los no Reino. Na nova Jerusalém, nada é amaldiçoado. Faz parte de nossa esperança proclamarmos, como nossos irmãos e irmãs em Cristo, os que o mundo considera sem valor. Durante o genocídio em Ruanda, as paredes foram cobertas de grafite que incitava as pessoas a matar "as baratas", a outra tribo. Os nazistas chamavam os judeus de praga, escravos, ratos, farrapos, beócios.

Em 2006, passei um mês em Zimbábue. O presidente, Robert Mugabe, ordenou a operação Murambatsvina, a "limpeza do lixo". O povo que vivia nas aldeias não votara nele, por isso ele ordenou a destruição de seus lares. Setecentas mil pessoas ficaram olhando enquanto suas casas eram arrasadas. Às vezes tinham de destruir suas casas sob a mira de armas. Uma irmã dominicana que

---

[6] KING. *Teilhard's Mass*, p. 123.

trabalhava ali levou-me para visitar o lugar onde alguns dos refugiados tentavam recomeçar a vida. Havia uma tenda de plástico, não maior que 3 x 6m, que se autoproclamava "Pré-escola da geração jovem". Era o lar de uma jovem chamada Evelyn, e durante o dia ela o usava como escola. Na escola havia dezenas de crianças com menos de oito anos, quase todas HIV positivas e tuberculosas. As crianças deram-me as boas vindas com um cântico. Às vezes há alimento para comerem, mas habitualmente não há nada. Perguntei a Evelyn por que fazia isso e ela disse que era porque amava as crianças. É um ato de sacerdócio cristão, que requisita para o Reino os que são considerados lixo.

> Os lírios de seu amor aqui na sujeira,
> Oh, aqui aparecem na poeira.[7]

E quem são as pessoas que nós, a Igreja, expulsamos ou, no mínimo, deixamos perambular à margem, como cidadãos de segunda classe? Os divorciados e casados de novo, os que moram com companheiros, os gays. É preciso haver um lugar para eles ao redor de nossos altares, alegrando-se na hospitalidade de Cristo, ao lado de todas as outras pessoas. Muitas vezes, nossas Igrejas mantêm vivo um entendimento veterotestamentário de santidade, separando nossas comunidades dos que são considerados extraviados. Isso pode parecer manutenção de padrões, recusa de relativismo moral, mas na verdade é apenas uma falha em alcançar a nova santidade de Cristo.

Quem são as pessoas fora do acampamento de nossa sociedade, os leprosos impuros, as prostitutas e os cobradores de

---

[7] VAUGHAN. "The Revival", *The Complete Poems*, p. 370.

impostos? Valentões, gangues de rua, gente que atrai rapazes e moças para a prostituição. Membros do Parlamento apanhados esbanjando o dinheiro público! O maior impuro em nossa sociedade talvez seja o pedófilo que, mesmo depois de cumprir pena, é caçado, suas portas pichadas com obscenidades e é considerado a própria imagem do mal, o bode expiatório que fazemos carregar nosso medo e fracasso. São pessoas descartadas fora do acampamento, onde Cristo morreu. Cristo morreu por eles também.

Orígenes descreveu a santidade como o ato de ver com os olhos de Cristo. No já citado livro *Dead Man Walking*, a irmã Helen Prejean conta como se envolveu com os que estavam no corredor da morte na Louisiana e ficava com eles até a hora da execução, sendo para eles a face de Cristo. Ela descreve o momento em que descobre essa vocação com Pat, a primeira pessoa que ela acompanhou à execução:

– Se você morrer, quero estar com você – digo-lhe quando a oração termina.

– Não, não quero que você veja.

– Não suporto a ideia de você morrer sem ver um rosto amoroso. Serei a face de Cristo para você. Apenas olhe para mim.

– É terrível ver. Não quero fazê-la passar por isso, pois poderia destruí-la. Poderia marcá-la para toda a vida. Sei que vai me aterrorizar. Como poderia não me aterrorizar?

Mas sinto força e determinação. Digo-lhe que isso não vai me destruir, que tenho muito amor e apoio em minha vida.

– Deus me deu a graça – eu lhe digo. Ele consente. Faz que sim com a cabeça. Está decidido. Estarei lá com ele, se ele morrer.[8]

---

[8] PREJEAN. *Dead Man Walking*, p. 37.

E quando o momento da execução se aproximar, então ele será vestido com roupas brancas limpas, como alguém no batismo.

Nas bem-aventuranças, Cristo diz: "Felizes os puros de coração, porque verão a Deus". Ter um coração puro não é evitar pensar em sexo o tempo todo. Simon Tugwell, op, escreve: "Ter um coração puro significa que em todo lugar que você olha, seja o que for que esteja olhando, você vê Deus. Deus revelando-se em uma infinidade de maneiras, mas sempre Deus. Não devemos pensar nisso em termos imaturos. Isso não significa simplesmente que, quando olha para borboletas, você tem uma sensação interior melosa e diz para si mesmo: 'Como isto é completamente beatífico!'. Significa que vai olhar para um homem na cruz e saber que está olhando para Deus. Ser puro de coração é ser capaz disso".[9]

Liberados do narcisismo, os puros de coração com certeza veem a dor e o horror deste mundo até mais claramente que nós. Veem, mais que o resto de nós, como é terrível o abuso de crianças. Mas também veem a presença de Deus em todos, até no ofensor. Se aprendermos a ter pureza de coração, vislumbraremos escondidas sob as faltas e os pecados dos outros as sementes de um desejo de Deus, as tentativas malfeitas de amar, a fome de santidade, obscuras, mal orientadas e envenenadas, mas ainda assim presentes. Depois de passar alguns anos no mosteiro, lutando com seus demônios e tendo de encarar a si mesmo sem evasivas, Thomas Merton foi a Louisville providenciar a impressão de um novo guia para postulantes. E viu-se parado em uma esquina, impressionado com a bondade das pessoas. Escreveu

---

[9] TUGWELL. *Reflections on the Beatitudes*, p. 98.

em seu diário: "Foi como se de repente eu visse a beleza secreta de seus corações, as profundezas de seus corações, onde nem o pecado nem o desejo, nem o autoconhecimento alcançam, o âmago de suas existências, a pessoa que cada um é aos olhos de Deus. Se ao menos elas se vissem como realmente são. Se ao menos pudéssemos nos ver uns aos outros dessa maneira o tempo todo. Não haveria mais nenhuma guerra, nenhum ódio, nenhuma ganância".[10]

---

[10] Citado em SHANNON. *Seeds of Peace*, p. 63.

ATO 2, CENA 3

"As mós produtivas rolam ao redor"

Começamos a oração eucarística invocando a santidade de Deus, uma santidade que se revela não na separação de Deus de tudo o que é impuro, pecaminoso ou tocado pela morte, mas em Jesus que destrói fronteiras e abraça até mesmo a morte. Mas não há alguma coisa inquietante no espetáculo de nosso sacerdote, Jesus, sendo sacrificado no altar da cruz? Os cristãos sempre falam de Cristo dando satisfação por nossos pecados, mas quem ele estava satisfazendo? Não haveria algo terrível em um Deus que exigisse sangue, o sangue de seu próprio Filho? Isso parece consagrar a violência e colocá-la no centro da religião. No mundo todo, fanáticos religiosos matam os outros e se matam em nome de Deus. No dia em que escrevo estas palavras, foi encontrado o corpo de Paul Faraj Rahho, arcebispo católico caldeu de Mossul, no Iraque, outra vítima do ódio religioso. Não parece que a conversa de sangue derramado e de sacrifício legaliza a religião violenta?

Alguns cristãos têm teorias da expiação que realmente parecem sedentas de sangue. Eis uma versão comum: Deus em sua misericórdia desejava salvar-nos, mas sua justiça exigia um sacrifício infinito e, assim, seu Filho inocente precisou morrer para que a dívida de nossos pecados fosse paga. A lógica é visível, mas não parece ser a de Jesus que amava *Abbá*. René Girard, mais que ninguém, mostrou outra maneira de ver o sacrifício de Jesus – como libertação da violência em vez de sua perpetuação. Não foi Deus que exigiu uma vítima, nós exigimos. Aqui não é lugar para analisar o entendimento sutil e complexo que Girard tem da morte de Jesus,[1] mas, se me perdoam um excesso de simplificação, Girard afirmou que toda sociedade encontra sua unidade procurando bodes expiatórios nos quais coloca seu medo e ódio. Em geral, eles são expulsos e mortos. Unimo-nos contra as vítimas; nós nos juntamos para odiá-las. As sociedades definem sua identidade por aqueles que elas excluem e destroem. W. H. Auden escreveu: "Pois sem um cimento de sangue (que deve ser humano, que deve ser inocente) nenhuma parede secular fica de pé com segurança".[2]

Essa violência jamais alcança a comunhão que buscamos e, assim, periodicamente precisa ser repetida ou reprimida. Um jeito de todas as sociedades do mundo de Jesus fazerem isso era pelo sacrifício de animais. Babilônios e assírios, egípcios e persas, gregos, romanos e, naturalmente, os judeus, tinham no centro de suas religiões a enorme matança de animais. Sentia-se o cheiro do templo de Jerusalém muito antes de avistá-lo.

O sacrifício de Jesus no altar da cruz não foi só mais um exemplo sangrento dessa violência sagrada, mas a derrota dela. Jesus a desmascara como vazia e fútil. "Pois é impossível

---

[1]   Cf. KIRWAN. *Discovering Girard*.
[2]   AUDEN. "Vespers", *Collected Shorter Poems*, p. 335.

POR QUE IR À IGREJA?

eliminar os pecados com o sangue de touros e bodes" (Hb 10,4). A morte de Jesus foi uma forte rejeição de toda uma maneira de ser religioso. Pode-se também considerá-la a culminância de um processo longo e gradual pelo qual nossos antepassados judeus afastaram-se da violência sagrada.

Quase todos os mitos de seus vizinhos entendiam a criação como ato violento, a destruição de algum monstro que personificava as águas do caos. Por exemplo, no épico babilônio da criação, o *Enuma elish*, Marduk, o deus da tempestade, mata Tiamat, a deusa do oceano, para fazer o universo. Vemos vestígios dessa violenta criação no Antigo Testamento, como quando Isaías anseia pelo dia em que "o Senhor vai castigar com sua espada dura, grande e forte, Leviatã, a serpente tortuosa, serpente escorregadia. Matará o monstro que habita o oceano" (Is 27,1). Mas no Gênesis ninguém é morto para fazer o mundo. O Espírito paira sobre o abismo disforme. Deus diz uma palavra e tudo passa a existir. A criação *ex nihilo* é um passo em direção à religião sem violência. E no Antigo Testamento poderíamos indicar, se tivéssemos espaço, a crescente hesitação a respeito de todo o sistema sacrifical: "Eu quero amor e não sacrifícios, conhecimento de Deus e não holocausto" (Os 6,6).

Assim, Jesus pode ser considerado a culminância de uma crítica em formação da violência sagrada dentro de Israel. Porém, mais que isso, ele contestou todas as formas em que amontoamos violência e vingança uns contra os outros. Ele personificou uma nova forma de comunidade, que exigia que ninguém fosse expulso, uma identidade que não precisava de nenhum inimigo, um "nós" que não exigia nenhum "eles". Tomando o evangelho de Mateus, logo no início somos confrontados com a não violência radical das bem-aventuranças: "Felizes são vós, quando vos injuriarem e perseguirem e, mentindo, disserem todo mal contra vós por causa de mim. Alegrai-vos e exultai, porque é grande a vossa recompensa nos céus. Pois foi deste modo que perseguiram os profetas que vieram antes de vós" (Mt 5,11s). É-nos ordenado renunciar a toda agressão, dar a outra face, caminhar mais um quilômetro, ser perfeito como nosso Pai celeste é perfeito. Jesus confronta os líderes religiosos pela cumplicidade deles com a violência: "Ai de vós, escribas e fariseus hipócritas! Construís sepulcros para os profetas e enfeitais os túmulos dos justos, e dizeis: 'Se tivéssemos vivido no tempo de nossos pais, não teríamos sido cúmplices da morte dos profetas'. Com isso, confessais que sois filhos daqueles que mataram os profetas. Vós, pois, completai a medida de vossos pais!" (Mt 23,29-32). Eles são sepulcros caiados, túmulos não identificados, sua mortalidade é oculta e sorrateira. Quando Jesus é preso no jardim do Getsêmani, recusa-se a recorrer à violência: "Guarda a espada na bainha! Pois todos os que usam a espada, pela espada morrerão. Ou pensais que eu não poderia recorrer ao meu Pai, que me mandaria logo mais de doze legiões de anjos? Mas como se cumpririam as Escrituras, que dizem que isso deve acontecer?" (Mt 26,52-54).

Então, é possível argumentar, Jesus não morreu porque Deus exigiu uma vítima, mas porque nós exigimos. Jesus desmascarou nosso desejo insaciável de achar alguém para culpar e surrar. Deus não quer vítimas; nós achamos que precisamos delas para o mundo ser coeso. James Alison explica de maneira sucinta: "Deus ocupava o espaço de *nossa* vítima para nos mostrar que não precisamos fazer isso nunca mais".[3] Portanto, Jesus não foi

---

[3] ALISON. *Undergoing God*, p. 62.

a Jerusalém levado por um impulso suicida, determinado a ser morto. Ele sabia que se você ama incondicionalmente, recusando-se a responder à violência com violência, então a turba linchadora o pegará e exigirá seu sangue. "Assim, Jesus não se entregou para ser vítima, entregou-se com plena consciência de que ia ser vítima, mas não queria isso, em absoluto. Jesus não tinha nenhum desejo de ser morto."[4] Como Herbert McCabe gostava de dizer: "Se você ama, vai ser crucificado; se não ama, já está morto".[5] Na sexta-feira santa, nas *Tenebrae* em Oxford, cantamos: *Agno miti basia cui lupus dedit venenosa,* "Meigo cordeiro em quem o lobo deu beijos venenosos". A referência não é só a Judas, mas a todos nós, na medida em que oprimimos uns aos outros. George McLeod encomendou dois cálices de vidro para a comunidade de Iona e deixou o artesão, agnóstico, escolher a inscrição em um deles. Ele gravou: "Amigo, para que vieste?".[6] Foi um lembrete salutar para o celebrante, toda vez que beijava o cálice, que cada um de nós pode ser Judas; segundo o dito atribuído a Pilatos, *Homo homini lupus,* "O homem é o lobo do homem".

A não violência de Jesus reúne os que buscam uma vítima. Um prenúncio de sangue os atrai como piranhas. Nas *Tenebrae*, também cantamos: *Congregati sunt adversum me fortes, et sicut gigantes steterunt contra me. Astiterunt reges terrae, et principes convenerunt in unum,* "Homens fortes reuniram-se contra mim e como gigantes me ameaçam. Os reis da terra assistem de perto e os príncipes se juntam". É a terrível unidade dos que sentem o leve cheiro de uma vítima, deixando de lado suas diferenças enquanto a expulsam. Mas esta vítima inocente e magnânima

---

[4] Id., *Knowing Jesus*, p. 49.
[5] Disseram-me que ele achou isso em Kierkegaard, mas não consegui confirmar.
[6] FERGUSSON com CHATER. *Mole Under the Fence*, p. xxix.

transformará essa unidade cheia de ódio na comunhão do Reino: "E quando eu for elevado da terra, atrairei todos a mim" (Jo 12,32). É esse o sacrifício valioso de Jesus. Não é suportado para aplacar um Deus zangado, mas para assumir a responsabilidade por toda a ânsia de vingança e sangue da humanidade. Deus está entre nós como alguém expulso. É a realização da visão que Isaías teve do servo sofredor: "Eram na verdade os nossos sofrimentos que ele carregava, eram as nossas dores, que levava às costas. E a gente achava que ele era um castigado, alguém por Deus ferido e massacrado. Mas estava sendo traspassado por causa de nossas rebeldias, estava sendo esmagado por nossos pecados. O castigo que teríamos de pagar caiu sobre ele, com os seus ferimentos veio a cura para nós" (Is 53,4s). Nós o consideramos punido por Deus, mas estávamos enganados. Fomos nós quem o punimos, e seu perdão transformará a turba linchadora na comunhão da Igreja.

Vivemos depois do final do século mais violento da história humana: duas guerras mundiais e inúmeras outras; genocídios, desde os armênios até Ruanda e o indizível horror do Holocausto. Houve o primeiro emprego das bombas atômicas, o bombardeio arrasador de cidades alemãs e, hoje em dia, há uma explosão de terrorismo religioso e violência nas áreas degradadas das cidades. O filme *Bobby* descreve as últimas horas antes do assassinato de Robert Kennedy e termina com seu discurso depois do assassinato de Martin Luther King:

Aparentemente toleramos um nível crescente de violência que ignora nossa humanidade comum e igualmente nossas pretensões à civilização. Aceitamos calmamente notícias de matança civil em terras longínquas. Glorificamos assassinatos nas telas do cinema e da televisão e chamamos isso de entretenimento. Facilitamos para que homens de todos os graus de sanidade adquiram as armas e a munição que desejarem [...] Alguns procuram bodes expiatórios, outros procuram conspirações, mas isto está claro: violência gera violência, repressão leva à retaliação e somente a purificação de toda a nossa sociedade pode remover essa enfermidade de nossa alma.

A tragédia do 11 de setembro elevou essa violência a uma nova altura. Em nome da chamada "guerra contra o terrorismo", vemos "rendições especiais", a vergonha de Abu Ghraib e da baía de Guantânamo, a desestabilização das liberdades civis. Peter C. Phan, da Universidade de Georgetown, escreveu: "Com a alegação de que os ataques terroristas em 11 de setembro de 2001 mudaram 'tudo', há agora nos Estados Unidos uma adesão generalizada ao que Walter Wink chama de 'mito da violência redentora', a disposição de usar força militar para resolver conflitos internacionais. Pior ainda, essa inclinação para a guerra, encoberta pelo patriotismo, invoca Deus, a Bíblia e os símbolos do cristianismo para se autojustificar. Não falta nada para ser idolatria e blasfêmia".[7] Voltamos ao nosso antigo hábito, como um alcoólico que volta para a garrafa.

Mas este é também um tempo de mártires. Em 7 de maio de 2000, no Coliseu, o papa João Paulo II comemorou todos os mártires do século XX, mais que de nenhum outro. Depois do assassinato do bispo Pierre Claverie, uma jovem muçulmana chamada Yasmina deixou flores ao lado de tantas outras no lugar onde ele e o amigo Mohamed morreram. Ela anexou uma nota: *Ce soir, mon Pere, je n'ai pas de paroles. Mais j'ai des larmes e de l'espair,*

---

[7] PHAN. "Evangelization in a Culture of Pluralism", p. 16.

"Esta noite, meu pai, não tenho palavras. Mas tenho lágrimas e esperança".[8] Os mártires dão testemunho de nossa esperança de que a não violência de Jesus tenha a última palavra. Os mártires cristãos primitivos foram mortos porque se recusaram a sacrificar aos deuses. Rejeitaram todo o sistema sacrifical, a piedade tradicional que unia a comunidade humana pela matança, e por isso foram considerados ateus.

Paul Murray, op, conta a história de Felicitas, auxiliar paroquial em Gisengi, em Ruanda. Durante o genocídio, ela acolheu hutus que foram ameaçados de massacre pelo povo tutsi, ao qual ela pertencia. Seu irmão, um coronel, avisou-a de que sua vida corria perigo. Ela lhe escreveu: "Querido irmão, agradeço-lhe por querer ajudar-me. Para salvar minha vida eu teria de abandonar as quarenta e três pessoas das quais estou encarregada. Decidi morrer com elas. Reze por nós, para que alcancemos a casa de Deus. Despeça-se por mim de nossa velha mãe e de nosso irmão. Suplicarei por vocês quando eu estiver com o Senhor. Que vocês tenham saúde. Muito obrigada por pensar em mim. Sua irmã, Felicitas Miyteggaeka".[9] E quando os soldados vieram buscá-la e os que ela protegera, disse: "Chegou a hora de darmos testemunho. Vamos". Ela deu testemunho da esperança de Cristo, que naquela última noite abraçou a morte, confiando em seu Pai.

Em seguida Murray cita as palavras de Martin Luther King no discurso de aceitação do prêmio Nobel: "Creio que a verdade desarmada e o amor incondicional terão, na realidade, a última palavra. É por isso que o direito derrotado temporariamente é mais forte que o mal triunfante. Creio que mesmo em meio às

---

[8]   Citado em MURRAY. "I Have Tears and Hope", p. 485.
[9]   Ibid., p. 486.

POR QUE IR À IGREJA?

explosões de morteiro e balas lamurientas de hoje ainda há esperança [...] Creio que a justiça ferida, que jaz prostrada no sangue que inunda as ruas de nossas nações, pode ser erguida dessa poeira de vergonha para reinar suprema entre os filhos dos homens". Então a pergunta para cada um de nós é: Pelo que estamos preparados para morrer? Ousamos fazer aquele gesto supremo de esperança, que é recusar-se a reagir à violência com violência?

Em toda Eucaristia, lembramos o derramamento do sangue de Cristo, "o sangue da nova e eterna aliança que será derramado por vós e por todos". Esse sangue foi derramado por causa da sede humana de violência. Mas é também o sangue do nascimento. Para São João, é o momento em que Jesus dá à luz uma nova comunidade, a Igreja. Seu lado é aberto pela lança do soldado e saem água e sangue, os sacramentos da nova comunidade. São João Crisóstomo escreveu: "É de seu lado, portanto, que Cristo formou sua Igreja, exatamente como ele formou Eva do lado de Adão [...] Já vistes como Cristo uniu a si sua esposa? Já vistes com que alimento ele nos nutre a todos? Do mesmo modo como a mulher nutre os filhos com seu sangue e leite, também Cristo continuamente nutre com seu sangue os que ele gerou".[10] Na cruz, Jesus confia o discípulo amado a sua mãe como filho, e ela a ele como mãe.

Janet Martin Soskice observa que

[...] a arte religiosa medieval era quase sempre explícita na representação da crucificação como parto. Vemos a Igreja (*ecclesia*) sendo puxada do lado ferido de Cristo como Eva foi puxada do de Adão. É mais comum vermos o sangue fluindo do lado de Cristo

---

[10] *Baptismal Instructions*, HARKINS, P. W. (org). Westminster, MD, 1963, p. 62, citado em MARTIN SOSKICE. *The Kindness of God*, p. 89.

para cálices carregados por anjos, ou fluindo diretamente na boca dos fiéis – o que é, figurativamente, o sangue eucarístico com o qual os fiéis se alimentam e que, por meio dessa alimentação, une-os ao Corpo de Cristo formando um só corpo. Embora a iconografia seja bem conhecida, é preciso destacar a natureza sobejamente feminina da imagem que associa o Cristo crucificado ao corpo feminino no ato de dar à luz e de alimentar.[11]

Juliana de Norwich vê Jesus – "verdadeira mãe" – em trabalho de parto conosco na cruz: "Ele nos carrega dentro de si em amor e trabalho de parto até o tempo pleno em que queria sofrer os espinhos mais agudos e as dores mais cruéis que já existiram ou existirão e, por fim, ele morreu".[12]

Portanto, nossa esperança não é apenas a de que, tendo morrido, Jesus ressuscitará, que há vida depois da morte. Esperamos que sua morte seja a fonte da vida, cheia de nova fertilidade. Esse é "o momento genético", a obra suprema da graça, que toma tudo o que é destrutivo e torna-o fecundo. É o primeiro fruto da nova criação. Nas duas últimas semanas da Quaresma, cantamos: "Cruz fiel, acima de todas as outras, uma e única árvore nobre: nenhuma se iguala a ti em folhagem, em floração, em frutos". Um poema de George Mackay Brown considera as catorze estações da via-sacra momentos no ciclo da plantação e da colheita de grãos. Por exemplo:

Jesus cai pela terceira vez
Foices são amoladas para derrubar-te,
Rei do Grão de Cevada.

---

[11] Ibid., p. 87.
[12] COLLEDGE; WALSH. *Julian of Norwich*, § 60, citado em MARTIN SOSKICE, p. 150.

Jesus é despojado de suas vestes
Debulhadoras rangem. A casca dourada
Do grão é arrancada.

Jesus é pregado na cruz
As mós produtivas rolam ao redor,
Moinho sobre moinho.[13]

Nossa sociedade teme a morte, e não somos tranquilizados nem mesmo pelo aviso administrativo que um de meus irmãos avistou em um cemitério: "Estamos trabalhando para tornar este cemitério um lugar mais seguro"! Mas confiamos que a madeira seca de nossas vidas seja produtiva. Enfrentamos com esperança nossa morte e a das pessoas que amamos. Eamon Duffy escreveu a respeito de um amigo para quem a morte perfeita seria morrer comendo batatinhas fritas no ônibus, na volta para casa depois de um jogo de futebol. Mas para nossos antepassados, era preciso preparar-se para a morte, vivê-la. A morte era uma coisa da qual a pessoa se apossava. Era um acontecimento público, não uma coisa que acontecia despercebida, por trás de cortinas no canto de uma enfermaria hospitalar. Era uma coisa para ser feita, não apenas suportada. A Paixão de Jesus foi também sua ação. James Martin, sj, conta que quando um provincial jesuíta visitou a enfermaria e observou que ela estava lotada, da cama um padre velhinho resmungou com voz fraca: "Bem, padre provincial, estamos morrendo tão depressa quanto podemos!".

Duffy escreveu: "Foi a sabedoria da tradição da 'boa morte' que entendia que nossa fé não fala verdadeiramente a respeito da vida, a menos que fale também da morte. Se a própria fé é

---

[13] FERGUSSON. *George Mackay Brown*, p. 214.

uma crença afetuosa e confiança na verdade das promessas divinas, então a entrega envolvida no ato de submeter-se a nossa morte é parte integrante dela".[14] D. H. Lawrence pergunta:

Já construíste teu navio da morte, ó, construíste?
Ó, constrói teu navio da morte, pois precisarás dele.[15]

Wittgenstein afirma que somos animais cerimoniais. As mortes de nossos antepassados eram eventos cerimoniais, que compartilhavam a liturgia de nosso sumo sacerdote, Cristo. No centro da Eucaristia está nossa repetição cerimonial do sinal que Jesus fez em face de sua morte e com a qual enfrentamos a nossa. Quando um de nossos irmãos, Osmund Lewry, estava morrendo, a comunidade inteira se espremeu em seu quartinho, entre os armários e debaixo da escrivaninha, para celebrar a Eucaristia pascal. Depois da comunhão, cantamos o *Regina Caeli* e então fui pegar champanhe na geladeira para bebermos à ressurreição. Comentei como os irmãos tinham cantado harmoniosamente o *Regina Caeli* e Osmund respondeu que, de fato, se seu senso de oportunidade fosse melhor ele teria morrido enquanto estava sendo cantado, mas ele tinha de esperar o champanhe!

Amanhã o Filho do Homem andará em um jardim
Através de montes de flores de maçã.[16]

---

[14] DUFFY. *Faith of our Fathers*, p. 113.
[15] LAWRENCE. "The Ship of Death", *Poems*, p. 249.
[16] FERGUSSON. *George Mackay Brown*, p. 286.

ATO 2, CENA 4

De traição em dádiva

Jesus toma o pão e o dá a nós como seu corpo. É o sinal de uma dádiva totalmente dada e completamente recebida. Ser um corpo é receber a existência de nossos pais e de seus pais antes deles e, em última análise, de Deus. Nossos corpos cresceram no útero de nossas mães. Nossos corpos não são coisas que possuímos e, assim, podemos vender, como um carro ou um *laptop*. Honramos nossos pais cuidando de nossos corpos, dádiva deles. Em português "gerar" é dar à luz. O fruto do útero surge à luz do dia; a dádiva secreta é partilhada com todos nós. É por isso que causa total repugnância corpos serem vendidos. Levadas pela pobreza, pessoas, principalmente do Leste da Europa e do subcontinente indiano, vendem os rins por até cem mil libras esterlinas. Lewis Hyde relata que uma filha concordou em dar um rim à mãe em troca de um casaco de peles.[1] Em 1980, um casal de Nova Jersey tentou trocar o filho por um carro de segunda mão que valia 8.800 dólares. O revendedor de carros ficou tentado porque perdera a família em um incêndio. "Minha primeira ideia foi trocar o carro pelo garoto. Momentos depois percebi que seria errado – não tanto errado para mim ou pela despesa do negócio, mas o que

---

[1] HYDE. *The Gift*, p. 72.

o bebê faria quando já não fosse mais um bebê? Como o garoto lidaria com a vida, sabendo ter sido trocado por um carro?"[2] Assim, para Jesus, dar-nos seu corpo era dar-se totalmente, sem reserva. Corpos são dádivas, e dádivas são recebidas para serem dadas de novo. É por isso que a Eucaristia nos oferece a base de uma ética sexual cristã. Como nossos corpos nos são dados, aprendemos a dá-los a outrem com reverência, fidelidade, de maneira vulnerável e sem reserva. Transmitimos a dádiva que somos.

Para Jesus nos dar seu corpo como alimento, devemos recebê-lo completamente. O alimento é a dádiva arquetípica porque torna-se parte de nossos corpos. Somos o que comemos, desde o momento em que o feto começa a absorver nutrição do corpo da mãe. Lewis Hyde mostra que muitas culturas falam das dádivas como alimento, mesmo se não forem comestíveis. Em algumas ilhas do Pacífico, as conchas brilhantes coloridas e outras dádivas são descritas como "alimento que não podemos comer". Tradicionalmente um jovem guerreiro fidjiano entregava-se a seu chefe dizendo: "Come-me",[3] prática que poderia ser incluída na liturgia da ordenação. Portanto, o corpo de Jesus dado como alimento é uma dádiva completamente oferecida e recebida. Se tivéssemos espaço poderíamos examinar por que Jesus se deu não apenas como alimento, mas como pão. Como observou um de meus irmãos, não se pode imaginar Jesus dizendo: "Eu sou a batata da vida que desceu do céu!".

Mas o corpo de Jesus já fora vendido por trinta moedas de prata. No capítulo anterior vimos como Mateus retrata Jesus preso em um confronto crescente com as forças da violência e

---

[2] Ibid., p. 98.
[3] Ibid., p. 100.

da morte, mas como, na hora de sua morte, o véu do templo rasga-se em duas partes e os mortos caminham na Cidade Santa. Para Mateus, Jesus é também a vítima da violência do mercado. A última ceia está ladeada por duas cenas de Judas e os sumos sacerdotes. Ele vai ter com eles para vender-lhes Jesus por trinta moedas de prata. E depois que a mercadoria é entregue com um beijo no jardim do Getsêmani, ele volta e joga o dinheiro no templo. Os inimigos de Jesus chegam a usar dinheiro para tentar impedir a notícia da ressurreição. Quando os soldados que guardam o túmulo relatam o que aconteceu, os sumos sacerdotes deliberam dar bastante dinheiro aos soldados e instruíram-nos: "Contai o seguinte: 'Durante a noite vieram os discípulos dele e o roubaram, enquanto estávamos dormindo'. E se isso chegar aos ouvidos do governador, nós o tranquilizaremos, para que não vos castigue" (Mt 28,12-14). A violência assume a forma não apenas de expulsão da comunidade, mas de mercantilização de pessoas dentro da comunidade.

Mas Jesus previu essa traição e desarmou-a antes. Sua generosidade era grande o bastante para transformar traição nas mãos dos inimigos em uma dádiva para todos. Naquela noite, ele funda uma comunidade que pode suportar qualquer infidelidade. Rowan Williams explica-o com belas palavras: "O ato de Deus em Jesus previne a traição, antecipa-a: Jesus prende-se à vulnerabilidade, antes de ser preso (literalmente) pela violência humana. Assim, os que estão à mesa com ele, que incluem os que vão traí-lo, desertá-lo e repudiá-lo, são, por assim dizer, frustrados como traidores, o trabalho é feito para eles pela vítima".[4] É verdade que membros da Igreja têm, repetidas vezes, vendido

---

[4]   WILLIAMS. *On Christian Theology*, p. 216.

Jesus e o negado, fugido covardemente do martírio, matado os outros em nome da religião, praticado a simonia. Mas Jesus na última ceia suportou e curou tudo o que poderíamos fazer.

A Bíblia é uma narrativa de dádivas e vendas. Esaú vende o direito de primogenitura, José é vendido como escravo pelos irmãos, Sansão é vendido por Dalila por onze mil moedas de prata, mas Nabot recusa-se a vender sua vinha, sua herança de Deus. No livro do Apocalipse, Babilônia, a cidade que se opõe a Deus, fundamenta-se no mercado. Ninguém compra e vende a menos que tenha a marca da fera (Ap 13,17). Os seres humanos são simplesmente outra mercadoria negociável: "Os comerciantes de toda a terra também hão de chorar e por causa dela [Babilônia] ficarão de luto, porque ninguém mais vai comprar as suas mercadorias: carregamentos de ouro e prata, pedras preciosas e pérolas, linho e púrpura, seda e escarlate, madeiras perfumadas de todo tipo, objetos de marfim e de madeira preciosa, de bronze, de ferro e de mármore, canela, temperos, perfumes, mirra e incenso, vinho e azeite, flor de farinha e trigo, bois e ovelhas, cavalos e carros, escravos, vidas humanas" (Ap 18,11-13). É o comércio de mercadorias e, no fim das contas, de seres humanos, que dá poder à grande prostituta, Babilônia, ao Império Romano, ao qual João opõe a nova Jerusalém, onde habitará a santidade divina.

Israel esperava que, quando o Messias viesse, ele purificaria o templo e isso incluía, de acordo com Zacarias, a expulsão de todos os comerciantes: "Naquele dia não haverá mais comerciantes dentro da Casa do Senhor dos exércitos" (Zc 14,21). Depois de ser saudado pelas multidões que entoavam hosanas, lembrados no *Sanctus* de nossa liturgia, Jesus foi ao templo e expulsou os cambistas e todos os que compravam e vendiam no templo. "Está escrito: 'Minha casa será chamada casa de oração'. Vós, porém, fizestes dela um antro de ladrões" (Mt 21,13). Assim, a santidade de Cristo não é apenas, como já vimos, a derrota da separação, o abraço que Deus dá nos impuros. É a transformação de relacionamentos de comércio em gratificação.

Jesus não é como um aristocrata vitoriano que desaprova o comércio. Nenhuma sociedade prospera sem mercados e mercadores. Eles são imprescindíveis para a coesão da sociedade e a expansão da civilização. Mas os mercados não podem ser o fundamento de nossa sociedade nem de nossa religião. Toda sociedade precisa de mercados, mas ao se transformar em mercado, como está acontecendo com a nossa, então é provável que entre em colapso. O relacionamento de Deus com seu povo é estruturado por pura dádiva. A terra, a fertilidade, os mandamentos, a própria existência de Israel são dádivas de Deus. É essa a razão de ter sido banida em Israel a prática da usura. Naquela sociedade, só os que eram movidos por extrema pobreza tomavam emprestado com juros. Fazer dinheiro por meio da usura seria lucrar com o sofrimento do irmão ou da irmã, negação do modo como os israelitas estão ligados uns aos outros, como livre povo de Deus: "Não exigirás de teus irmãos juro algum, nem por dinheiro, nem por víveres, nem por coisa alguma que se empresta a juros. Podes exigi-lo do estrangeiro mas não de teu irmão, para que o Senhor teu Deus te abençoe em todos os empreendimentos na terra em que vais entrar para possuí-la" (Dt 23,20-21).

Um dos momentos decisivos no nascimento da modernidade foi a prolongada aceitação da usura pela Igreja. Na Idade Média, a usura foi considerada destruidora da comunidade da cristandade. Ironicamente, os judeus, cuja identidade estava ligada à rejeição da usura, foram forçados a ser os estrangeiros que emprestavam dinheiro a juros. Foram excluídos de nossa comunidade de irmãos e irmãs, a fim de desempenhar o papel necessário. Mas, com a enorme expansão do comércio internacional no século XVI, quando o dinheiro conseguiu estruturar as operações de todo o nosso mundo, essa solução já não era viável. O fluxo do dinheiro animava a sociedade, a corrente sanguínea que transmitia vitalidade a todas as partes do corpo social, daí o "dinheiro em circulação". Isso formava a base da transformação de cada vez mais dádivas em mercadorias, como Karl Polanyi mostra em *The Great Transformation; The Political and Economic Origins of our Time* [A grande transformação; as origens políticas e econômicas de nosso tempo].[5] O povo estava cercado e a terra tornou-se apenas outra mercadoria à venda e não mais a dádiva de Deus. O comércio de escravos expandiu-se intensamente e os grandes impérios tomaram posse do mundo. Hoje os impérios caíram e a escravidão está oficialmente banida, embora ainda prospere em muitos lugares, mas a mentalidade do mercado domina mais que nunca, em especial com o rapidíssimo crescimento das pretensões à propriedade intelectual. Lewis Hyde afirma que "desde a queda da União Soviética em 1989, o Ocidente passa por um período de notável triunfalismo mercadológico. Testemunhamos a constante conversão em propriedade privada da arte e das ideias que as gerações anteriores consideravam parte da cultura de todo o povo e vimos a mercantilização de coisas que há alguns anos pareciam estar fora do alcance de qualquer mercado. A lealdade de alunos de escolas, o

---

5   POLANYI. *The Great Transformation.*

conhecimento nativo, a água potável, o genoma humano – tudo está à venda".[6]

O que significa para a Igreja ser o corpo e sangue de Jesus nesse contexto? A dádiva que Cristo fez de seu corpo como alimento é ato de pura gratuidade. Como pode isso ser visível na vida de seu Corpo, a Igreja? Não há espaço para analisar como a Igreja deve desafiar as estruturas econômicas de nossa sociedade, liberar países fracos de acordos comerciais injustos, insistir nas metas do milênio, combater o tráfico de mulheres e crianças etc. Tudo isso é importante, mas só temos espaço para algumas breves considerações sobre o problema fundamental, que é o do poder. A mercantilização do mundo começou com a mudança em nosso uso e entendimento do poder. A conduta de Jesus na última ceia oferece-nos uma visão alternativa de como o poder movimenta-se na comunidade humana.

Às vezes a consagração do pão e vinho é vista em termos de poder sacerdotal. Em *Retrato do artista quando jovem*, de James Joyce, o sacerdote pergunta ao jovem Stephen se ele já pensara em ser padre: "Nenhum rei nem imperador nesta terra tem o poder do sacerdote de Deus [...] o poder, a autoridade, para fazer o grande Deus do céu descer sobre o altar e tomar a forma de pão e vinho. Que poder impressionante, Stephen!".[7]

Mas o que vemos na última ceia é exatamente o contrário disso, a impotência de Jesus diante das forças destrutivas deste mundo, que é uma força além de sua concepção. Rowan Williams escreveu:

---

[6] HYDE, op. cit., p. x.
[7] JOYCE. *Portrait of the Artist as a Young Man*, p. 133. [Ed. bras.: *Retrato do artista quando jovem*.]

A renúncia ao poder em face da iminente violência da deserção e negação permite de maneira paradoxal que o Jesus desta narrativa dê forma e estrutura à situação, determine a identidade (como convidados, como recebedores de uma incansável hospitalidade divina) dos outros agentes na história. E, assim, a sequência de transições finalmente efetua a transformação dos recebedores do pão e vinho, de traidores a convidados, de quem as futuras traições já estão incluídas na acolhida originada pela aliança interpretada por Jesus.[8]

O paradoxo é que Jesus toma posse desse drama por um ato de despojamento. Seu poder está em sua impotência, pois, ao entregar-se nas mãos dos discípulos, ele transforma a história de vitimação – "devoram meu povo como se fosse pão" (Sl 14,4) – em festa de liberdade compartilhada.

É uma lei da narrativa bíblica que os que tomam o poder tornam-se impotentes. Adão e Eva fazem uma breve tentativa para obter a independência e pegam o fruto da árvore do conhecimento do bem e do mal para, como a serpente prometeu, tornarem-se iguais a Deus. Acabam escondendo-se nos arbustos e negando toda responsabilidade. Adão aponta o dedo para Eva e, implicitamente, para Deus: "A mulher que me deste por companheira, foi ela que me fez provar do fruto da árvore, e eu comi" (Gn 3,12). Eva culpa a serpente. Os construtores da torre de Babel tentam entrar no céu e fazer um nome para si, mas são espalhados pela face da terra. Acima de tudo, Satanás, que aspira a governar o mundo, mostra-se completamente sem ação. No *Inferno* de Dante, ele jaz impotente no centro gelado do inferno, batendo suas asas de morcego, imóvel e sem perceber

---

[8] WILLIAMS. *On Christian Theology*, p. 216.

nem mesmo Dante que desce de seus flancos miseráveis. O Satanás de Dante, afirma Robert Barron, não tem nada da grandeza do rebelde heroico de Milton ou do Mefistófeles de Goethe, nem mesmo do encanto do diabo chefe em *Screwtape Letters* de C. S. Lewis. São forças que se tem de enfrentar.

> O diabo de Dante é, ao contrário, figura patética, alguém que é apenas basicamente triste. Como alguém em depressão crônica, o Lúcifer de Dante fica sem ajuda em um lugar só, medita infrutiferamente em ressentimentos passados e chora sem cessar. Nem encantador, nem sedutor, o coração das trevas é, afinal de contas, um tanto deplorável e melancólico. A evocação simbólica dantesca da psicodinâmica do pecado parece-me muito mais eficiente que a de Goethe, a de Milton e até mesmo a de Lewis. Nessas expressões relativamente superficiais, o pecado tem certo poder glamoroso e sedutor, mas o Pecado mesmo, a fonte do mal moral, é essencialmente vazio, banal, impotente, pois não passa de uma ilusão, uma falsa percepção. Pecados podem ser intrigantes e encantadores. O Pecado é apenas triste.[9]

Charles Taylor liga a ascensão do secularismo, um mundo onde Deus parece ausente, ao nascimento da "sociedade disciplinar".[10] O mundo medieval tolerava um pouco de caos. Reconhecia a necessidade de carnaval e festas de desordem. As estruturas de ordem eram contrabalançadas por antiestruturas. O controle absoluto não era nem possível nem desejável, pois Deus era o soberano do mundo, que era governado por sua providência. As tensões entre poderes religiosos e seculares, entre monarcas e a aristocracia, entre bispos e ordens religiosas, significavam

---

9   BARRON. *And Now I See*, pp. 23s.
10 TAYLOR. *A Secular Age*, pp. 90-145.

que o poder era sempre distribuído. Mas o nascimento da modernidade incluiu a ascensão dos monarcas absolutos, o Estado e o desenvolvimento de uma cultura de controle. Os pobres já não eram vistos como imagens de Cristo, a quem estamos ligados pelo amor, mas objetos de "caridade", no novo sentido da palavra, a quem damos dinheiro. O amor foi mercantilizado. Os pobres devem ser tratados de forma paternalista e disciplinados. Os insanos precisam ser isolados naquilo que Michel Foucault chamou de *le grand renfermement*, "a grande cadeia provisória".[11] A sociedade já não é entendida organicamente, mas como mecanismo que pode ser ajustado e, acima de tudo, como mercado. Quando a crença em Deus enfraqueceu, ficou um vazio que nos apressamos a preencher. Como dizia o ateu na caricatura vitoriana: "Eu não acreditava em Deus, até descobrir que eu era ele". Em *A fogueira das vaidades*, Tom Wolfe descreve o pequeno grupo de indivíduos, "cerca de trezentos, quatrocentos, quinhentos", que eram "os mestres do universo", os jovens que dirigiam o mercado financeiro de Nova York na década de 1980, os famosos Yuppies. Sherman olha Manhattan espantado. "Ali estava a Roma, a Paris, a Londres do século XX, a cidade da ambição, o denso rochedo magnético, o destino irresistível de todos os que insistem em estar *onde as coisas acontecem* – e ele estava entre os vitoriosos!" Que grupo indefeso eles acabam sendo.

Essa cultura de controle domina nosso mundo contemporâneo. Mais de três mil novas ofensas criminais foram criadas nos últimos dez anos na Grã-Bretanha e a porcentagem de pessoas na cadeia continua a subir vertiginosamente. Nosso tempo é consumido avaliando ou sendo avaliado; metas devem ser alcançadas

---

[11] FOUCAULT. *Folie et déraison.*

e administradores governam tudo. Contudo, tem-se a sensação de um mundo que cada vez mais foge à nossa manipulação. Vivemos no que Anthony Giddens chamou de "mundo fugitivo"[12] e "selva manufaturada", à mercê de uma economia global volátil, que nem governos nem multinacionais conseguem controlar. Zygmunt Bauman imagina nosso mundo como um aeroplano que não tem piloto. "Os passageiros descobrem horrorizados que a cabine do piloto está vazia e que não há meios para extrair da misteriosa caixa preta rotulada de 'piloto automático' informações sobre o destino do avião, onde ele vai pousar, quem deve escolher o aeroporto e se existem ou não regras que permitam aos passageiros contribuir para a segurança da chegada."[13] É a mesma velha regra; os que tentam apoderar-se do poder absoluto estão condenados à impotência.

Nessa sociedade disciplinar, a Igreja deveria ser um oásis de contracultura, vivendo pela confiança e a livre troca de dádivas. A Igreja, como toda sociedade, certamente precisa de regras e leis, estruturas e hierarquias. Os dominicanos fazem seus votos sobre nosso livro das constituições da Ordem. Contudo, muitas vezes cedemos às tentações da cultura de controle. Ela com certeza floresce na Igreja Católica Romana! Ao lutar para proteger nossa liberdade de estados que tentam curvar a Igreja à vontade deles, não raro acabamos por imitar sua vã aspiração ao controle total. Ao combater César, acabamos nos assemelhando a ele. Algumas Igrejas nem mesmo lutam. Se cremos que Deus governa o mundo com sua graça providencial, e que o Espírito Santo derramou-se sobre a comunidade em Pentecostes, então podemos

---

[12] GIDDENS. *A Runaway World*.
[13] BAUMAN. *Liquid Modernity*, p. 59.

descansar e confiar. Jesus arriscou-se, colocando-se nas mãos dos discípulos, embora soubesse que eles eram indignos de confiança. Como comunidade eucarística, devemos tornar visível essa vulnerabilidade e confiança. Sim, precisamos de nossas instituições, do governo eclesiástico, do direito canônico, do dever de prestar contas – anarquia não é a resposta à sociedade disciplinar –, mas a serviço da generosidade mútua, do poder de decisão e confiança mútuas. Seria irônico se, em nome da manutenção de um modo de vida diferente, *contra mundum*, caíssemos em padrões de controle que espelham o mundo.

Chegamos ao altar de mãos vazias, tendo colocado sobre ele nossas vidas. E aquele que recebemos também esvaziou as mãos, entregando-se aos cuidados das nossas. Mãos vazias estimulam a circulação de dádivas, em vez de agarrar mercadorias. Hyde assegura-nos que "a dádiva move-se da abundância para o vazio. Busca o seco, o árido, o confuso e o pobre. O Senhor diz: 'Tudo o que abre o útero é meu'".[14] Mestre Eckart convida-nos: "Tomemos por empréstimo vasos vazios".[15]

Precisamos, cada um de nós, descobrir nosso vazio. Somos todos mendicantes à nossa maneira, recebendo e dando dádivas. Pode ser renunciando a qualquer forma de poder que diminui os outros, ou de riqueza que é improdutiva e não dá frutos. Pode ser dando nosso tempo aos que precisam de alguém que os escute. Pode ser desapegando-se dos filhos, a fim de que eles sejam dádivas para outra pessoa. Pode ser até esvaziando a própria mente. Todo escritor conhece o medo de que a inspiração mais recente tenha sido a última; é o terror de jamais publicar um livro. É

---

[14] HYDE, op. cit., p. 25.
[15] HYDE, op. cit., p. 23.

POR QUE IR À IGREJA?

possível não receber nada mais para dizer. Mas é preciso confiar no Senhor que enche o útero vazio, a mão vazia e até a cabeça vazia. Se tentarmos nos apegar ao que possuímos – riqueza, talentos, inspiração, os que amamos –, então as posses podem tornar-se venenosas, como o anel ao qual Gollum se apega em *O senhor dos anéis*: "Meu bem, meu bem precioso". Em *The History Boys* [Os garotos da história], de Alan Bennett, o rechonchudo professor Hector diz: "Passem o pacote. Às vezes é tudo o que podem fazer. Peguem-no, sintam-no e passem-no adiante. Não para mim, não para vocês, mas para alguém em algum lugar um dia. Passem-no adiante, garotos. É o jogo que desejo que aprendam. Passem-no adiante, garotos". "Oh! Todos que estais com sede, vinde buscar água! Quem não tem dinheiro, venha também! Comprar para comer, vinde, comprar sem dinheiro vinho e mel, sem pagar! (Is 55,1).

Nossa sociedade está repleta de pessoas das quais o vazio está cheio de desespero. Richard Malloy, sj, descreve "uma 'cortadora' que usa uma camisa de meia que na manga comprida tem um orifício para o polegar. Ela cobre um antebraço no qual ela repetidamente gravara a palavra 'vazio' com uma navalha. Um número grande demais de nossos jovens são vazios: a líder de torcida anoréxica; o astro de futebol que pensa em suicídio; o gênio *nerd* em Stanford cheio de entorpecida raiva inominável, porque não entrou em Harvard; o jovem sem objetivo que vive na casa dos pais só interessado em videogames; a legião de outros que sofrem de falta de estímulo para fazer qualquer coisa".[16] Precisamos ajudá-los a descobrir aquele que encherá esse vazio com mais do que podemos imaginar.

---

[16] MALLOY. "Religious Life in the Age of FaceBook".

DE TRAIÇÃO EM DÁDIVA

Talvez o vazio mais intenso seja o de não ter o sentido da própria vida, não escrever a própria história. Quando Jesus enfrentou a morte na quinta-feira santa, parecia que sua vida era um fracasso e cheia de derrotas. Ele veio pregar o Reino, a personificação do amor de Deus, e acabou em uma cruz. Que contas poderiam ser prestadas de sua vida? Em face desse impasse, ele poderia ser tentado a optar por uma ambição menor, fundar uma nova seita do judaísmo, retirar-se para o deserto onde tantos outros messias fracassados se refugiavam. Mas, em vez disso, ofereceu o fracasso de sua vida àquele a quem chamava de *Abbá*. Sebastian More fala da filha de um amigo que se preparava para a primeira comunhão. Quando lhe contam a paixão de Jesus, ela pergunta ao pai:

– Por que ele não fugiu?

– Creio que ele achou que não devia.

– Mas isso é burrice![17]

Nós chamamos de esperança.

O primeiro ato de esperança é rezar, e a maior oração é a cruz, quando Cristo entregou tudo nas mãos de Deus. Herbert McCabe escreveu: "Na morte na cruz ele entregou ao Pai todo o sentido de sua vida humana; é essa sua oração. O Pai não realizou sua vontade por meio de nenhum sucesso de Jesus; Jesus não fica com nada além de seu amor e sua obediência, e essa é a oração ao Pai para operar por meio de seu fracasso".[18] Cabe ao Pai tornar fértil a árvore morta da cruz. Aqui estou! *Hineni*. Faze alguma coisa desta vida: "Em tuas mãos entrego o meu espírito".

---

[17] MOORE. *The Contagion of Jesus*, p. 42.
[18] McCABE. *God Matters*, p. 100.

Parecia que a vida de São Pedro Chanel iria acabar em futilidade. Ele entrou para a Congregação dos Maristas em 1831 e, em 1837, o bispo o enviou para a ilha de Futuna na Oceania. Ele se esforçava para pregar o Evangelho, mas parecia não conseguir nada. Finalmente, estava começando a alcançar um pequeno sucesso quando o rei, enfurecido pela decisão de seu filho, Meitala, de pedir o batismo, enviou até Pedro o guerreiro Musumusu que o golpeou até a morte. Parecia que a vida de Pedro não realizara nada. Alguns anos mais tarde dois de seus confrades foram visitar a ilha, e o povo disse: "No momento em que o matamos, percebemos o que ele queria nos trazer. Agora queremos ser batizados".[19] O povo de Futuna criou um ritual especial de canto e dança, conhecido como *eke*, para comemorar sua morte, uma pequena cerimônia de esperança. Não podemos contar as histórias de nossas vidas. Qualquer sentido que elas tenham está na história contada por Deus. Lembre-se de que, como observou Samuel Wells,[20] heróis são o centro de suas histórias, mas santos apenas personagens secundárias em uma história a respeito de Deus. A história de minha vida não é a meu respeito.

Algumas orações eucarísticas são cheias de nomes. Jesus nos ordena repetir o que ele fez "em memória de mim". Essa memória inclui os membros de seu Corpo, santos e pecadores, os vivos e os mortos. Deus dá às pessoas seus nomes quando elas aceitam fazer parte da história da bênção de Deus, dizendo: "Aqui estou!". Abrão torna-se Abraão, Sarai, Sara, Jacó é chamado de Israel. Simão é chamado Pedro, e Saulo, Paulo. Ter um nome não é ser identificado em contraste com outras pessoas; é descobrir

---

[19] Notker Wolf, osb. *Religious Life Review*, jan./feb. 2006.
[20] Cf. Ato 1, Cena 1.

quem se é no "livro da vida". Nossos nomes são escolhidos por nossos pais, mas são dados por toda a comunidade quando somos batizados para fazer parte do Corpo de Cristo. Meus pais decidiram que meu nome seria Timothy, mas, quando fui batizado, fui chamado por esse nome pelo sacerdote, meu tio-avô beneditino, da parte de toda a Igreja. Não é um rótulo arbitrário atirado em mim para diferenciar-me do restante da família. É o convite divino para participar com todos os outros santos e pecadores na memória infalível de Deus. Sou batizado – incorporado a Cristo – pelo nome. A fera no livro do Apocalipse não tem nome, apenas um número, como os prisioneiros desaparecidos em Auschwitz. Quando, quase no fim da Segunda Grande Guerra, Churchill opôs-se à abertura de uma segunda frente na França, pois resultaria na morte desnecessária de dezenas de milhares de soldados, Stalin retrucou: "Quando um homem morre, é uma tragédia. Quando milhares morrem, é estatística".[21] Deus não lida com estatísticas; todos temos um nome, pelo qual somos chamados, nos dois sentidos.

Os católicos dão nome ao papa e ao bispo local como sinal de que nossa comunidade não é apenas o pequeno grupo reunido em uma igreja na manhã de domingo. Nossa comunidade é a Igreja toda, no mundo todo. Isso desafia a inevitabilidade de toda identidade nacional ou étnica, qualquer identidade baseada na cor da pele ou na riqueza da pessoa. Quando o Quênia explodiu em violência depois da eleição presidencial em 2007, trinta pessoas de tribos diferentes – meru, luo e kikuyu – refugiaram-se em nossa comunidade em Kisuma, perto do lago Vitória. Quando os guardas às portas perguntaram o que deveriam

---

[21] McCullough. *Truman*, p. 420.

POR QUE IR A IGREJA?

dizer se perguntassem quem estava lá, o prior disse-lhes para responder: "Somos todos filhos de São Domingos".

A primeira oração eucarística menciona os mártires – Inácio, Alexandre, Marcelino, Pedro, Felicidade, Perpétua, Águeda, Luzia, Inês, Cecília, Anastácia. Mencionamos seus nomes a despeito do esquecimento da morte, na esperança da ressurreição. Mencionamos os santos porque eles são companheiros no sentido literal da palavra, tendo comido o mesmo pão que é o corpo de Cristo. Também eles fazem parte da confraternidade que é a Igreja e que desafia as divisões de pecado e morte. Mencionamos também os mortos: "Lembrai-vos também dos que morreram na paz do vosso Cristo e de todos os mortos dos quais só vós conhecestes a fé" (Oração Eucarística IV). Toda noite em Blackfriars lembramos os mortos da província inglesa que sabemos terem morrido naquele dia, remontando à fundação de nossa província em 1221. Um dia, espero estar entre eles, lembrado por irmãos que ainda virão.

É como uma grande multidão escalando a montanha. Os recém-nascidos acabaram de chegar ao acampamento no sopé da montanha; nós estamos escalando os contrafortes, os mortos estão sendo empurrados para cima por nossas orações e estão amarrados com cordas aos santos, no cume, que os puxam para cima. É dádiva divina que ajudemos uns aos outros no caminho, sendo fontes de graça uns para os outros. É o que significa ser o indiviso Corpo de Cristo, cada um oferecendo ajuda ao outro. A graça de Deus nos faz fontes de graça uns para os outros.

Mencionamos os mortos que não são santos porque em Cristo ousamos fazer parte deles. A Igreja é uma comunhão, *koinonia*. Essa palavra vem de *koinos*, que significa "comum", não raro com o sentido de "impuro". A palavra é usada em Marcos 7,2, quando os fariseus acusam os discípulos de Jesus de comerem "com as mãos impuras – isto é, sem lavá-las". A ideia veterotestamentária de santidade era, como vimos, a de separação do comum, do impuro, do poluidor. Nossa comunhão abraça não só santos, mas pecadores. Quando o papa João Paulo II pediu desculpas pelos pecados da Igreja, por seu antissemitismo, pela Inquisição etc., muita gente se perguntou o que isso tinha a ver conosco, nos dias de hoje. Mas é precisamente nossa esperança que ousemos aceitar como irmãos e irmãs pessoas que fizeram coisas terríveis no passado, esperando igualmente que os que estão por nascer também nos declarem membros de sua comunidade. A Igreja de Cristo não pode ser uma seita dos puros e imaculados. Nossa comunhão só será de Cristo se incluir "o populacho".[22]

Em *Revelation* [Revelação], de Flannery O'Connor, a Sra. Turpin é uma gorda mulher branca do Sul dos Estados Unidos, que é cheia de desdém pelas pessoas inferiores a ela, os negros e os brancos pobres. Na sala de espera do médico, uma garota feia atira um livro nela e chama-a de javali do inferno. Isso provoca um momento de revelação mais tarde, quando ela está em sua fazenda, lavando os porcos, os símbolos bíblicos de impureza. Ela vê uma faixa púrpura no céu.

Uma luz visionária desceu em seus olhos. Ela viu a faixa como enorme ponte giratória que se estendia da terra para cima através de um campo de fogo vivificante. Nela uma imensa multidão de almas dirigia-se com estrondo em direção ao céu. Havia grupos de brancos pobres, limpos pela primeira vez na vida [...] e batalhões

---

[22] A frase foi cunhada pelo romancista vitoriano Edward Bulwer-Lytton.

de aberrações e lunáticos gritando, aplaudindo e pulando como sapos. E formando a retaguarda da procissão havia uma classe de pessoas que ela reconheceu imediatamente como os que, como ela mesma e Claud, sempre tiveram um pouco de tudo e a capacidade de usá-lo da maneira certa. Inclinou-se para a frente a fim de observá-los mais de perto. Eles marchavam atrás dos outros com muita dignidade, responsáveis como sempre foram pela boa ordem e pelo comportamento respeitável. Só eles estavam afinados. Contudo, ela pôde ver, por seus semblantes chocados e alterados, que mesmo suas virtudes estavam sendo queimadas lentamente. Ela abaixou as mãos e agarrou a cerca do chiqueiro, os olhos pequenos mas fixos, sem pestanejar, no que estava à frente.[23]

Assim, chegamos ao clímax de nossa liturgia de esperança. Lembramos os últimos dias de Cristo na terra, descritos em termos litúrgicos pelos evangelistas, o sacrifício de Cristo, sacerdote e vítima, suportando nossa ira e violência. Lembramos como, na noite antes de ser entregue, Jesus aceitou tudo o que ia acontecer, sua grande oração de esperança ao Pai. E também nós concluímos nossa oração, estendendo a mão ao Pai, na grande doxologia, que explode como fogos de artifício: "Por Cristo, com Cristo, em Cristo, a vós, Deus Pai todo-poderoso, na unidade do Espírito Santo, toda a honra e toda a glória, agora e para sempre. Amém!".

---

[23]   O'CONNOR. *The Complete Stories*, p. 508.

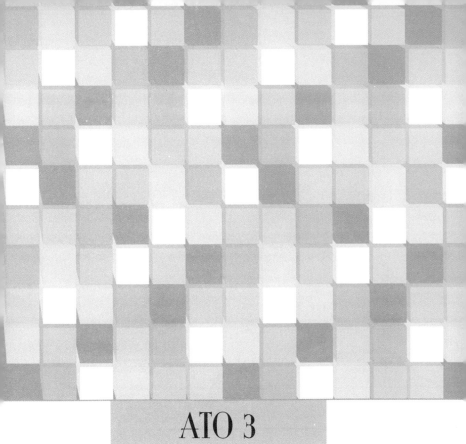

ATO 3

AMOR

ATO 3, PRÓLOGO

O reconhecimento de Jesus

Iniciamos agora o terceiro ato do drama da graça: a esperança desabrocha no amor. É nosso encontro com o Cristo ressuscitado, a vitória do amor sobre o ódio e da vida sobre a morte. No credo declaramos nossa crença no amor, no Espírito Santo, "o divino amor em pessoa". Na oração eucarística ousamos aspirar ao amor, quando a morte e o ódio pareciam ter a vitória. Agora usufruímos a vitória do amor. Para ter uma noção da estrutura dinâmica desta última parte da Eucaristia, seguiremos as narrativas dos encontros com o Cristo ressuscitado no evangelho de João. Não estou sugerindo que João tinha a Eucaristia em mente quando as compôs, nem que os cristãos primitivos tinham em vista seu evangelho quando criaram a liturgia. Mas acontece que a sequência dessas aparições reflete exatamente o clímax da Eucaristia quando avançamos em direção à comunhão.

Foi "no primeiro dia da semana, bem de madrugada", que Maria Madalena foi ao jardim para ungir o corpo de Jesus, exatamente como ainda hoje vamos nesse dia à igreja. Como mostra a narrativa lucana da viagem a Emaús, os discípulos têm dificuldade para reconhecer Jesus. Isso nos ajuda a entender nossas dificuldades para reconhecer a presença de Jesus e fornece um prólogo para esta última parte da Eucaristia. Maria Madalena ouve-o chamá-la pelo nome e o vê. Jesus lhe diz: "Subo para junto do meu Pai e vosso Pai, meu Deus e vosso Deus". E é assim que iniciamos este último ato da Eucaristia, ao recitar o pai-nosso.

Em seguida os discípulos encontram Jesus na sala trancada do andar de cima e ele lhes diz: "A paz esteja convosco". Enquanto nos preparamos para a comunhão, também nós suplicamos a dádiva da paz de Cristo. A cena seguinte é na praia, onde Jesus convida os discípulos a comer o desjejum com ele. E, assim, chegamos à comunhão. Concluímos com a despedida no fim da Eucaristia, quando somos enviados para partilhar o amor de Deus com os outros. Fiquei admirado ao descobrir como a dinâmica dos últimos capítulos do evangelho joanino é parecida com a parte final da Eucaristia. É isso apenas uma descoberta feliz? Reflete um padrão natural em nossa crescente intimidade com Deus e uns com os outros: reconhecimento, reconciliação, comunhão?

Um último lembrete do que estou tentando fazer. Analisarei as Sagradas Escrituras, mas não vou apresentar um comentário bíblico. Examinarei como esses relatos do encontro com o Cristo ressuscitado iluminam nosso recebimento do corpo e sangue de Jesus, mas não desenvolvo uma teologia da Eucaristia. Este último ato é nosso recebimento de uma dádiva, a dádiva de Jesus, e a dádiva de quem somos nele. Em todas as cenas tentarei entender como o encontro com o Cristo ressuscitado nos transforma, nos dá uma nova maneira de estar no mundo e uns com os outros. Como aceitamos essa dádiva, não apenas quando vamos à igreja, mas todos os dias? Como a Eucaristia interpreta o drama de toda vida humana?

O RECONHECIMENTO DE JESUS

Mas existe um desafio preliminar: os discípulos não reconhecem Jesus. Maria Madalena o confunde com o jardineiro. Quando os discípulos no barco veem Jesus na praia, não têm certeza de quem ele é até que o discípulo amado diz: "É o Senhor". Os discípulos a caminho de Emaús tomam-no por um estranho. Precisamos entender o que acontece aqui antes de podermos dizer "Pai nosso".

Quando voltei à Inglaterra depois de uma ausência de dez anos, exausto por viagens incessantes e fadiga de voo, tenho certeza de que alguns dos irmãos se perguntaram quem era o velho frade de cabelo branco: "Não pode ser Timothy! Eu não o teria reconhecido!". Mas a questão não é que a ressurreição fez Jesus parecer diferente. No documentário da BBC, *The Passion* [A Paixão], transmitido durante a semana santa de 2008, os discípulos não reconheceram o Jesus ressuscitado porque ele foi interpretado por um ator que eles não haviam visto antes. Quando seus olhos se abrem, o primeiro ator reassume. Isso faz Jesus parecer Beorn em *O senhor dos anéis,* que às vezes parecia um urso e outras vezes um ser humano, uma "mutação de pele". É típico da leitura literalística – um tanto inábil das Sagradas Escrituras – à qual nós, pessoas modernas, nos inclinamos, deixando de reconhecer a sutileza e nuança dos evangelistas, que eram escritores altamente sofisticados. A questão não é a de que Jesus parecia diferente; eles nunca tinham visto *realmente* quem ele era. Era mais como Passo Largo que sempre fora Aragorn, o rei esperado, só que os olhos dos duendes estavam fechados e eles só viram um andarilho rude, descortês.[1]

---

[1] Aragorn tem uma estrela porque Tolkien frequentemente ajudava a missa em Blackfriars no altar de São Domingos, que também tem uma estrela na fronte. Aragorn é, na realidade, um dominicano!

POR QUE IR À IGREJA?

Os discípulos não reconhecem Jesus porque nunca tinham entendido o que significava para ele ser o Messias. Eles ainda o consideravam um guerreiro que libertaria Israel dos romanos. A caminho de Emaús, Cléofas disse: "Nós esperávamos que fosse ele quem libertaria Israel". Eles meio que entenderam ser ele o escolhido de Deus, mas não conseguiam conciliar isso com a morte ignominiosa na cruz. Herbert McCabe expressa-o bem: "As pessoas não reconhecem Jesus apenas como o homem que elas sabiam ter sido morto. Reconhecem-no como o homem que elas conheciam *mais ou menos* e *julgavam* conhecer, mas *realmente* não conheciam de jeito algum".[2]

Em um Prefácio,[3] dizemos: "Ele para [...] reunir um povo santo [...] estendeu os braços na hora de sua paixão, a fim de vencer a morte e manifestar a ressurreição". A ressurreição não acontece por acaso; é "revelada". Revela uma nova maneira de ver o mundo, na qual a morte e o ódio são derrotados. Salienta todas as formas pelas quais conspiramos na busca de vítimas e pomos às suas costas nossos medos e ódios. Convida-nos a purificar nossos olhos de rivalidade e competição, para reconhecermos não só Jesus, mas uns aos outros e a nós mesmos pela primeira vez. Com isso não queremos dizer que a ressurreição é apenas um evento mental e que, de repente, os discípulos viram tudo de um jeito diferente. Creio que o túmulo estava vazio e que eles realmente encontraram Jesus ressuscitado dos mortos. Mas isso é mais que apenas encontrar um homem que estava morto e agora vive. É encontrar-se em um mundo novo, no qual o poder da morte é destruído. Os olhos de Maria se abrem quando Jesus

---

[2] McCabe. *God, Christ and Us*, p. 94.
[3] Prefácio da segunda oração eucarística católica romana.

214

O RECONHECIMENTO DE JESUS

fala o nome dela: "'Maria!'. Ela responde: 'Rabûni!' (que quer dizer Mestre)" (Jo 20,16). Pode parecer estranho que ela o chame de seu mestre. Certamente é porque ao reconhecer Jesus não se trata de identificar de repente um rosto conhecido: "Oh, é você debaixo desse chapéu novo. Eu nunca o teria reconhecido!". Ela não o vê apenas; ela vê tudo de modo diferente. Para dar apenas um pequeno exemplo. Imagine que fosse descoberta uma cura universal para o câncer. Nossas vidas mudariam para sempre. Estaríamos livres de uma ameaça que paira sobre todas as vidas. Mas a Eucaristia é, na frase de Santo Inácio de Antioquia, "o remédio da imortalidade".

A princípio, tudo o que os discípulos veem é um túmulo vazio. Maria Madalena supõe que o corpo foi tirado dali. No evangelho de Marcos, as mulheres fogem amedrontadas e não dizem nada a ninguém. No evangelho de Lucas, os discípulos vão para Emaús convencidos de que Jesus fracassara. Portanto, o encontro com o Senhor ressuscitado começa, de maneira paradoxal, com ausência. A Igreja primitiva deve, na verdade, ter enfrentado dificuldades com a aparente ausência de Jesus. A ressurreição virou seu mundo de cabeça para baixo, Jesus vencera a morte e então ele se foi. A Igreja suportou perseguição, os fundadores morreram, Pedro e Paulo foram martirizados, mas onde estava Jesus? Por isso, depois do entusiasmo inicial da Páscoa e de Pentecostes, a Igreja deve ter tido uma sensação de anticlímax, de vácuo e vazio. Creio que vemos nos evangelhos sinais do esforço da Igreja para entender o sentido dessa ausência, acima de tudo na incapacidade inicial de reconhecer Jesus. E com certeza isso fala também à nossa situação, já que vivemos em uma sociedade na qual parece que Deus desapareceu. Secularismo significa

POR QUE IR À IGREJA?

que somos assombrados pela aparente ausência de Deus. E o que oferecemos às pessoas que vêm à igreja? Uma diminuta hóstia insípida! Dizem-nos que isso é o antegozo do banquete celestial. Parece um imenso anticlímax. Não é nem mesmo uma refeição adequada. Donagh O'Shea, op, afirma que o primeiro ato de fé exigido é que é pão! Como encontramos Cristo?

Cada evangelho interpreta essa ausência como uma forma de presença. "Maria tinha ficado perto do túmulo, do lado de fora, chorando. Enquanto chorava, inclinou-se para olhar dentro do túmulo. Enxergou dois anjos, vestidos de branco, sentados onde tinha sido posto o corpo de Jesus, um à cabeceira e outro aos pés. Os anjos perguntaram: 'Mulher, por que choras?'. Ela respondeu: 'Levaram o meu Senhor e não sei onde o colocaram'. Dizendo isto, Maria virou-se para trás e enxergou Jesus, de pé. Ela não sabia que era Jesus" (Jo 20,11-14). Essa imagem do túmulo, com dois anjos sentados nas extremidades do espaço vazio onde o corpo de Jesus estivera, evoca a arca da aliança no templo, com os querubins de cada lado do propiciatório vazio. No templo, Deus fora entronizado com glória nesse espaço vazio: "Sentado sobre os querubins refulge diante de Efraim, Benjamim e Manassés" (Sl 80,2). O túmulo vazio é o novo espaço santo da presença de Deus. É um lugar de ausência, pois o corpo não está ali. Mas é também um lugar de presença, o trono aberto de Deus. A princípio, Maria só vê a ausência. Quando reconhece Jesus, quando o nome dela é chamado, quer apegar-se a ele. Ela teme o vazio e quer assegurar-se de que Jesus não irá embora de novo, mas precisa soltá-lo, para conservá-lo. Ele precisa estar ausente, para estar mais presente ainda.

Maria Madalena e Tomé são figuras que se contrabalançam de cada lado da aparição de Jesus aos discípulos na sala do andar de cima,[4] como os anjos de cada lado do túmulo. Tomé é chamado Gêmeo, e seu papel une-se ao de Maria Madalena. Os dois lutam com a ausência do corpo de Jesus, Maria Madalena porque o túmulo está vazio e Tomé porque não estava presente quando Jesus apareceu aos outros discípulos. Eles manifestam dúvida, sondam as pessoas. Entendem mal a natureza de sua aparente ausência e choram e discutem. João nos mostra que isso faz parte de sua jornada de fé. É precisamente porque questionam as pessoas que Maria perambula pelo jardim e se torna a primeira testemunha da ressurreição, e Tomé é o primeiro a confessar que Jesus é seu Senhor e seu Deus. E, assim, nossas dúvidas não são sinais de que somos "maus cristãos". Também elas fazem parte de nosso despertar. Não devemos temer questionar.

Os dois desejam tocar o corpo de Jesus. É dito a Maria Madalena para não se apegar a ele, e quando Tomé consegue tocá-lo, já não precisa mais disso. Eles nos ensinam como viver nesse tempo entre a ressurreição e o Reino, quando Jesus ascende, mas está presente. Jesus diz a Maria que precisa deixá-la e subir para junto do Pai, e diz a Tomé: "Creste porque viste? Felizes os que, sem terem visto, creram!" (Jo 20,29). Somos nós. Temos de viver com a aparente ausência do corpo de Jesus. Não temos aparições, túmulos vazios nem roupas misteriosamente embrulhadas em trouxas. Quando vamos à igreja, não há nada para ver exceto um pouquinho de pão e vinho. Pode parecer uma cerimônia vazia, como se a igreja, como o túmulo, fosse apenas um lugar de ausência. Por que se preocupar em ir? Antes de estarmos prontos para recitar o pai-nosso, precisamos ver como Deus está entronizado nesse vazio.

---

[4] Lee. "Partnership in Easter Faith", pp. 37-49.

A Eucaristia segue em direção a vazio e plenitude ainda mais profundos. No ofertório, colocamos nossas oferendas sobre o altar para ter as mãos vazias a fim de receber o corpo e sangue de Jesus. Então lembramos como Jesus, na noite antes de ser entregue, deu aos discípulos seu corpo e sangue, mas nossas mãos ainda não estão satisfeitas. Aprendemos que só estando vazias é que por elas as dádivas continuam a circular. Agora, quando iniciamos o último ato e encontramos o Cristo ressuscitado e nos preparamos para a comunhão, esperamos ser preenchidos. Mas não, precisamos primeiro suportar um vazio mais profundo, o desaparecimento do corpo. A cada etapa somos convidados, de modo mais radical, a deixar Deus ir. As crises do amadurecimento humano oferecem crescente intimidade, levando-nos do silêncio e da escuridão do útero a um amor adulto, podendo então nos sentarmos em frente a nossos pais, ver seus rostos, conversar com eles e compartilhar suas vidas. Nossa mãe deixa de ser aquela em quem habitávamos para se tornar alguém cuja presença nos dá prazer. Mas parece que nosso amadurecimento em Cristo vai na direção oposta, parece que Deus desaparece como alguém em contraste conosco e torna-se aquele em quem vivemos. Os discípulos tinham de perder Jesus: "sabereis que eu estou no meu Pai, e vós em mim, e eu em vós" (Jo 14,20).

Referi-me antes ao filme *O grande silêncio*, um ano da vida no mosteiro da Ordem dos Cartuxos. O silêncio daqueles monges é um vazio no qual eles encontram Deus. Eles são as tigelas vazias que Deus enche com suas bênçãos. Laurence Freeman escreveu em *The Tablet*: "É uma história de amor. É o segredo do filme. Os monges parecem felizes, mas não estão apaixonados uns pelos outros. Se amam uns aos outros é porque estão apaixonados pela mesma pessoa invisível, mas ao que tudo indica sempre presente. Inominado, invisível, até sem que lhe dirijam a palavra, Deus representa em todas as cenas. A princípio, presume-se que as pessoas visíveis são as apaixonadas. Devagar começa-se a compreender que elas são espelhos. O amor de que falamos não é nosso amor por Deus, mas o amor de Deus por nós".[5] Deus está presente entre eles precisamente no silêncio. Deus desaparece porque está tão perto.

Os que estão perto de Deus em geral estão, de alguma forma, ocos. O cardeal Basil Hume regozijava-se com o fato de os monges não estarem ali por nenhuma razão especial. Não conseguimos entender suas vidas em termos do que eles realizam. Eles fazem coisas úteis, tais como servir em paróquias e dirigir escolas, mas isso não é o objetivo de suas vidas, que giram em torno do Deus invisível, como planetas em torno de um sol invisível. E a vida de todo fiel é marcada por certo vazio. Somos incompletos, como os que estão à espera da chegada do amado em casa, com os ouvidos atentos ao som de passos no cascalho, da chave na fechadura. Esse vazio assume a forma de falta de ambição pelo poder, ou um tipo estranho de ambição, a ausência de interesse por dinheiro, sucesso ou fama. Cada um de nós precisa encontrar em sua vida esse espaço vazio que é o espaço onde Deus está entronizado. O rabino Menahem-Mendl disse: "Minha missão na terra é reconhecer o vazio – dentro e fora de mim – e preenchê-lo".[6] Alguém que estivesse perfeitamente preenchido, completamente feliz e realizado, não teria espaço para Deus. O santo não está cheio de si.

---

[5]   THE TABLET. 3 Mar. 2007, p. 11.
[6]   WIESEL. *Souls on Fire*, p. 85.

POR QUE IR À IGREJA?

Na Conferência de Educação Religiosa em Los Angeles, em 2008, Robert Barron descreveu o ato de dar a comunhão a multidões de peregrinos na praça de São Pedro. As pessoas gritavam: "Aqui, padre; por favor, padre, para mim, por favor", acenando com as mãos vazias, quase em desespero. Sentiam fome da Eucaristia. Estavam necessitadas, com um apetite que só a Eucaristia podia satisfazer. Em 304, no norte da África, quando Emeritus foi preso por receber estranhos em sua casa para a celebração da Eucaristia, sua justificativa foi: *Quoniam sine dominico non possumus*, "Sem o dia do Senhor, não podemos viver". Em muitos países as pessoas ainda têm de caminhar horas pela mata ou no calor intenso para participar da Eucaristia, ou o fazem arriscando-se a serem presas, por exemplo, em partes da China. Tudo por uma pequena hóstia branca! Não se entende por quê, até descobrir aquele vazio de fome dentro de si.

Catherine Pickstock mostra que, para Tomás de Aquino, a liturgia da Eucaristia cultiva nosso desejo. Tomás "insiste que o que é primordialmente salvífico, mesmo se não se recebe, é o desejo do corpo e sangue de Cristo. E isso tende a dar sentido ao fato de nunca recebermos de uma vez por todas e ter de continuar a receber [...] Assim, Tomás de Aquino sugere repetidamente que a liturgia toda é primordialmente dirigida para a preparação nas pessoas de uma atitude apropriada de expectativa receptiva".[7] No sermão sobre o pão da vida em João, Jesus convida os ouvintes a fazerem crescer o desejo do verdadeiro alimento. "Trabalhai não pelo alimento que perece, mas pelo alimento que permanece até à vida eterna, e que o Filho do Homem vos dará. Pois a este, Deus Pai o assinalou com seu selo" (Jo 6,27).

---

[7] PICKSTOCK. "Thomas Aquinas and the Eucharist", p. 176.

Assim, tornar-se alguém que vive pela Eucaristia, *homo eucharisticus*, é aprender a desejar bem e profundamente. Os templos da sociedade consumista são seus *shopping centers*, que nos oferecem objetos de desejo que nunca se satisfazem completamente. A mercadologia tem o objetivo de deixar-nos insatisfeitos com o que temos; estimula um desejo interminável e insaciável. William Cavanaugh escreve: "Não é desejo de alguma coisa em particular, mas o prazer de alimentar o próprio desejo que transforma os *shopping centers* nas novas catedrais da cultura ocidental".[8] É desejo sem esperança porque nada nos satisfaz completamente, pois então pararíamos de comprar. Ele cita Vincent Miller: "Como o desejo é sustentado estando desligado de objetos em particular, a expectativa do consumidor deseja tudo e não espera nada".[9] A cura do desejo inclui aprender a simplesmente apreciar o que nos é dado, a descansar dos infindáveis desejos de consumismo e a deleitarmo-nos com o que comemos, bebemos, tocamos e provamos. Quando Sara Maitland iniciou seu tempo de silêncio e solidão, um dos primeiros resultados foi um novo prazer em seu mingau: "Certa manhã fiz para mim a costumeira tigela de mingau e, ao comê-la, fui de repente dominada pelo prazer maravilhoso e delicioso do mingau. Comer foi um prazer intenso; tinha mais gosto de mingau do que eu poderia ter imaginado que o mingau tinha [...] Contudo era apenas e simplesmente mingau – não tinha gosto de 'néctar e ambrosia' nem do banquete celeste: tinha gosto de mingau! Gosto intenso de mingau".[10]

---

[8] CAVANAUGH. "Consumption, the Market and the Eucharist". *Concilium* 2005/2, p. 89.

[9] MILLER. *Consuming Religion*; Christian Faith and Practice in a Consumer Culture, p. 132, citando a p. 89.

[10] MAITLAND. *A Book of Silence*, p. 48.

POR QUE IR À IGREJA?

Se apreciarmos mingau e pão e vinho e sentirmos prazer neles, então é mais provável desejarmos o pão da vida eterna e o vinho da salvação. Tomás de Aquino acreditava que devemos apreciar o gosto do vinho que é consagrado como o sangue de Cristo, porque ele nos abre à atratividade de Jesus. Se nos deleitamos com o que é dado por Deus no bom pão, então estamos preparados para a dádiva do verdadeiro pão do céu.

Maria Madalena só vê Jesus quando ele a chama pelo nome: "Jesus falou: 'Maria!'. Ela voltou-se e exclamou em hebraico: 'Rabûni!'" (Jo 20,16). Ela vê aquele que amava. Esperara sob a cruz com ele, viera ungir seu corpo e chorara por sua ausência. Ao ser chamada pelo nome, ela abre os olhos e vê que o amor não está derrotado. E é "o discípulo que Jesus amava" que vai ao túmulo, vê e crê. É o mesmo discípulo amado que verá Jesus na praia e dirá: "É o Senhor". São essas duas pessoas, um homem e uma mulher, com um amor tão evidente, que primeiro veem e creem. Na verdade, a palavra inglesa para indicar "crer" tem raízes em uma palavra germânica que significava gostar, amar e também acreditar ou ter confiança em.[11] Crer é ver com olhos amorosos. Por que Jesus não apareceu a Pilatos, Caifás ou o sumo sacerdote? Não poderia uma rápida aparição ter provado que eles estavam errados? Com certeza é porque se você não tem olhos amorosos não pode ver o Senhor ressuscitado. Se você olhar para as pessoas com olhos reprovadores e cínicos, então permanecerá cego e a Eucaristia parecerá apenas algumas pessoas dispersas que fazem fila por um fragmento de pão.

Assim, descobrimos a presença de Deus na ausência, aprendendo a ver as pequenas vitórias do amor. Levaram-me a uma

---

[11] AYTO. *Bloomsbury Dictionary of Word Origins*, p. 59.

clínica para portadores de AIDS chamada Mashambanzou na orla de Harare, Zimbábue. A palavra significa literalmente "a hora em que os elefantes se lavam", que é o alvorecer. Então eles descem até os rios para chapinhar, esguichar água em si mesmos e uns nos outros. É hora de alegria e brincadeiras. Muitos dos pacientes eram adolescentes ou jovens que poderiam não ter muito tempo de vida. Poderia ter parecido um lugar de ausência de Deus – jovens enfrentando a doença e a morte. Porém, se seus olhos e ouvidos estiverem abertos, é um lugar de alegria. Lembro-me em especial de um jovem chamado Coragem, que fora chamado pelo nome certo e com quem ríamos. Se você vê o amor, então você localiza Deus ali, entronizado no vazio. O filme *Simplesmente amor* mostra-nos o amor triunfando sobre todo obstáculo imaginável, eliminando fronteiras, preconceito e rejeição. Termina com uma cena gloriosa em Heathrow, enquanto acontece todo tipo de reencontros improváveis. O amor está em toda parte, se você conseguir vê-lo. Nem sempre é óbvio. Quando lemos sobre terríveis bombardeios suicidas no Iraque, sem falar em viver com eles, então não é óbvio que o amor conquistou a vitória sobre o ódio. Se o casamento é um inferno em vida, então pode ser duro acreditar que o perdão tem a última palavra. É por isso que talvez nós, como Pedro, precisemos que Maria Madalena e o discípulo amado anunciem a boa-nova para nós.

Na cena da aparição de Jesus junto ao lago de Tiberíades, Pedro nada diz. Apenas age quando os discípulos saem para pescar e ele ouve o discípulo amado dizer "É o Senhor!". Então, lança-se ao mar, impetuoso como sempre, e finalmente está pronto para declarar seu amor. Voltaremos a essa cena mais tarde. Antes de conseguir dizer uma palavra, ele tem muito em que pensar. Precisa enfrentar sua traição. Precisa ouvir as palavras de paz de Jesus. Antes de reconhecer Jesus, ele precisa reconhecer a si mesmo.

A viagem a Emaús, narrada no evangelho de Lucas, lança uma luz diferente sobre o reconhecimento de Jesus.[12] Aqui o desafio não é o vazio do túmulo, mas a perda de uma história que não vai a parte alguma. Cléofas diz ao estranho na estrada: "Nós esperávamos que fosse ele quem libertaria Israel" (Lc 24,21). A esperança dos discípulos não se realizara e por isso eles ainda não estavam preparados para a comunhão, a culminância da Eucaristia.

O que abre seus olhos é o que Jesus faz. Ele se deu a conhecer "ao partir o pão" (Lc 24,35). O que isso significa? É mais que descobrir um gesto característico, como coçar o nariz. Lembra a dádiva gratuita e generosa da última ceia. Lucas é o único evangelho em que Jesus diz que seu corpo é "dado por vós. Fazei isto em memória de mim". É a repetição da dádiva que abre os olhos deles. O que veem é que a história de Jesus não é a de um homem que teve sua esperança vencida pelas circunstâncias, mas uma história de liberdade e generosidade.

Quando os discípulos encontram Jesus na estrada para Emaús, ele diz: "'Não era necessário que o Cristo sofresse tudo isso para entrar na sua glória?'. E começando por Moisés e passando por todos os profetas, explicou-lhes, em todas as Escrituras, as passagens que se referiam a ele" (Lc 24,26s). Pode parecer que Jesus caiu na armadilha de um destino terrível. Pode parecer que seu Pai predeterminou a forma de sua vida e que tudo que ele tinha a fazer era conformar-se com seu destino adverso

---

[12] Cf. RADCLIFFE. "The Emmaus Story", pp. 483-493.

necessário. Essa narrativa faz eco ao encontro no templo. Ali também duas pessoas, seus pais, saem de Jerusalém porque não conseguiam encontrar Jesus. E o filho de doze anos pronuncia suas primeiras palavras registradas: "Não sabíeis que eu devo estar naquilo que é de meu pai?" (Lc 2,49). A mesma palavra em grego; a mesma necessidade.

O gesto de livremente tomar e partir o pão mostra que Jesus não é o prisioneiro de um terrível destino, forçado a desempenhar o papel de vítima. Ele assumiu livremente seu destino, para ser aquele que é a vítima de nosso ódio e, assim, libertar-nos. No evangelho de Lucas, um número interminável de pessoas proclama que Jesus é inocente: Pilatos, Herodes, o bom ladrão, até o centurião que o viu morrer. Ele é inocente, por isso não merece morrer na cruz, mas ele assumiu esse destino, como aquele que curaria nossas feridas. Assim, quando os discípulos o reconhecem no ato de partir o pão, seus olhos se abrem para ver uma pessoa livre, que obedece, não à morte, mas a seu destino. E eles também veem a si mesmos, pela primeira vez. Também podem livremente assumir seus destinos. Param de fugir e voltam a Jerusalém, a Cidade Santa, que é também o lugar onde morrem os profetas. Eles aceitam a dádiva de suas vidas.

Portanto, o reconhecimento de Jesus nessa história abre-nos os olhos para a natureza da liberdade cristã. Para alguns, a vida é apenas uma coisa depois da outra, para preencher o espaço entre o nascimento e a morte, praticamente nem mesmo uma vida, apenas uma sucessão de acontecimentos. Outros têm realmente uma história de vida, que pode ser toda a respeito de sucesso – "subi ao topo da minha profissão" – ou de fracasso: "nunca realizei meu potencial". Mas como cristão pode-se dizer com certeza que minha vida é um destino. A palavra "destino" soa um tanto grandiosa. Falamos de homens e mulheres de destino; pode-se imaginar Winston Churchill salvando o país em um momento desesperado. Mas não é preciso ser primeiro ministro para ter um destino. Todos fazemos escolhas que aceitam ou rejeitam quem somos chamados a ser. Nosso destino é alcançar nosso propósito, que é a vida com Deus, nossa felicidade. Fazemos escolhas que abraçam ou rejeitam a dádiva. Pode ser livremente amar e aceitar o cuidado de uma criança que nasceu com graves deficiências ou perseverar no amor de alguém que se mostra difícil e nos decepciona. Pode ser empregar os próprios talentos para ser cientista pesquisador, ou assumir uma vocação como artista ou músico, mesmo que isso signifique ganhar menos dinheiro do que entrar para os negócios. Quando a irmã Helen Prejean ajudou Pat a enfrentar a morte na cadeira elétrica, ela descobriu por que estava aqui. "É quando começa a missão", disse ela. Essas missões podem ser de longo prazo, como quando decidimos nos casar ou ser religioso, ou se realizam em uma fração de segundo, como quando, no Afeganistão, um bravo soldado, Matt Croucher, jogou o corpo sobre uma granada, para salvar a vida de seus colegas. Foi um ato que demonstrou quem ele era. Com certeza, seus amigos o reconheceram naquele ato.

Etty Hillesum relata sua crescente percepção de que sua vida não seria como ela esperava e planejava. Em vez disso, ela tendia para outro fim, a deportação para o campo de concentração e, quem sabe, para o que viria depois disso: Auschwitz!

> Em vez de viver uma vida acidental, você sente, bem lá no fundo, que amadureceu o suficiente para aceitar seu "destino". É madura o bastante para assumir seu destino. E essa é a grande mudança

do ano passado. Não tenho mais de ficar à toa com meus pensamentos nem de dar a mínima para minha vida, pois um processo orgânico está em andamento. Alguma coisa em mim está crescendo e toda vez que olho dentro de mim alguma coisa nova aparece, e tudo o que tenho a fazer é aceitá-la, assumi-la, levá-la adiante e deixá-la expandir-se [...] Ajuda o fato de agora eu ter 28 anos e não mais 22. Agora tenho o direito a um destino. Não é mais sonho romântico nem sede de aventura, ou de amor, já que tudo isso pode levá-lo a cometer atos insensatos e irresponsáveis. Não, é uma seriedade interior sagrada, terrível, difícil e, ao mesmo tempo, inevitável.[13]

Portanto, quando reconhecemos Jesus no ato de partir o pão, então nossos olhos se abrem não apenas para vê-lo, mas para nos vermos de outra forma. Juntamo-nos à fila para o altar a fim de receber seu corpo, consentindo em compartilhar sua liberdade e assumir nosso destino, seja ele qual for. Aceitamos a dádiva de nossas vidas. Como sua vida e morte, pode parecer que isso não significa muito, e até que é um fracasso. As pessoas podem se perguntar por que não aproveitamos mais nossa vida, mas "a jogamos fora" ao cuidar de um parente, ou ao permanecer ao lado de um cônjuge desagradável, ou ser pároco em uma sombria selva urbana, ou escrever poesia que pouca gente lê. Ou pode parecer que nossa vida é bem-sucedida, mas não exatamente como o mundo pensa, tentando arrumar emprego para as pessoas, ou obstinadamente lutando por justiça. Paradoxalmente, somos livres na maior parte do tempo quando abraçamos o que devemos fazer, porque é então que entendemos quem somos chamados a ser. Podemos ter dificuldades para aceitar o que devemos fazer

---

[13]   HILLESUM. *An Interrupted Life*, pp. 159, 162.

POR QUE IR À IGREJA?

e ser, mas esse é o sofrimento da liberdade. Acabei de assistir ao filme de uma girafa recém-nascida que tem dificuldade para ficar de pé nas quatro pernas, assustadoramente longas para uma criatura tão pequena. Ela fica de pé e cai repetidas vezes, até finalmente ser capaz de andar e começar a ser livre para viver a vida de girafa.

Assim, João e Lucas nos apresentam duas interpretações do que acontece no reconhecimento de Jesus. Em João, os que amam conseguem ver o Senhor. Precisamos aprender a ver as pequenas vitórias do amor. No relato lucano da viagem a Emaús, os discípulos veem quando reconhecem o livre gesto de Jesus. São duas perspectivas que dão testemunho de um único mistério. Nosso destino é livremente amar e ser amados. Cornelius Ernst escreveu:

> O que temos de entender acima de tudo, em primeiro lugar em Jesus e depois em nós mesmos, é que o destino de Deus para o homem envolve uma passagem, uma subida, uma entrada nas profundezas do propósito de Deus e assim seu cumprimento. A liberdade humana só é apropriadamente apreciada na dimensão do destino no qual é verdadeiramente exercida. No decorrer de nossa vida cotidiana, surgem escolhas para nossa liberdade; mas o sentido fundamental dessas escolhas só é estimado quando elas são avaliadas em termos de nosso destino supremo. Na verdade, as escolhas cruciais são as em que nosso destino têm um novo sentido precisamente em virtude da escolha. De fato, o destino não é uma sina imposta a nós por algum poder alheio e inescrutável. O destino é o chamamento e convite do Deus de amor, para que respondamos a ele em consentimento amoroso e criativo.[14]

---

[14] ERNST. *The Theology of Grace*, p. 81.

A confissão de fé de Pedro iniciou uma nova etapa em sua viagem. Jesus convidou-o a pegar a estrada para Jerusalém e testemunhar seu sofrimento e morte. Ele precisa aprender a ter esperança. Nossa confissão de fé também pode levar a um período turbulento, quando também nós precisamos aprender a ter esperança. E o mesmo acontece com o desabrochar da esperança no amor. No túmulo, parecia aos discípulos e a Maria Madalena que suas esperanças estavam destruídas. O desapontamento só se cura com a abertura de seus olhos, quando os discípulos reconhecem Jesus no ato de partir o pão e quando Maria ouve-o chamá-la pelo nome. A esperança então transborda no amor. Também nós podemos ter de atravessar a água turbulenta dessa transição. Sejam quais forem as esperanças que nos sustentem – do encontro com Deus, do triunfo da justiça, da transformação da Igreja –, pode parecer que elas desaparecem. Deus parece ausente; não estamos mais perto do Reino; a Igreja parece estar deixando-se levar para trás, ou seja o que for. Então podemos aprender a ver as pequenas vitórias do amor e a ouvir nosso nome sendo chamado. Então, como Maria, poderemos rezar o pai-nosso ao entrarmos no último ato do drama da graça.

ATO 3, CENA 1

Pai nosso

Jesus chama Maria Madalena pelo nome e diz: "Não me detenhas, pois ainda não subi para junto do Pai. Mas vai dizer aos meus irmãos: subo para junto do meu Pai e vosso Pai, meu Deus e vosso Deus" (Jo 20,17). Maria Madalena é o primeiro pregador da ressurreição e por isso é a santa padroeira da Ordem dos Pregadores. Mas pregar a ressurreição é mais que apenas anunciar que um homem que estava morto agora vive: é o nascimento de uma nova comunidade. Somos irmãos e irmãs de Cristo, família de Deus. Na cruz, Jesus deu Maria ao discípulo amado como mãe e deu-o a ela como filho. Era a promessa da comunidade que agora inicia uma existência plena na manhã de Páscoa.

Jesus tomou sobre si tudo o que nos separava de seu Pai: nossos fracassos, nossa desolação, até nossa sensação da ausência de Deus. E porque ele compartilhou tudo o que é nosso, compartilhamos tudo o que é dele, até ser filho de seu *Abbá*. Uma jovem estudante foi ver um jesuíta, Robert Malloy, cheia de entusiasmo com sua descoberta do budismo e seu desejo de converter-se. Ele retrucou:

– O que você pensaria de uma religião que dissesse que Deus se tornou tudo o que somos, para nos tornarmos tudo o que Deus é?

Ela achou a ideia fantástica:

– Qual é essa religião maravilhosa?

– O cristianismo!

Começamos este último ato recitando juntos o pai-nosso. É a terceira grande oração da Eucaristia. Depois do credo oferecemos as orações dos fiéis. Porque cremos, ousamos suplicar o que queremos. Então celebramos a grande oração de Jesus, a oração da quinta-feira santa e da sexta-feira santa, que é a oração da esperança. Agora dizemos essa oração do amor, do nosso parentesco com Deus. É o pai-nosso. Vemo-nos dentro do relacionamento de Jesus com o Pai. Estamos à vontade no amor do Pai e do Filho. É por isso que, na Igreja primitiva, essa era uma oração que os catecúmenos aprendiam a rezar antes do batismo e antes da comunhão. Assinalava a pessoa como alguém pertencente a esta nova família, a família de Cristo. Quando, na Idade Média, referiam-se a Jesus como "nosso bondoso Senhor",[1] não era para dizer apenas que ele era gentil, mas que estávamos ligados a Cristo pelos laços de família. Sua bondade é o amor de um irmão.

Segue-se que uma família cristã não deve ser um clã fechado, introvertido, exclusivo. Se você tem irmãos e irmãs de sangue, então descobre que em Cristo você é irmão ou irmã daqueles com quem não partilha o mesmo sangue. Ela liberta-o de pertencer a outro povo; ama-o o bastante para deixá-lo amar mais os outros. O momento mais belo e doloroso no amor dos pais por seus filhos é quando estes os deixam e se casam. "Por isso deixará o homem o pai e a mãe e se unirá à sua mulher, e eles serão uma só carne" (Gn 2,24). A família cristã é um lar com portas abertas,

---

[1] MARTIN SOSKICE. *The Kindness of God*, p. 5.

para que as pessoas possam entrar e sair, exatamente como o Bom Pastor chamou as ovelhas para fora dos estreitos confins de seus cercados, para amplas pastagens abertas.

Uma amiga minha, irmã Pat Walters, op, é a mais velha de onze irmãos. Todo Natal há uma enorme reunião tribal, mas sua mãe sempre prepara presentes para quaisquer "estranhos" que possam chegar inesperadamente. Um ano eles tomaram conta do restaurante pertencente a um membro do clã, puseram um aviso de "Fechado" na porta e começaram a se divertir. Mas um casal de caminhoneiros bateu à porta. Não tinham onde celebrar o Natal e viram as luzes e ouviram a música. Foram convidados a ficar, desde que não se importassem de assistir aos vídeos da família no fim da refeição.

Recitamos o pai-nosso enquanto nos preparávamos para a comunhão, reconhecendo que nossa identidade mais profunda não nos é dada por nossa família, nem mesmo por nossa nacionalidade. Nossa família é a de Cristo; fazemos parte de seus irmãos e irmãs, a família de Deus. George Mackay Brown falou do "cálido iglu do lar".[2] Desejamos lares aconchegantes que impeçam a entrada do frio, onde possamos ser espontâneos, sem nos preocuparmos com o que estranhos pensam de nós. Queremos viver em famílias perfeitas, ou comunidades religiosas ideais, ou aldeias amigáveis onde somos reconhecidos. Mas a recitação do pai-nosso lembra-nos de que fomos feitos para mais. Aidan Nichols, op, escreveu: "Por sua paixão vitoriosa, aquele que é 'atópico' abre para nós o único 'lugar' onde, em última instância, estejamos cientes ou não, queremos estar. Nossa natureza está destinada

---

[2] FERGUSSON. *George Mackay Brown*, p. 20.

para Deus. Voltando-nos para Deus, a melhor notícia possível que podemos ter é a de que o Filho abriu a casa do Pai para nós. Todos queremos lares agradáveis e alguns de nós procuram comunidades perfeitas ou utopias absolutas. O desejo do lar, como o desejo de uma sociedade perfeita, é um eco em nossa existência desse impulso em direção ao lugar de muitas moradas. Mas nossa insatisfação também é".[3] A insatisfação que todos sentimos às vezes com nossos casamentos ou nossas comunidades religiosas, ou as cidades onde vivemos não é necessariamente sinal de que eles são fracassos e que deveríamos casar com outra pessoa ou entrar para outra ordem ou mudar de casa. Pode simplesmente ser que sejamos tocados pelo desejo de estar em casa em um amor maior. É essa fome profunda que o pai-nosso expressa.

Aqui preciso responder brevemente a uma preocupação de muitas pessoas, em especial mulheres, para as quais parece alienante chamar Deus de nosso "Pai". É verdade que praticamente ninguém pensa que Deus é realmente do sexo masculino e que quase todo mundo reconhece ser a palavra uma metáfora. Realmente, uma das críticas dos ortodoxos aos arianos no século IV era a de que eles acreditavam ter Jesus sido literalmente gerado pelo Pai. Mas muita gente protesta afirmando que a predominância dessa determinada metáfora masculina no centro do cristianismo significa que nossa religião marginaliza as mulheres. Se nosso Deus é nosso Pai, então nossos pais são inevitavelmente nossos deuses. Os homens governam. Quando recitamos o pai-nosso, podemos estar proclamando que somos uma família em Cristo, seus irmãos e irmãs, mas é necessariamente uma família patriarcal. Como se pode responder a isso?

---

[3] Ver: <http://www.torch.op.org>, 1 July 2007.

■ POR QUE IR À IGREJA?

Antes de mais nada, o pai-nosso é realmente a *oração do Senhor*. Apenas nos dirigimos a Deus como "Pai" porque Jesus o fez. Rezamos "por ele, com ele e nele". Cipriano de Cartago disse: "Quando rezamos, que o Pai reconheça as palavras de seu Filho".[4] *Abbá* é a única palavra que podemos ter absoluta certeza, sem nenhuma possibilidade de dúvida, de que Jesus usou. "*Abbá*", ou "Pai", aparece em todas as obras importantes do Novo Testamento. Podemos ter certeza de que era assim que ele se dirigia àquele que lhe deu a vida. E, assim, chamamos Deus "Pai" porque Jesus convidou-nos a nos sentirmos à vontade em seu relacionamento com Deus. Não há nenhuma razão para não chamarmos Deus também de "nossa Mãe" e, na verdade, há uma longa tradição de chamá-lo por esse nome, em especial na Idade Média. Mas quando rezamos o pai-nosso usamos as palavras do Senhor. Essa metáfora especial continua fundamental porque Deus é nosso Pai em Jesus e é assim que ele chamava Deus. Ousamos rezar a Deus como nosso Pai porque Jesus o fez.

Há mais para dizer. Quando Jesus chamou Deus de seu *Abbá*, ele não estava apenas refletindo a religião patriarcal de sua cultura. No Antigo Testamento, Deus é chamado "pai" apenas onze vezes, enquanto no Novo Testamento Jesus chamou Deus assim cento e sete vezes. O Antigo Testamento era, afirma Janet Martin Soskice, atraído pelo uso de títulos de parentesco para Deus, por causa da intimidade subentendida. Mas havia também profunda relutância. Israel estava cercado de religiões que falavam de Deus como pai que literalmente gerava outros deuses, reis, nações e até o universo. Seria idólatra quem pensasse em Deus como literalmente progenitor de alguém, por isso, nas

---

[4]   Breviário Romano, v. II.

234

raras ocasiões em que encontramos Deus chamado de "pai" no Antigo Testamento, em geral outra metáfora é imediatamente acrescentada para assegurar que ninguém o entenda literalmente. Por exemplo, Moisés diz ao Povo de Deus: "Não é ele o pai que te criou? Quem te fez e te formou?" (Dt 32,6). Mas, para não corrermos o risco de entender isso literalmente demais, como as religiões de fertilidade vizinhas, é acrescentada uma metáfora maternal quase imediatamente: "Desprezaste o Rochedo que te gerou" (Dt 32,18).

Portanto, quando chama Deus de seu *Abbá*, Jesus não segue simplesmente a onda das opiniões preconcebidas de sua cultura. Ele faz algo radicalmente novo, nascido de seu relacionamento especial com Deus, no qual ficamos à vontade. E seu relacionamento com seu *Abbá* não é de subserviência. "Eu e o Pai somos um", ele diz aos discípulos. Descobrimos o que significa para Jesus ser o Filho e para nós sermos filhos de Deus, examinando como ele vivia, com liberdade e espontaneidade. Martin Soskice escreve: "O que 'pai' e 'filho' significam aqui não pode ser interpretado insensivelmente como relações familiares normais, ou os arianos teriam razão. Mais exatamente, 'Pai' e 'Filho' funcionam como códigos secretos e seu significado pleno só é revelado no desenrolar do ministério de Jesus".[5]

A doutrina da Trindade é fruto de séculos de reflexão cristã sobre o que significa para Jesus ser o Filho do Pai e declara que seu relacionamento é de perfeita igualdade, sem um traço de dominância. Jesus ordena aos discípulos: "Não chameis a ninguém na terra de 'pai', pois um só é vosso Pai, aquele que está nos céus" (Mt 23,9), declaração que o clero cristão nem sempre leva a sério!

---

[5] Ibid., v. II.

Significa que o único que devemos chamar de "Pai" nos convida a encontrar nosso lar em um relacionamento completamente livre de dominação masculina, nada, em absoluto, patriarcal.

A Igreja primitiva era menos tentada pelo literalismo dual de nossa época e não tinha medo de misturar suas metáforas. Jürgen Moltmann escreveu:

> Um pai que gera e também dá à luz seu filho não é um mero pai do sexo masculino. É um pai maternal [...] É o pai maternal de seu único Filho nascido e, ao mesmo tempo, o Pai paternal de seu único Filho gerado. Foi exatamente neste ponto que a tradição dogmática ortodoxa fez suas afirmações mais ousadas. Conforme o Concílio de Toledo de 675, "precisamos crer que o Filho não foi criado do nada, não de uma substância ou outra, mas do útero do Pai (*de utero Patris*), isto é, que ele foi gerado ou nasceu (*genitus vel natus*) da existência do próprio Pai".[6]

Portanto, podemos todos dizer "Pai nosso" sem nos curvarmos servilmente. O pai-nosso critica toda experiência de paternidade que seja opressiva e sufocante. Promete-nos um amor que nos liberta para a igualdade até mesmo com Deus.

---

[6] MOLTMANN. "The Motherly Father", p. 83.

ATO 3, CENA 2

"A paz esteja convosco"

Ao anoitecer daquele dia, o primeiro da semana, os discípulos estavam reunidos, com as portas fechadas por medo dos judeus. Jesus entrou e pôs-se no meio deles. Disse: "A paz esteja convosco". Dizendo isso, mostrou-lhes as mãos e o lado. Os discípulos, então, se alegraram por verem o Senhor. Jesus disse de novo: "A paz esteja convosco. Como o Pai me enviou também eu vos envio". Então, soprou sobre eles e falou: "Recebei o Espírito Santo. A quem perdoardes os pecados, serão perdoados, a quem os retiverdes, ficarão retidos" (Jo 20,19-23).

Depois de recitar o pai-nosso, preparamo-nos para a comunhão, rezando pela paz. Na liturgia católica, rezamos para o Senhor "dar-nos a paz em nossos dias". "Senhor Jesus Cristo, dissestes aos vossos apóstolos: 'Eu vos deixo a paz, eu vos dou a minha paz'. Não olheis os nossos pecados, mas a fé da vossa Igreja. Dai-lhe segundo o vosso desejo, a paz e a unidade. Vós que sois Deus, com o Pai e o Espírito Santo. Amém." Então, na liturgia católica romana, saudamo-nos uns aos outros com o sinal da paz. A Igreja da Inglaterra tem o beijo da paz no ofertório, seguindo a ordem de Jesus: "Quando estiveres levando a tua oferenda ao altar e ali te lembrares que teu irmão tem algo contra ti, deixa

■ POR QUE IR À IGREJA?

a tua oferenda diante do altar e vai primeiro reconciliar-te com teu irmão. Só então, vai apresentar a tua oferenda" (Mt 5,23s). As duas tradições são igualmente válidas. Aqui sigo a liturgia católica porque ela harmoniza-se de maneira muito bonita com a sequência de aparições de Cristo no evangelho de João.

O que significa oferecer a paz de Cristo uns aos outros? Para muita gente, trocar o sinal da paz é um tanto embaraçoso. Podemos dar um beijinho no rosto de membros de nossa família ou de amigos, mas é mais provável que estranhos recebam um aceno distante ou um aperto de mão, a menos que sejam muito atraentes. Morei um ano em Paris com dois dos "padres" do Concílio Vaticano, Yves Congar e Marie-Dominique Chenu. A maneira como cada um deles dava o beijo da paz era reveladora: o de Congar era um gesto grave e formal, enquanto Chenu afetuosamente esmurrava e abraçava a pessoa e puxava-lhe o cabelo! Na Idade Média, o beijo da paz era um solene momento de reconciliação no qual os conflitos sociais se resolviam. A caridade da comunidade era restaurada antes que a comunhão fosse recebida. Uma das primeiras missões de pregação confiadas aos dominicanos e franciscanos foi "A grande devoção" de 1233. As cidades do norte da Itália estavam separadas por divisões, que em alguns casos chegavam à guerra civil. O clímax da pregação era o ritual da troca do beijo da paz entre inimigos.

O exemplo mais encantador é a lenda da reconciliação entre os moradores de Gúbio e o lobo que os aterrorizava. São Francisco dirige-se ao povo:

"Ouvi, irmãos meus; o irmão lobo, que está aqui diante de vós, prometeu-me e prestou-me juramento de fazer as pazes convosco e de não vos ofender mais em coisa alguma, se lhe prometerdes dar-lhe cada dia o alimento necessário; e eu sirvo de fiador dele de que firmemente observará o pacto de paz." Então todo o povo a uma voz prometeu nutri-lo continuadamente. E São Francisco diante de todos disse ao lobo: "E tu, irmão lobo, prometes observar com estes o pacto de paz, e que não ofenderás nem aos homens nem aos animais nem a criatura nenhuma?". E o lobo ajoelhou-se e inclinou a cabeça, e com movimentos mansos de corpo e de cauda e de orelha, demonstrou, quanto possível, querer observar todo o pacto.[1]

Muitas vezes, os cristãos são testemunhas inexpressivas da paz de Cristo. A história cristã é marcada por agressão, intolerância, rivalidade e perseguição. Fizemos "cruzadas" contra os seguidores de outras crenças, mas temos sido não menos rancorosos ao perseguir uns aos outros. Nos dias de hoje em geral evitamos os extremos de alguns cristãos primitivos, raramente envenenando os cálices uns dos outros ou organizando emboscadas contra nossos adversários. Mas ainda tendemos a sucumbir ao *éthos* de nossa sociedade competitiva e agressiva, embora raramente com a clareza do general da Primeira Grande Guerra que informou ao capelão que ele queria um sermão sanguinário no domingo seguinte "e não admitiria nenhum texto do Novo Testamento".[2]

Quando oferecemos uns aos outros um sinal de paz, não estamos tanto fazendo as pazes quanto aceitando a dádiva da paz de Cristo. Quando morreu, Mahatma Gandhi tinha apenas um quadro em seu quarto, do Cristo ressuscitado, e sob ele a citação: "Ele é a nossa paz" (Ef 2,14). É uma paz que nossas querelas não podem destruir. No princípio Deus disse: "Faça-se a luz!" e a luz

---

[1] *I Fioretti de São Francisco de Assis*, I, cap. 21, p. 61, 7. ed. Petrópolis: Vozes, 1985, citado por Thomson, *Revival Preachers and Politics*, p. 138.

[2] BURLEIGH. *Earthly*, p. 452.

se fez. No princípio da nova criação, a Palavra de Deus disse: "A paz esteja convosco" e ela está. Nos antigos cemitérios cristãos em Roma, as inscrições registram que as pessoas morreram *in pace*, em paz. Significa simplesmente que morreram como membros da Igreja que é a paz de Cristo, embora tivessem conflitos tanto quanto nós. Ser membro da Igreja é compartilhar a paz de Cristo, por mais perturbados que nos sintamos. Thomas Merton escreveu em seu diário asiático: "Já somos um só. Mas imaginamos que não somos. E o que temos de recuperar é nossa unidade original. O que temos de ser é o que somos".[3]

Por esse motivo, Simon Tugwell, op, afirma que precisamos não ficar aterrorizados demais por tensões e divisões dentro da Igreja. Se vemos com apreensão sinais de caos iminente em cada batalha, então não acreditamos nas palavras de paz de Cristo. E a ansiedade não ajuda.

A paz que buscamos é uma integridade que não existe simplesmente em nós, está em Cristo, mas porque está nele e nós estamos nele, nossa aceitação de nós mesmos como somos, com todos os transtornos e tensões consequentes de nossa pecaminosidade e a desgraça de nosso mundo, torna-se menos preocupante. Quer dizer, não é preciso uma sensação subjetiva de paz; se estamos em Cristo, podemos estar em paz (*in pace*) e portanto imperturbáveis, mesmo quando não sentimos paz [...] O princípio da paz deve ser a aceitação da falta de paz, exatamente como o princípio da relação deve ser a aceitação de tensão. Se você está preocupado, deve pelo menos não agravar a situação, preocupando-se por estar preocupado.[4]

---

[3] MERTON. *Asian Journal of Thomas Merton*, p. 308.
[4] TUGWELL. *Reflections on the Beatitudes*, p. 114.

"A PAZ ESTEJA CONVOSCO" ■

Quando eu morava em Paris como estudante dominicano, o famoso historiador da arte Père Regamay, que era notoriamente irascível, certo dia gritou raivosamente no refeitório: "Desde que comecei a praticar ioga, estou CALMO, estou CALMO".

Quando oferecemos uns aos outros a paz de Cristo, fazemos mais que reparar uma palavra rabugenta. Aceitamos a base na qual nos reunimos. Como observei antes, a palavra grega para "igreja", *ekklēsia*, significa "reunião". Reunimo-nos como aceitação da dádiva da paz indestrutível de Cristo. Reconhecemos que estamos aqui na igreja, não porque somos amigos, nem porque gostamos da atmosfera comunicativa, ou porque temos as mesmas opiniões teológicas, mas porque somos um na paz de Cristo. Por que ir à igreja? Para trocar o beijo da paz com estranhos. O que importa não é que nos *sintamos* unidos, mas que a paz seja dada. O que isso significa?

Os discípulos estão trancados na sala do andar de cima, "por medo dos judeus". De repente, Jesus está no meio deles. Ele consegue passar através de paredes e portas. A capacidade de fazer isso seria útil para pessoas, como eu, que costumam perder as chaves, mas esse não é o propósito de ressuscitar os mortos. Naturalmente, nós, como os discípulos na última ceia, não temos um entendimento objetivo do corpo ressuscitado de Jesus. Quando perguntam a Paulo: "Em que forma é que os mortos vão ressuscitar? Com qual corpo voltarão?", ele responde: "Insensato!" (1Cor 15,35). Mas as narrativas das aparências depois da ressurreição insinuam as maneiras pelas quais as limitações de nossa comunhão corpórea são vencidas. Se Jesus aparece atravessando portas trancadas não é porque a ressurreição é isso, mas porque ele é aquele em quem todas as

■ POR QUE IR À IGREJA?

barreiras são superadas. Pouco antes da queda do Muro de Berlim em 1989, alguém grafitou nele: "Todas as barreiras precisam cair". Elas caíram em Cristo ressuscitado. Robert Frost escreveu: "Alguma coisa existe que não ama os muros".[5] É o amor que não ama os muros. Para completar, a citação que Gandhi fez de Efésios: "De fato, ele é a nossa paz: de dois povos fez um só povo, em sua carne derrubando o muro da inimizade que os separava".

Quando celebrava um funeral familiar depois da Segunda Grande Guerra, um dominicano francês percebeu que a congregação estava completamente dividida. Em um lado da nave estavam os que tinham feito parte da Resistência e, do outro, os que tinham colaborado com os nazistas. Ele anunciou que a missa de exéquias nem sequer começaria antes que o beijo da paz fosse trocado, não seguindo dessa maneira a ordem ritual anglicana nem a católica! Era um muro que tinha de cair antes de ter sentido rezar juntos pela ressurreição do irmão querido. Apegar-se à hostilidade é mortal. É, escreveu Ann Lamott, "como beber veneno de rato e depois esperar que o rato morra".[6]

Somos tentados a pensar que Jesus atravessa muros porque o corpo ressuscitado é de certa forma mais etéreo, menos espesso. Consegue deslizar pelas fendas. Contudo, Jesus não é menos corpóreo que nós, mas igual. Em *The Great Divorce* [O grande divórcio], parábola do céu e do inferno, C. S. Lewis imagina o céu mais sólido e real que nosso mundo: "A luz, a grama, as árvores é que eram diferentes, feitas de alguma substância diferente, tão mais sólida do que as coisas em nosso país a ponto de, em

---

[5] FROST. "Mending Wall", *The Poetry of Robert Frost*, p. 33.
[6] LAMOTT. *Travelling Mercies*, p. 134.

comparação, os homens parecerem fantasmas".[7] As pessoas têm de ser reais o bastante para caminhar em seus gramados. Os discípulos pensam que o Cristo ressuscitado é o espectro, mas nós é que mais parecemos fantasmas

Toda comunicação humana está enraizada em nossos corpos. Tomás de Aquino gostava de citar Aristóteles: "Nada existe na mente, se não existir primeiro nos sentidos". Estamos em comunhão porque podemos ver, ouvir, tocar e, às vezes, cheirar uns aos outros. Herbert McCabe, op, afirma que linguagem não é comunicação incorpórea, como se mentes puras enviassem mensagens umas às outras à maneira de telefones celulares. Estamos tão contagiados pelo dualismo corpo/mente de nossa cultura que facilmente imaginamos que corpos atrapalham a comunicação e que se fôssemos puras mentes então haveria entendimento mútuo perfeito. Mas, McCabe afirma, a linguagem é um aprofundamento de nossa comunicação corpórea.[8] Por falarmos, estamos mais em contato uns com os outros. A fala, inclusive o silêncio, intensifica nosso ato de tocar. Para nós, que ainda não ressuscitamos dos mortos, a comunhão é real, mas limitada, como vemos na última ceia. Podemos tocar uns aos outros de maneiras que revelam ou dissimulam, como Judas beijou Jesus enquanto o traía. Podemos transformar nossos rostos em máscaras. Podemos fazer promessas uns aos outros e depois renegá-las, como Pedro fez. Podemos desertar dos que amamos porque temos medo, como os outros discípulos. Podemos simplesmente não entender uns aos outros. No evangelho joanino, naquela última noite, os discípulos admitem: "Não entendemos

---

[7] LEWIS. *The Great Divorce*, p. 16.
[8] MCCABE. *Law, Love and Language*, pp. 68-103.

POR QUE IR À IGREJA?

o que ele quer dizer" (Jo 16,18). O sofrimento enfraquece nossa comunhão; quando alguém está doente, fica fora de contato. A morte é o último fracasso da comunhão.

Portanto, na última ceia, Jesus sentou-se à mesa com os discípulos em comunhão real, mas imperfeita. Ele então abraçou todas as maneiras em que nossa comunicação é falha, subvertida e traída. Com esperança, ele tomou nas mãos o medo, a traição e a incompreensão deles, dizendo: "Isto é meu corpo, entregue por vós". Encontrar o Cristo ressuscitado é, então, estar presente para aquele em quem mentiras, covardias, mal-entendidos e até a morte são derrotados. Ele está, assim, realmente presente, mais presente do que estamos uns para os outros, mais integralmente. A Eucaristia é o sacramento da "presença real" de Jesus. No domingo de Páscoa ele superou todas as ausências – as distâncias, os silêncios, os mal-entendidos, as deslealdades – pelas quais estamos separados uns dos outros e de Deus. Ele é verdadeiramente a Palavra encarnada de Deus que transpõe todas as barreiras. É isso que para ele significa dizer "A paz esteja convosco". Para ele, ser ressuscitado é, então, não apenas voltar a estar vivo: é ser o lugar de paz onde nos encontramos.

O beijo da paz é sinal de vitória em face de tudo o que agride a comunidade humana. É por isso que a intimidade era tão importante no inferno das trincheiras da Primeira Grande Guerra. Santanu Das nos fala do cabo Fenton, que escreveu à mãe do amigo morto: "Abracei-o até o fim e quando sua alma partiu, beijei-o duas vezes onde eu sabia que a senhora o teria beijado – na testa –, uma vez por sua mãe e outra por mim". Na frente ocidental, em que a probabilidade de vida era curta, essa intimidade deve, sem dúvida, ser considerada oposição à morte e

"A PAZ ESTEJA CONVOSCO" ■

triunfo sobre ela.[9] Nosso beijo da paz, apesar de toda a nossa timidez, é uma declaração de fé de que Cristo ressuscitou dos mortos e por isso a guerra tem de terminar. Pense na famosa trégua de Natal de 1914, quando soldados rasos alemães e britânicos recusaram-se a continuar a lutar, reuniram-se na terra de ninguém para entoar cânticos juntos, trocar presentes e abraços e mostraram uns aos outros retratos das pessoas queridas. O sargento Bernard Joseph Brooker escreveu em seu diário: "Foi uma linda noite e caiu uma geada cortante, e quando acordamos de manhã o chão estava coberto por um traje branco. Foi realmente um Natal ideal e o espírito de paz e boa vontade era muito admirável em comparação com a conduta de ódio e morte dos últimos meses. A gente entendeu em uma nova luz o sentido de cristianismo, pois com certeza era maravilhoso que essa mudança na atitude dos exércitos adversários fosse provocada por um evento que acontecera quase 2.000 anos atrás".[10] Naturalmente, Sir John French, o comandante da Força Expedicionária Britânica, ficou profundamente desconcertado: "Expedi imediatamente ordens para evitar qualquer repetição dessa conduta e chamei os comandantes locais para rigorosa prestação de contas, que resultou em muitos aborrecimentos". Para nós, Cristo é a entrada para o futuro, que faz a paz do Reino acontecer agora. O papa Paulo VI disse às Nações Unidas: "Chega de guerra. Guerra nunca mais. Se desejam ser irmãos, larguem as armas".

Ser portador da paz de Cristo significa mais que ser pessoas liberais, compreensivas, que não guardam rancor. Não significa que não teremos inimigos. Jesus nos adverte que seremos

---

9   BOSTRIDGE. "Feel my scars".
10   Ver: <http://www.bobbrookes.co.uk/bernard.htm>.

odiados, porque a paz de Cristo é subversiva e perturbadora. Subentende recriar no fundo de nosso ser. Jesus soprou nos discípulos, dizendo: "Recebei o Espírito Santo. A quem perdoardes os pecados, serão perdoados; a quem os retiverdes, ficarão retidos". Isso evoca a criação de Adão, quando "o Senhor Deus formou o homem do pó da terra, soprou-lhe nas narinas o sopro da vida, e ele tornou-se um ser vivente" (Gn 2,7). Somos filhos da nova criação. No Cristo ressuscitado estamos ligados uns aos outros, recebendo identidade uns dos outros. A fé é o início da amizade e abre-nos os olhos para ver tudo de maneira diferente. A esperança expressa-se por meio de sinais que alcançam além daquilo que vemos. No amor descobrimos quem somos nos outros.

No sermão para a vigília da Páscoa de 2007, o papa Bento XVI analisou as palavras de São Paulo: "Já não sou eu que vivo, mas é Cristo que vive em mim" (Gl 2,20; *Bíblia de Jerusalém*). "Se nos doamos deste modo, aceitando uma espécie de morte do nosso 'eu', então isso significa encontrarmo-nos dentro da vastidão de Deus [...] Esta é a novidade do batismo, de ser cristão: viver a vida como uma entrada contínua nesse espaço aberto. Este é o júbilo da vigília pascal: nós somos livres. Mediante a ressurreição de Jesus o amor revelou-se mais forte do que a morte, mais forte do que o mal. O amor o fez descer e, ao mesmo tempo, é a força pela qual ele se eleva. A força através da qual nos leva consigo. Unidos ao seu amor, levados sobre as asas do amor, como pessoas que amam, descemos juntos com ele. *Já não sou eu que vivo.*"[11]

Observe aqui uma tensão que nos impele além das tentações das espiritualidades ocidentais e orientais. O "eu" não é engolido

---

[11]   Ver: <http://www.vatican.va>.

completamente em algum oceano impessoal da existência. Deus dá a cada um de nós uma identidade, um nome e uma história. Nossa individualidade não é abolida, como algumas versões do budismo sugerem com a doutrina do não eu, *anata*.[12] Nem fomos postos em camisa de força pelos estreitos limites do individualismo ocidental, com identidades definidas em contraste uns com os outros, pela separação em vez de pela comunhão. Ao partilhar a vida da Trindade, como membros da família de Deus, nenhum de nós pode ter uma identidade autossuficiente por completo, hermeticamente separada dos outros. Um ego cartesiano, fundamentado na própria percepção, é apenas uma ilusão. Em Cristo, permanecemos "Já não sou eu que vivo", descobrindo quem somos uns com os outros. Mohsin Hamid escreveu em *Reluctant Fundamentalist*: "Nem sempre é possível restaurar nossas fronteiras, depois que elas foram toldadas e permeabilizadas por um relacionamento: por mais que tentemos, não conseguimos nos reconstituir como os indivíduos autônomos que antes imaginávamos ser. Alguma coisa de nós está agora do lado de fora e alguma coisa de fora agora está dentro de nós".[13] Isso acontece quando somos batizados em Cristo.

Chrys McVey, op, disse que "no Paquistão, quase todo fazendeiro fala de 'minha mulher, minha aldeia, minha terra, meus filhos, meu búfalo – e meu inimigo' para descrever quem ele é. Aquele que é diferente e quase sempre perigoso faz parte de sua identidade".[14] Stanley Hauerwas cita o Zorro e seu fiel companheiro, o índio americano Tonto, cercados por vinte e cinco mil *sioux* zangados:

---

[12]   Cf. TUGWELL, op. cit., p. 97.
[13]   HAMID. *The Reluctant Fundamentalist*, p. 197.
[14]   Palestra inédita.

– Isto parece bastante ruim, Tonto. O que você acha que nós devemos fazer?

Tonto respondeu:

– O que você quer dizer com "nós", homem branco?[15]

Os cristãos ainda são seduzidos por identidades construídas sobre superioridade e exclusão. Às vezes, quando ninguém está escutando, os católicos romanos saboreiam um sentimento de superioridade sobre cristãos de outras seitas: "Nós da fé antiga". E outros cristãos insinuam que Roma ainda é a "prostituta da Babilônia", ou no mínimo congratulam-se por estarem livres da tirania do Vaticano. O galês naufragado em uma ilha precisa ter duas capelas para si: "Esta é a capela aonde eu vou e aquela é a aonde *não* vou". Certamente nossas Igrejas permanecem diferentes, mas o beijo da paz de Cristo trocado entre cristãos subverte qualquer sentimento de identidade construído em oposição a qualquer um.

James Alison o expressa com eloquência:

Somos convidados a passar por uma mudança de perspectiva um tanto estranha, tomando consciência de uma generosidade que quer me distrair de meu ensimesmamento em uma identidade pequena demais, sempre defendida contra algum outro indivíduo ou grupo; uma generosidade que me induz a receber uma identidade que não é minha a não ser na medida em que é o outro que a dá para mim. Em outras palavras, começo a descobrir que o outro não é o obstáculo no caminho do meu vir a ser, mas é o que torna possível esse vir a ser. E por causa disso, a reconciliação não é um

---

[15] SHORTT. *God's Advocates*, p. 187.

"A PAZ ESTEJA CONVOSCO" ■

segundo prêmio, uma vez que aceitei que não vou ser o que eu queria. Melhor dizendo, é o único jeito de vir a ser e até de querer ser, uma coisa muito maior do que eu poderia imaginar.[16]

A princípio é assustador. O medo tranca as portas, mas os anjos dizem: "Não temas".

O que bate?
O que no meio da noite à porta bate?
É alguém que quer nos fazer mal.
Não, não, são os três anjos estranhos.
Deixa-os entrar, deixa-os entrar.[17]

É mais fácil apegar-me a uma identidade exclusiva, sabendo quem eu sou, porque não sou "um deles". Renunciar ao firme controle das fronteiras, minha segurança pessoal ou comunal do torrão natal, é perigoso. De fato, exige que eu morra. Preciso morrer para a pessoa pequena que tenho sido, minha *pusilla anima*, minha alma diminuta, e tornar-me bondoso, magnânimo ou, como diriam os hindus, *Mahatma*. "Nem sequer se manifestou o que seremos! Sabemos que, quando Jesus se manifestar, seremos semelhantes a ele, porque o veremos tal como ele é (1Jo 3,2).

"Já não sou eu que vivo." Isso não significa que devo desaparecer em uma sopa morna, anônima de humanidade indiferenciada. Apego-me à história que é minha e à de minha comunidade, às crenças e convicções que adoto. Estou feliz em ser membro de minha Igreja, minha Ordem, minha família e minha nação. Mas essas são identidades cristãs somente na medida em

---

[16] ALISON. *Undergoing God*, p. 118.
[17] LAWRENCE. "The song of a man who has come through", *Poems*, p. 72.

que oferecem caminhos além das montanhas, das pontes, além dos vales, caminhos em direção a outros e não barricadas para deixá-los de fora. Sou, por exemplo, católico romano, mas isso me oferece um jeito particular, um jeito católico de estar aberto a todos. É característico por causa de sua abertura particular à universalidade. O teste de qualquer seita cristã é oferecer um jeito particular de ser aberto a todos, da amizade de Deus.

Pierre Claverie, o bispo dominicano de Orão que foi assassinado por causa de sua oposição ao terrorismo, dizia com frequência: "Ainda não temos as palavras para o diálogo". Ainda não temos palavras adequadas para falar da paz de Cristo. Neste ínterim, damos uns aos outros tempo e espaço. Certa vez um imã muçulmano que visitava Pierre anunciou que precisava voltar para casa a fim de fazer suas orações. Pierre insistiu que ele ficasse para rezar na casa do bispo. "É uma honra para mim que você reze em minha casa." Assim, andamos na ponta dos pés até um espaço maior, a vastidão de Deus, cuja compaixão está além de nossa imaginação. O Talmude nos diz que, quando os egípcios estavam se afogando, Moisés e Maria cantaram e dançaram e os anjos queriam entoar seu hino, mas o Santo, bendito seja ele, disse: "A obra de minhas mãos está se afogando no mar e vós quereis entoar hinos?".[18]

Jesus aparece aos discípulos trancados na sala, libertando-os dos estreitos limites de seus medos. Podemos ser libertados por alguma experiência marcante que nos empurra para uma nova percepção de quem somos. A irmã Margaret Ormond, op, coordenadora do Dominican Sisters International, descreveu como a

---

[18] EPSTEIN. *Babylonian Talmud*, Megillah 10b.

visita às pessoas que viviam em um lixão nas cercanias de San Salvador a estimulou. Ela descobriu que não era apenas americana: "Já não sou eu que vivo".

> Quando vi o lixão onde as pessoas viviam, fui dominada pelas lágrimas. Tentei escondê-las e prender a respiração para meu comportamento não ser notado. Mas uma garotinha, que tinha uns seis anos, viu-me chorando. Levantou os braços, abanou a mão para que eu me abaixasse até onde ela podia tocar-me e enxugou-me as lágrimas. Mostrou-me compaixão de um jeito que era transformador porque depois disso eu sabia que tinha de ir além do meu quintal. Foi ela que me levou a descobrir minha vocação internacional.[19]

O que provocou esse despertar não foi tanto o que Margaret viu, mas o fato de ser vista. Ela já não era mais a observadora, mas alguém que foi observada com compaixão, que existia aos olhos dos outros.

Os discípulos estavam trancados naquele espaço pequeno "por medo dos judeus". Mas eles próprios eram judeus. Não raro o que não vemos com bons olhos, ou tememos ou não perdoamos no outro, é algum aspecto de nós mesmos que não ousamos encarar. Em geral, os que manifestam sua homofobia com mais ardor são os que temem tendências homossexuais em si mesmos. É mais fácil odiar em outra pessoa algum elemento de meu caráter que não ouso examinar muito de perto. Quando dei um retiro para sacerdotes das dioceses do nordeste da Austrália, fui constantemente interrompido por um pica-peixe, pássaro exótico australiano, que batia de leve na janela. Atacava seu próprio

---

[19] *International Dominican Information*, May 2007, 452, p. 123.

reflexo no vidro. É o que muitas vezes fazemos quando atacamos uns aos outros. Dylan Thomas definiu um alcoólico como alguém de quem não gosto, que bebe tanto quanto eu. Portanto, dar o beijo da paz em alguém exige que eu olhe amorosamente para mim mesmo, com toda a minha complexidade, com as tensões morais e intelectuais que atraem, de maneiras diferentes, os desejos que me deixam confuso e as aspirações que não me deixaram satisfazer. Preciso estar em paz com essas complexidades, essas tensões não resolvidas, essas ambiguidades, pois elas me fazem viver e crescer, buscar e ponderar, bater à porta do céu para entender.

William Faulkner disse em seu discurso no banquete do Nobel na prefeitura de Estocolmo, em 10 de dezembro de 1950: "Nossa tragédia hoje é um medo físico geral e universal sofrido por tanto tempo que agora até conseguimos suportá-lo. Já não existem problemas do espírito. Há apenas a pergunta: Quando explodirei? Por causa disso, o jovem ou a jovem que escreve hoje em dia esquece os problemas do coração humano em conflito com ele mesmo, a única coisa que faz um bom escrito, porque só a respeito disso vale a pena escrever, vale a pena o arrebatamento e o suor".[20] Esses conflitos – morais, espirituais, intelectuais, políticos – nos impelem para a frente e para fora. Contemplemos nossas tensões e divergências interiores com tranquilidade para poder partilhar a paz de Cristo uns com os outros. É aceitável ser uma alma dividida! Em Havana, em abril de 2007, deparei-me com um grafite que citava Fidel Castro: *Que somos y que seremos si no tenemos una sola historia, una sola idea y una sola voluntad*

---

[20] Ver: <http://www.nobelprize.org/nobel_prizes/literature/laureates/1989/faulkner-speech.html>.

para todos los tiempos, "O que somos e o que seremos, se não temos uma só história, uma só ideia e uma só vontade para todos os tempos?". A resposta é que se você tem, então você será chato!

James Shapiro afirma que foi só em 1599 que Shakespeare começou a escrever grandes peças de teatro. Suas obras pararam de tratar de conflitos entre as pessoas. As tensões de seus heróis eram internas. De Hamlet em diante, eles eram indivíduos em conflito consigo mesmos. "Ele finalmente encontrara o caminho para a tragédia, que logo o levou às almas divididas de Otelo e Macbeth."[21] Nenhum artista ou escritor perdura a não ser que lute para encontrar a síntese entre, no mínimo, duas convicções opostas. Em *Meu nome é Vermelho*, um grande artista quinhentista de Istambul diz: "Nada é puro [...] No domínio das artes do livro, sempre que uma obra-prima é realizada, sempre que uma pintura esplêndida faz meus olhos se encherem d'água de alegria e provoca-me um frio na espinha, tenho certeza do seguinte: Dois estilos nunca reunidos antes disso juntaram-se para criar uma coisa nova e maravilhosa".[22] Se estivermos em paz com nossas almas divididas, com seus impulsos opostos, e aceitarmos isso como parte de quem somos, então encontraremos mais facilmente a paz de Cristo com os outros, não ameaçados por nossas diferenças.

O Espírito Santo que Jesus sopra nos discípulos toca a identidade deles em um nível ainda mais profundo. "Já não sou eu que vivo, mas é Cristo que vive em mim." O sopro de Deus está no mais profundo de nosso ser. Segundo Gabriel Josipovici, o nome de Deus revelado a Moisés, *ehyeh asher ehyeh*, "é o mais próximo

---

[21] SHAPIRO. *1599; A Year in the Life of William Shakespeare*, p. 338.
[22] PAMUK. *My Name is Red*, p. 194.

que podemos chegar na linguagem ao puro sopro, sem articulação, sem divisão [...] Com seus repetidos sons de 'h' e 'sh', é seu o sopro que está sob toda expressão vocal e toda ação, sopro vivo que não avança, contudo não permanece estático, sustentando a fala e também o mundo".[23] Assim, toda vez que respiramos, falamos o nome de Deus.[24] A primeira coisa que uma criança faz depois de nascer, ao respirar pela primeira vez, é falar o nome de Deus. É o ato mais profundo e mais interior que fazemos. De fato, no âmago de minha identidade está a presença do Cristo ressuscitado, que respira dentro de mim.

Conheço-me quando vislumbro, "mais próximo de mim que minha veia jugular", como diz o Alcorão, aquele que me dá existência. Santa Catarina de Sena exortou-nos a entrar na cela do autoconhecimento. Não é uma introversão narcisista, mas uma percepção de nós mesmos sendo amados e sustentados na existência. Não vemos Deus porque ele está muito perto. Quando Deus parece ausente, talvez seja porque estamos ausentes de nós mesmos, desatentos ao âmago de nossa pessoalidade. Extraviamo-nos, diz Santo Agostinho, da verdadeira autopresença: "Tarde te amei, ó beleza tão antiga e tão nova. Pois, olha, estavas dentro de mim e eu estava fora; e eu te buscava fora [...] Estavas comigo e eu não estava contigo. Chamaste e gritaste para mim e rompeste minha surdez. E enviaste teus raios de luz e brilhaste sobre mim e afugentaste minha cegueira".[25] Passei por um período de certa aridez na época de minha ordenação. Eu não duvidava da existência de Deus, mas simplesmente achava a religião

---

[23] JOSIPOVICI. *The Book of God*, p. 74.
[24] Foi Richard Rohr quem me chamou a atenção para isso.
[25] SANTO AGOSTINHO. *Confissões* vii, tradução do breviário.

um tanto maçante. Dissolveu-se quando eu estava sentado tranquilamente no jardim de Getsêmani. Não foi tanto porque tive a renovada sensação de que mais alguém estava ali, alguém que eu não notara antes. Mais exatamente, voltei a estabelecer contato com alguma profundeza dentro de mim, onde Deus sempre estivera. Simon Tugwell outra vez: "É Deus que habita em nós que nos dá uma verdadeira interioridade genuinamente nossa, mas não simplesmente própria de nós".[26]

"A paz esteja convosco." A aceitação da dádiva dessa paz nos convida a dirigirmo-nos ao estranho, pois nele descobriremos Deus. Precisamos estender os braços abertos para aquele que se parece menos conosco, o estranho e desconhecido, e descobrir quem somos com eles. Devemos também fazer uma viagem para dentro, para o âmago de nosso ser, onde também encontraremos Deus. Conhecer-me é descobrir quem sou com o estranho e também no âmago de meu ser. É ir para fora e para dentro. Esse movimento duplo é sugerido pelo mandamento de Jesus: "Amarás o Senhor teu Deus, de todo o teu coração e com toda a tua alma, com toda a tua força e com todo o teu entendimento; e teu próximo como a ti mesmo!" (Lc 10,27). Amamos Deus no nosso próximo, do contrário nosso amor torna-se introspectivo e narcisista; um vago e indulgente cultivo de nós mesmos. Mas amamos Deus no âmago de nosso ser, do contrário poderíamos tornar-nos desarraigados, tudo para todos, mas nada em nós mesmos. Somos mais nós mesmos ao sermos projetados além de nós mesmos, além dos limites de nossa individualidade, mas também ao entrarmos em nosso íntimo, abrindo um túnel mais profundo que nossa *persona* solitária.

---

[26] TUGWELL, op. cit., p. 96.

ATO 3, CENA 3

"Lançai a rede
à direita do barco"

Com Maria Madalena, reconhecemos o Senhor ressuscitado e rezamos a seu Pai e nosso. Com os discípulos na sala do andar de cima, recebemos a paz de Cristo e a partilhamos uns com os outros. E agora chegamos, no capítulo 21 do evangelho joanino, à última cena – desjejum na praia, comunhão.

Muitas vezes se supõe que João 21 foi acrescentado ao fim do evangelho. O capítulo 20 chega a uma conclusão retumbante: "Jesus realizou diante dos discípulos muitos outros sinais, que não estão escritos neste livro. Estes, porém, foram escritos para que creiais que Jesus é o Cristo, o Filho de Deus, e para que, crendo, tenhais a vida em seu nome". O que mais é preciso dizer?

Mas Thomas Brodie, op, afirma de forma convincente que o capítulo 21 não é acréscimo posterior à aparição de Jesus ressuscitado, desajeitadamente acrescentado a um evangelho completo. Os encontros na sala do andar de cima referem-se ao fato de ver Jesus e terminam com as palavras de Jesus a Tomé: "Creste porque me viste? Felizes os que, sem terem visto, creram!" (Jo 20,29). Neste último capítulo, Jesus é reconhecido como presente, mas não se diz que ele foi visto. Pedro *ouve* que é o Senhor. Jesus é revelado, mas não se fala em aparição. Os discípulos voltaram à pesca. Isso não raro é tomado, erroneamente segundo Brodie, como sinal de perda de coragem. Eles voltam ao antigo modo de vida antes de Jesus tê-los chamado, como se os anos com Jesus devessem ser esquecidos. Mas não é assim. Estamos em uma nova etapa da vida da Igreja, lidando com uma nova forma de ausência, quando as aparições da ressurreição terminaram, ausência essa que também vivemos. "Aqui a vida torna-se prática: as pessoas vão trabalhar e a Igreja assume uma forma tangível. O místico desceu da montanha e a Igreja entrou na complexidade da vida."[1] João tenta mostrar o que significa ser discípulo quando a animação daqueles primeiros dias se acalma, a primeira geração de cristãos começa a morrer e grande parte da vida da Igreja transforma-se em rotina. Os discípulos lidam com o tipo de desafios que enfrentamos: desânimo, manter a comunidade unida, ciúme e morte.

Na praia, Jesus oferece desjejum a eles e a nós. Quando analisamos a última ceia, examinamos o que significa para Jesus dar seu corpo por nós em forma de pão. É uma dádiva totalmente dada e completamente recebida. Lembramos as palavras de Jesus: "Tomai, todos, e comei. Isto é o meu corpo, que será entregue por vós". Mas não tomamos e comemos. As palavras de Jesus foram incompreensíveis naquela noite, quando tudo estava desmoronando. Os discípulos procuraram entender o mistério do domingo de Páscoa quando essas palavras fizeram sentido. Agora realmente tomamos e comemos, e precisamos perguntar o que isso significa.

---

[1] BRODIE. *The Gospel According to John*, p. 582.

POR QUE IR À IGREJA?

Comer alimento não é primordialmente uma questão de ingerir nutrientes, assim como falar não é apenas uma questão de fazer ruído. É possível examinar o ato de comer desse jeito e é proveitoso fazê-lo quando pensamos em uma dieta saudável. Mas ele é tão redutivo do significado comum de comer como seria pensar em um beijo como apenas dois seres humanos fazendo contato labial. Em toda cultura, exceto cada vez mais a nossa, comer e beber diz respeito a compartilhar a vida, estar em casa uns com os outros. A comida é preparada para ser compartilhada. Claude Lévi-Strauss observou que em restaurantes simples do sul da França, onde os operários comiam, todos sentavam-se à mesa comum. Uma garrafa de vinho era colocada diante de cada pessoa, que começava servindo o vinho no copo do que estava sentado a seu lado. "Ninguém tem mais vinho do que tinha para começar. Mas a sociedade apareceu onde antes não havia nada."[2] E assim Israel, como praticamente todas as outras sociedades conhecidas, mantinha sua existência comendo e bebendo comunitariamente. Jesus começou sua pregação do Reino de Deus banqueteando-se com cobradores de impostos e prostitutas. Toda essa festividade chega até a Eucaristia, na qual estamos à vontade uns com os outros em Cristo.

Entre parênteses, no passado os cristãos muitas vezes debatiam se a Eucaristia é sacrifício ou refeição. Os católicos sempre falavam do sacrifício da missa e os protestantes da ceia do Senhor. Se entendemos a Eucaristia como um drama em três atos – de fé, esperança e amor –, esse conflito é desnecessário. Na oração eucarística Jesus proclama sua morte como sacrifício, pelo qual Deus abraça e consagra tudo o que é profano, até a morte

---

[2] HYDE. *The Gift*, p. 58.

na cruz. Jesus foi sacrificado por causa do nosso desejo de vítimas; pagou um alto preço pela nossa falta de amor. Mas a fruição desse sacrifício é a comunhão, uma refeição compartilhada na praia. Considerá-la apenas uma refeição seria esquecer o derramamento da sexta-feira santa. Considerá-la apenas um sacrifício seria menosprezar a vitória do domingo de Páscoa. A ação da graça é o drama de todos aqueles dias, a passagem da fé à esperança de amar. Portanto, o clímax da Eucaristia, a comunhão, é nosso regresso ao lar, uns aos outros e a Deus. Vamos examinar a história do encontro de Jesus com os discípulos que pescavam e ver, nesta cena e na seguinte, como somos acolhidos no lar.

Providência

Sete discípulos estão na praia à beira do lago de Tiberíades. "Simão Pedro disse a eles: 'Eu vou pescar'. Eles disseram: 'Nós vamos contigo'. Saíram, entraram no barco, mas não pescaram nada naquela noite. Já de manhã, Jesus estava na praia, mas os discípulos não sabiam que era Jesus. Ele perguntou: 'Filhos, tendes alguma coisa para comer?'. Responderam: 'Não'. Ele lhes disse: 'Lançai a rede à direita do barco e achareis'. Eles lançaram a rede e não conseguiam puxá-la para fora, por causa da quantidade de peixes" (Jo 21,3-6).

Brodie sugere que esses sete discípulos à beira do lago de Tiberíades representam a comunidade cristã "espalhada pelo mundo". "Tiberíades" evoca um dos nomes de maior prestígio no Império Romano, o imperador Tibério e sua família. A Igreja ultrapassa o pequeno mundo de Israel e constrói seu lar na vastidão do império.

■ POR QUE IR À IGREJA?

Eles empreendem sua tarefa como pescadores de seres humanos.[3] Mas não pescam nada. É de noite e eles fracassam. Quando o estranho na praia lhes dirige a palavra, respondem com uma única palavra: "Não", *Ou*. Essa única vogal está cheia de desesperança. Com certeza evoca o desânimo da comunidade joanina. Depois do sucesso inicial, a primeira torrente de convertidos, eles perdem o ânimo. Sentem-se abandonados e desolados, o que certamente fala a muitas congregações de hoje, em especial na Europa Ocidental: cada vez menos pessoas frequentam a igreja, há escassez de vocações, desinteresse dos jovens, desânimo.

Jesus ordena aos discípulos que lancem a rede à direita do barco; há abundância de peixes. Isso evoca o cuidado providencial que Jesus tem pela comunidade. A providência divina não nos abandona. Na Bíblia, muitas vezes o cuidado divino assume a forma de alimento descoberto inesperadamente, como quando Elias foge de Jezabel e ao acordar encontra junto à cabeça "um pão assado na pedra e um jarro de água" (1Rs 19,6). Quando Abraão está prestes a sacrificar Isaac, surge o carneiro preso num espinheiro. "Abraão passou a chamar aquele lugar 'O Senhor providenciará'. Hoje se diz: 'No monte em que o Senhor aparece'" (Gn 22,14). Deus prevê o que necessitamos. Jesus diz aos discípulos: "Portanto, não vivais preocupados, dizendo: 'Que vamos comer? Que vamos beber? Como nos vamos vestir?'. Os pagãos é que vivem procurando todas essas coisas. Vosso Pai que está nos céus sabe que precisais de tudo isso. Buscai em primeiro lugar o Reino de Deus e a sua justiça, e todas essas coisas vos serão dadas por acréscimo. Portanto, não vos preocupeis com o dia

---

[3] Essa designação não é mencionada no evangelho de João, mas era com certeza bem conhecida para João ter indicado a referência.

de amanhã, pois o dia de amanhã terá sua própria preocupação! A cada dia basta o seu mal" (Mt 6,31-34).

Assim, a Eucaristia é o sacramento da providência divina. Quando rezamos o pai-nosso, pedimos "o pão nosso de cada dia". Ambos, Mateus e Lucas, usam uma palavra grega incomum, *epiousios*, que, ao que tudo indica, significa o pão que precisamos para o dia de hoje. Nicholas Ayo lembra-nos de que a palavra "jornada" vem da palavra francesa *jour*, "um dia". "O pão de que precisamos, dá-nos hoje e dia após dia. Dá-nos hoje nosso pão para a jornada."[4] No deserto, os israelitas recebiam diariamente só o maná de que precisavam para aquele dia, a fim de aprenderem a confiar em Deus que provê para eles. Em sua paráfrase do pai-nosso, Dante reza: "Dá-nos hoje o maná de cada dia, que se faltar neste deserto infido, vai pra trás quem pra frente mais porfia".[5] A Eucaristia é o pão da peregrinação.

Paulo escreveu aos romanos: "E nós sabemos que Deus coopera em tudo para o bem daqueles que o amam, daqueles que são chamados segundo o seu desígnio" (Rm 8,28; *Bíblia de Jerusalém*). "Coopera" traduz uma palavra encantadora, *sunergei*, que indica que as coisas funcionam ao mesmo tempo, resolvem-se, revelando o plano do cuidado divino. É a sabedoria divina guiando as coisas para sua realização. Para São Domingos, no século XIII, mendigar o pão era sinal de confiança na ação da providência divina. O irmão Buonviso, tesoureiro em Bolonha, descreve como, certo dia, quando não havia nada para comer, São Domingos disse a ação de graças e esperou, e apareceram dois esplêndidos jovens com os mais puros pães brancos e alguns figos e eles

---

[4] AYO. *The Lord's Prayer*, p. 63.
[5] DANTE ALIGHIERI. Purgatório 11, 13-15, *A divina comédia*, v. 2, p. 73.

comeram.[6] Quando visitou as monjas em Roma, o cálice que ele abençoou forneceu vinho abundante para todos. "Então todas as irmãs beberam dele, a começar pela priora e depois as outras, e todas beberam quanto queriam, incentivadas por São Domingos, que não parava de dizer: 'Bebam, minhas filhas'".[7]

Esse sentimento da ação tranquila da providência divina ainda fazia parte de nossa cultura comum no tempo de Shakespeare. Hamlet declara: "Existe uma divindade que molda nossos propósitos, delineia-os, como queremos".[8] Hoje é mais difícil manter esse sentimento do discreto cuidado divino em ação nas nossas vidas, prevendo nossas necessidades, incentivando-nos a viver somente no momento presente, sem ansiedade pelo dia de amanhã. Para as pessoas modernas, isso só pode parecer irresponsabilidade. O motivo é uma profunda mudança em nosso entendimento de como funciona nosso mundo. Em *A Secular Age* [Uma era secular], Charles Taylor traça o mapa da "mecanização do mundo".[9] A benevolência divina ainda é pressuposta, mas opera por intermédio das leis da natureza e da sociedade, como uma lisa e eficiente peça do mecanismo do relógio. Nossos antepassados viam o mundo cada vez mais como maravilhosa obra de engenharia feita pelo grande Criador do Relógio Celeste. Esperar sinais específicos da providência divina sugere uma falta de fé no funcionamento regular do mecanismo, tão indesejável quanto a necessidade de ajustar constantemente o relógio de pulso. Acima de tudo, Adam Smith ensinou o mundo moderno a confiar na "mão invisível" do mercado, trazendo

---

[6] TUGWELL. *Early Dominicans*, p. 72.
[7] Ibid., pp. 391s.
[8] Ato 5, Cena 2.
[9] TAYLOR. *A Secular Age*, p. 98.

prosperidade, redistribuindo riquezas. Nesse mundo, então, os indigentes já não são considerados santos, que apontam para o cuidado providencial divino dos pequenos. Eles se tornaram um flagelo e precisam ser controlados. São irresponsáveis, não cuidam da própria vida. Na cultura de controle, a fé no cuidado providencial divino particular dos indivíduos parece imatura e irracional e contradiz as leis de causa e efeito que tornam o mundo compreensível. Só um tolo não se importaria com o dia de amanhã. Talvez escrever romances tenha tido sucesso no século XVIII porque em um mundo assim era preciso novas maneiras para as vidas individuais fazerem sentido, embora fosse o romancista, não Deus, que moldasse os destinos das pessoas para seus propósitos.

Esse entendimento mecanicista da realidade é, certamente, utilíssimo e fonte de bênçãos maravilhosas: a ciência moderna, a engenharia, a medicina etc. Mas não é o único modo válido de ver as coisas. A descrição mecanicística da caminhada para ver um amigo, ou a descrição fisiológica de um beijo podem ser verdadeiras, mas não atingem o objetivo.

O estranho na praia convoca-nos a confiar no "silencioso trabalho divino", na expressão de Newman.[10] Minha mãe tinha firme confiança no cuidado de Deus por ela, não importava o que acontecesse. Quando já era velha e inválida, caiu da cama à meia-noite e ficou deitada no chão até chamarem a ambulância e três homens fortes colocarem-na de volta na cama, três horas mais tarde. Para muita gente, isso teria sido apenas uma experiência humilhante, mas ela viu a providência divina em ação na chegada inevitável daqueles homens. É um modo de

---

[10] Veja a introdução.

POR QUE IR À IGREJA?

ver o mundo que não pode ser comprovado e algumas pessoas a julgam simplória. Mas pode-se aprender a descobrir pequenos indícios de um propósito benigno que forma nossas vidas para a felicidade. Deus realmente opera pelo bem dos que o amam. William Temple, arcebispo da Cantuária, assim se expressou: "Quando rezo, coincidências acontecem; quando não rezo, elas não acontecem!".[11]

Não é esse um jeito infantil de pensar? "Papai está lá em cima, olhando por mim." Seria assim se eu entendesse tudo o que aconteceu como cuidado de Deus por *mim*, como se eu fosse o único herói da história universal, aquele em torno de quem tudo gira. A providência divina cuida realmente de mim, como parte de seu amor por toda a humanidade. François Varillon afirmou que "a crença na Providência é infantil e quase supersticiosa se a pessoa permanece concentrada em si mesma e busca uma felicidade que se concilia com a injustiça do mundo".[12] Seria também imatura se sugerisse que a pessoa poderia permanecer completamente passiva, à espera de Deus olhar por ela. Santo Tomás de Aquino acreditava que *prudentia* (prudência) era a contração de *providentia* (providência). Inclinamo-nos a pensar na prudência como virtude um tanto desprezível. Herbert McCabe declarou ter conhecido uma família que tinha três filhas chamadas Fé, Esperança e Prudência! Sugere cautela, "autopreservação medrosa, intolerante, ou preocupação um tanto egoísta consigo mesmo".[13] Seria difícil imaginar alguém sendo heroicamente prudente. Mas para Tomás de Aquino, a prudência era a mãe de todas as virtudes. Não tinha nada a ver com

---

[11] ADAM. *Aidan, Bede, Cuthbert*, p. 13.
[12] "Où est ton Dieu." In: Vandeputte, *Vingt Siècles*.
[13] PIEPER. *The Four Cardinal Virtues*, p. 4.

"LANÇAI A REDE À DIREITA DO BARCO" ■

hesitação. Era sabedoria prática, a capacidade de ver as coisas como elas são e, assim, tomar as decisões certas, o que subentende cautela, mas exige igualmente ação audaz, "um abandono afoito da autopreservação receosa".[14] Prudência, para Tomás de Aquino, é nossa participação no trabalho da providência. Não somos bebês que esperam receber a comida na boca. Temos papel ativo no trabalho da sabedoria na história humana, como tiveram os discípulos na pesca dos peixes ao comando do Senhor. Nossa esforçada colaboração na providência divina nem sempre é bem-sucedida. Contam a história de um arquimandrita. Quando ele morreu, encontraram debaixo da cama um conjunto completo de vestes episcopais e seu discurso de aceitação que não foi utilizado: "Como são estranhos os caminhos da Providência Divina. Nunca me passou pela cabeça que eu seria convocado para tão alto cargo".

Karl Marx escreve que "a religião é o suspiro da criatura oprimida, o coração de um mundo sem coração, exatamente como é o alento vital de uma situação de desalento. É o ópio do povo. A abolição da religião como a felicidade ilusória do povo é exigida para sua verdadeira felicidade".[15] Se ele estiver certo e o mundo for um lugar sem coração, então poderemos com facilidade ser tentados a tomar decisões que sejam simplesmente vantajosas. O fim justifica o meio. Se vivemos em um mundo que é mecanismo implacável de causa e efeito, somos tentados a optar por uma ética que seja puramente utilitária. Se funcionar, então está aprovada. No caso da Rússia Soviética, isso levou ao extermínio de dezenas de milhões de pessoas que contrariavam a vontade

---

[14] Ibid., p. 21.
[15] MARX. *Critique of Hegel's Philosophy of Right*, Introduction.

dos governantes. Mas se acreditamos que Marx está errado e que nem um pardal "cai no chão sem o consentimento do vosso Pai" (Mt 10,29), então seremos capazes de tomar decisões corajosas e louváveis, mesmo quando elas não forem de nosso interesse imediato, simplesmente porque são certas. Na véspera de ser assassinado, em 1980, Oscar Romero, arcebispo de San Salvador, incentivou o povo a resistir à opressão do governo de El Salvador, mesmo à custa da vida, porque *Dios es el protagonista de la historia*, "Deus é o protagonista da história", e, assim, nenhum ato errado jamais move a história para seu fim.

Portanto, quando recebemos o corpo de Cristo, aceitamos o pão nosso de cada dia, o pão para a jornada do dia. A Eucaristia oferece-nos um lar até em um mundo que parece hostil, porque a providência divina está em ação em nossa vida, mesmo que imperceptivelmente. Não precisamos ficar ansiosos. Primo Levi deu graças por um italiano chamado Lorenzo, que ele conheceu em Auschwitz e que lhe trouxe um pedaço de pão tirado de sua ração todo dia, durante seis meses. Levi ficava desconcertado com a bondade simples do homem: "Creio que foi realmente graças a Lorenzo que hoje estou vivo; e não tanto por sua ajuda material quanto por, com sua presença, seus modos naturais e simples de ser bom, ter constantemente feito com que eu me lembrasse que ainda existe um mundo fora do nosso, alguma coisa e alguém ainda puro e íntegro, não corrupto, não selvagem [...] alguma coisa difícil de definir, uma possibilidade remota de bem, mas pelo qual valia a pena sobreviver. Graças a Lorenzo, consegui não me esquecer que eu era um homem".[16]

---

[16] LEVI. *Survival in Auschwitz*, citado em *The Tablet*, 21 Jan. 2006.

Um lar onde somos um

"Quando chegaram à terra, viram umas brasas preparadas, com peixe em cima e pão. Jesus disse-lhes: 'Trazei alguns dos peixes que apanhastes'. Então, Simão Pedro subiu e arrastou a rede para a terra. Estava cheia de cento e cinquenta e três grandes peixes; e apesar de tantos peixes, a rede não se rasgou" (Jo 21,9-11).

A quantidade de peixes, 153, tem se mostrado um desafio irresistível para os exegetas, em especial os com inclinação para a matemática, mas tem derrotado todos eles. É obviamente significativo, mas ninguém consegue explicar por quê. O número 153 é um triângulo perfeito com uma base de 17 e é amplamente aceito que esse deve ser o começo da resposta. Os números 12 e 5, e 10 e 7, têm todos significado simbólico no evangelho joanino. Na narrativa da multiplicação dos pães e peixes, que tem ressonâncias no desjejum na praia, há doze cestos de fragmentos dos cinco pães e dois peixes. Embora 153 não seja uma grande pesca, quase com certeza representa plenitude, abundância, a reunião da humanidade na Igreja, mas quando a comunidade joanina sente-se desanimada e teme que sua missão seja um fracasso, vemos esses pescadores da humanidade juntar uma multidão. Jesus disse que quando ele for elevado atrairá todos a si (Jo 12,32), e eis Pedro arrastando a pesca para a praia. Não devemos raptar, intimidar nem ameaçar ninguém para a Igreja; se as pessoas vislumbrarem a profunda atratividade de Jesus, reconhecerão nele o mais profundo desejo delas, aquele que elas sempre quiseram sem saber, o verdadeiro pão que desejam ardentemente.

A rede não se rasgou. Desde o começo, a Igreja recém-nascida sofreu divisões. Paulo queixa-se que em Corinto "está havendo contendas entre vós. Digo isto, porque cada um de vós fala assim: 'Eu sou de Paulo', ou: 'Eu sou de Apolo', ou: 'Eu sou de Cefas', ou: 'Eu sou de Cristo'! Será que Cristo está dividido?" (1Cor 1,11s). Pedro e Paulo muitas vezes entraram em conflito, da maneira mais dramática em Antioquia. E no evangelho joanino há indícios de tensões entre os seguidores de Pedro e a comunidade do discípulo amado. Já havia excomunhões, falta de reconhecimento mútuo, palavras violentas, exatamente como hoje. E, contudo, a rede não se rasgou. A saudação do Cristo ressuscitado – "A paz esteja convosco" – não pode ser tácita, e a unidade de seu corpo não pode ser dividida.

Na frase querida de Henri de Lubac, a Eucaristia é o sacramento da unidade da Igreja. A Eucaristia nunca é apenas a celebração da comunidade local. Pelo menos na teologia católica, ela sempre procura alcançar a comunhão universal. Lembramos o sangue de Cristo que é derramado por "vós e por todos". A reunião do pequeno grupo ao redor do altar aponta para fora de si mesmo, para todo o Corpo de Cristo, a comunhão dos santos e pecadores, os vivos e os mortos. Em Cristo todas as barreiras são derrubadas – do pecado, da distância e da morte. Assim, receber o corpo de Cristo nos induz a ser visivelmente o que já somos em Cristo, um.

Quando o padre Rutilio Grande foi baleado por um esquadrão da morte, Oscar Romero ordenou que fosse celebrada só uma missa na arquidiocese de San Salvador naquele domingo. Em face das divisões dentro da Igreja, todos – ricos e pobres, independente de partido – deviam reunir-se ao redor de um único altar. Esse tipo de unidade visível perdeu-se com a multiplicidade de paróquias em cada cidade e a multiplicidade de Eucaristias em cada paróquia. Pode parecer que ir à igreja seja uma opção de consumo, como decidir entre duas grandes lojas de departamento. Será que vou à missa das oito da manhã, que é bonita e curta, ou à das nove e meia com todas aquelas famílias jovens? Esta semana vou à Eucaristia anglicana ou católica? As igrejas tornam-se multinacionais que competem por consumidores, tratando suas marcas com carinho. Mas o que é oferecido para consumo é o corpo de Cristo.

Há outra divisão, mais antiga e mais profunda. Conta-se a história[17] de uma jovem rica que começou seu ensaio desta maneira: "Havia uma família pobre. O pai era pobre, a mãe era pobre. Os filhos eram pobres. O mordomo era pobre...". Na mais antiga referência à Eucaristia, 1 Coríntios 11, Paulo fala de como as divisões entre os ricos e os pobres profanam o corpo de Cristo: "De fato, quando vos reunis, não é para comer a ceia do Senhor, pois cada um se apressa a comer a sua própria ceia e, enquanto um passa fome, outro se embriaga. Não tendes casa para comer e beber? Ou desprezais a igreja de Deus e quereis envergonhar aqueles que nada têm?" (1Cor 11,20-22). Os sacramentos são sinais e, assim, agem por meio do que *dizem*, e a humilhação dos pobres nega nossa unidade em Cristo. Na Igreja primitiva, havia um elo profundo entre o cuidado dos pobres e o acesso à Eucaristia. Quando as pessoas pediam o batismo, eram questionadas: "Elas honram as viúvas? Visitam os doentes? Fazem todo tipo de bom trabalho?".[18] Dar esmolas não era apenas dar o excedente: era uma questão de ortodoxia, crença verdadeira. Bispos nicenos e arianos acusavam-se mutuamente de serem hereges, por causa

---

[17]   Sou grato a Helen Prejean por essa história.
[18]   CAVANAUGH. *Torture and Eucharist*, p. 238.

da negligência com os pobres.[19] Depois da conversão de Constantino, os pobres começaram a entrar na invisibilidade. Fundos eram desviados para os bispos se manterem no estilo ao qual depressa se acostumaram e para construir e decorar igrejas nas congregações em crescimento.

Uma amiga minha, irmã Margaret Scott, descreve a visita a um lixão no Chile:

> Seguimos o caminhão de lixo enquanto ele saía de Quito com estrondo em direção a Chilibulo. Era nossa primeira visita ao Equador, minha primeira viagem à América do Sul. O caminhão parou em um enorme aterro sanitário nos arredores da capital equatoriana para descarregar sua carga de lixo dos restaurantes e da área do "mercado superior" de Quito. Assisti com horror às montanhas de lixo agitarem-se com a atividade. Supus que fossem hordas de cachorros atrás de carniça. Mas era *gente*. Multidões de homens, mulheres e crianças famintas, freneticamente remexendo o lixo de outras pessoas em busca de comida, em busca do pão de ontem.[20]

É nosso segundo lixão em dois capítulos, pois eles são sintomáticos de nossa sociedade. Mas depois da multiplicação dos pães e peixes, Jesus disse: "Juntai os pedaços que sobraram, para que nada se perca!" (Jo 6,12).

O que significa para nós celebrar a Eucaristia, quando trinta mil pessoas morrem de desnutrição por dia? Não faço a pergunta para despertar culpa, que costuma ser uma emoção infecunda, fazendo-nos sentir impotentes, oprimidos pelo fracasso – e isso não ajuda ninguém. O problema não são nossos pecados; eles

---

[19] Ibid., p. 261.
[20] SCOTT. *Yesterday's Bread*.

estão perdoados. É viver na verdade, a verdade de quem somos em Cristo: membros de um só Corpo.

Vamos à comunhão para receber uma dádiva, o corpo de Cristo. Somos esse corpo. Agostinho nos convida a estender as mãos para receber o sacramento do que somos, o que inclui a dádiva dos pobres. Mantê-los a distância ou fechar os olhos a seu sofrimento é, nas palavras de Paulo, comer e beber "sem distinguir devidamente o corpo" (1Cor 11,29). Madre Teresa de Calcutá não trabalhou com os pobres porque era um dever, uma dolorosa obrigação, mas porque neles ela experimentava a alegria de encontrar Cristo. Ao escrever essas palavras, estou cônscio de correr o perigo de ser ainda mais hipócrita que de costume. Não quero minha boa vida confortável perturbada pelos pobres. Se eu fosse chamado à porta para ver um mendigo bêbado, eu não pensaria "Eis uma dádiva maravilhosa de Deus". Apenas ocasionalmente vislumbro essa dádiva. Mencionei Maria naquele bairro violento de Bogotá,[21] cuja gratidão era uma dádiva. Fiquei desconcertado ao visitar, nas fronteiras de Harare, o casebre de um homem que perdera a casa demolida por Mugabe. Raramente me senti tão honrado quanto pela tranquila dignidade com a qual ele me ofereceu sua cerveja feita em casa. Lembro-me de descobrir um de meus irmãos americanos agachado no chão durante a reunião da família dominicana no Paquistão, no meio de membros tribais, usando as roupas deles, como se fosse um deles, e considerei-o abençoado. São diminutos vislumbres da dádiva que é dada em toda comunhão e que rezo para receber mais plenamente um dia.

---

[21] Ato 1, Cena 5/1.

POR QUE IR À IGREJA?

Talvez uma maneira de recebermos essa dádiva esteja em como conversamos a respeito dos pobres, que não é conversar sobre "eles". Em 1952, Robert Coles foi entrevistar Dorothy Day na "casa de hospitalidade" dela e encontrou-a conversando com uma mulher, que estava visivelmente muito bêbada. Finalmente Dorothy Day levantou-se e veio até ele. "O senhor está esperando para falar com uma de nós?" Ali estava uma das pessoas mais famosas dos Estados Unidos, porém, com aquela mulher bêbada, ela era apenas "uma de nós". Richard Finn, op, de Blackfriars menciona que, no século IV, uma das contribuições do cristianismo foi dar uma nova descrição para os pobres. Os pagãos os chamavam de "desprezíveis e ignóbeis". Os cristãos os descreviam como os "necessitados" ou os "aflitos". Eram identificados com Cristo. Eram nossos irmãos e irmãs, amigos, servos também criados por Deus. Não só recebiam esmolas, mas em troca rezavam pelos benfeitores.[22] Os pobres, portanto, não eram um "eles", um problema para se falar a respeito, mas parte de quem somos. Esse sentimento de ser um na caridade de Cristo perdeu-se quando, com a cultura de controle, eles tornaram-se objetos de caridade no sentido moderno. Alguma coisa precisa ser feita a respeito "deles". Se pudermos redescobrir uma linguagem nascida da solidariedade, então "discerniremos o corpo" de Cristo mais facilmente e o receberemos como dádiva.

A fome de justiça não significa que devemos parar de desfrutar as boas coisas desta vida. Se aprendermos a amar a dádiva do pão, do pão comum, então quem sabe viremos a desejar o pão da vida eterna e nos deleitaremos no que ele oferece – unidade

---

[22] FINN. *Almsgiving in the Later Roman Empire*, pp. 182, 264.

em Cristo. Um judeu piedoso e abastado foi visitar um rabino do século XVIII, o Maggid de Mezeritch, e lhe disse que estava jejuando, comendo somente pão preto. O Maggid ordenou-lhe que parasse de jejuar e comesse o melhor pão branco puro, bolo e bom vinho.

– Mas, Rebbe, por quê?

– Se se contentar com pão preto e água, você chegará à conclusão de que os pobres podem subsistir com pedras e água das fontes. Se comer bolo, você lhes dará pão.[23]

---

[23] WIESEL. *Souls on Fire*, p. 72.

ATO 3, CENA 4

"Vinde comer"

Um lar para o qual somos convidados

Jesus disse-lhes: "Vinde comer". Jesus é o anfitrião; o peixe já está grelhando nas brasas. O que celebramos é a ceia *do Senhor*. Não somos os donos dela. Somos todos convidados, até o sacerdote que preside a celebração. Leon Pereira, op, observou que já era assim nos relatos sinóticos da última ceia: "Os discípulos perguntam a Jesus: 'Onde queres que façamos os preparativos para comeres a Páscoa?'. Mas não são eles que preparam a Páscoa. Jesus dá-lhes instruções para irem a determinada casa e dizerem ao proprietário: 'O Mestre manda perguntar: Onde está a sala em que posso comer a ceia pascal com os meus discípulos?'. Jesus diz que essa é sua sala de convidados, e os discípulos que vão prepará-la encontram-na já 'arrumada'".[1] A preparação da sala do andar de cima por Jesus é antecipação das coisas que vão acontecer.

Estamos acostumados ao relato mateano do juízo final, quando seremos julgados conforme acolhemos ou não Jesus nos que tinham fome e sede (Mt 25,31-46). Ele está presente entre

---

[1] Ver: <http://www.torch.op.org>, 15 June 2006.

nós, incógnito, à espera de nosso cuidado, pois "todas as vezes que fizestes isso a um destes mais pequenos [...] foi a mim que o fizestes!". Mas, nesta cena, somos nós que devemos ser alimentados. Geoffrey Preston, op, escreveu: "Ele está realmente presente também sempre que somos nós que estamos sendo ajudados, sempre que as pessoas cuidam de nós da maneira mais simples, como o convite para tomarmos o desjejum. Precisamos aprender que temos de ser não só doadores, generosos e sinceros, mas também receptores, deixando outras pessoas fazerem coisas por nós, embora coisas simples e cotidianas. Se recusamos a ajuda e a bondade dos outros, recusamos o próprio Senhor, presente entre nós como alguém que serve".[2]

Lar da sabedoria

"Jesus aproximou-se, tomou o pão e deu a eles. E fez a mesma coisa com o peixe." O que Jesus lhes dá é simples e comum, sua comida básica. Evoca a Eucaristia, as celebrações simples e comuns da comunidade joanina e também da nossa. A palavra se fez carne em nossas vidas mundanas, o que não é necessariamente empolgante nem sentido como "experiência extraordinária". Mas, no capítulo 6, a descrição da multiplicação dos pães e dos peixes – a mesma comida da praia – e o discurso sobre o pão da vida, João já colocou diante de nós, de maneira dramática, quase brutal, o que fazemos rotineiramente: "Em verdade, em verdade, vos digo: se não comerdes a carne do Filho do Homem e não beberdes o seu sangue, não tereis a vida em vós. Quem come a minha carne e bebe o meu sangue tem a vida eterna, e

---

[2] PRESTON. *Hallowing the Time*, p. 125.

■ POR QUE IR À IGREJA?

eu o ressuscitarei no último dia. Pois minha carne é verdadeira comida e meu sangue é verdadeira bebida. Quem come a minha carne e bebe o meu sangue permanece em mim e eu nele (Jo 6,53-56). Essas palavras são escandalosamente realistas. Segundo o grego, precisamos *mastigar* a carne de Jesus. Para os judeus, que eram proibidos de beber até o sangue de animais, a ordem para beber o sangue de Jesus deve ter parecido repugnante e até sacrílega. O que essa linguagem sangrenta tem a ver com nossa tranquila celebração dominical?

Seria impróprio para mim, em um livro destinado a cristãos de todas as seitas, examinar minuciosamente como os católicos romanos entendem a presença real de Cristo na Eucaristia. Mas talvez seja proveitoso partilhar um discernimento fundamental, comum à maioria das tradições cristãs, que o sacramento é um sinal que efetua o que simboliza. Os sacramentos operam por meio do que *dizem*. O significado de ações comuns em nossa cultura é levado para nosso relacionamento com Deus e torna-se um significado mais profundo. É porque lavar tem um significado óbvio, eliminar a sujeira, que a ação é viável para significar e alcançar a eliminação de nossos pecados. Bater na cabeça de alguém com um martelo nunca poderia ser sinal sacramental de perdão porque isso negaria seu alcance comum. Aponta na direção errada.

Isaías profetizou "um banquete de carnes gordas, um banquete de vinhos finos, de carnes suculentas e vinhos depurados" (Is 25,6). Nossa refeição ritual de uma hóstia transparente e uma gota de vinho pode parecer um símbolo inadequado desse banquete, como foi aquele piquenique na praia. Mas os sacramentos operam em virtude do que *dizem*. Como sempre, Herbert McCabe é esclarecedor:

276

"VINDE COMER" ■

A Eucaristia trata da maneira como somos uns com os outros, de nossa unidade. Isso é óbvio por sua forma, uma refeição ritual para comer e beber juntos, para dizer que compartilhamos nossa vida. Agora não é apenas uma refeição ritual comum, mas uma refeição ritual sacramental, porque expressa o mistério de nossa unidade. Está claro que a Eucaristia não é uma refeição, do mesmo modo que o batismo não é tomar uma chuveirada. Não deve parecer uma ocasião em que pessoas famintas vêm comer e beber. É uma refeição simbólica, quando alguma coisa é dita. O pão e o vinho estão ali como simbolismo, não nutrição, embora, certamente, eles não teriam simbolismo se não fossem comida e bebida. Uma refeição puramente ritual na qual todos compartilham de uma pequena porção de pão e vinho é puramente simbólica, um fragmento de linguagem, uma palavra.[3]

Dizer que é "puramente simbólica" não significa que seja apenas um símbolo, da maneira que uma pequena torre Eiffel de plástico simboliza a coisa real. É, literalmente, vital que isso seja verdadeiramente o corpo e sangue de Cristo, o que não significa que a hóstia seja músculo e tecido disfarçados de pão para que se possa comê-la sem sentir náuseas. Para obtermos um vislumbre de como é verdadeiramente seu corpo e sangue, precisamos lembrar-nos de quem ele é, porque seu corpo não é uma coisa que ele tem, mas o próprio Cristo.

Em João 6, em que temos esse chocante convite para comer seu corpo e beber seu sangue, Jesus se apresenta como a Sabedoria de Deus.[4] As palavras iniciais de seu discurso sobre o pão da vida – "Eu sou o pão da vida. Quem vem a mim não terá mais fome, e quem crê em mim nunca mais terá sede" (Jo 6,35)

---

[3] Ver: <http://www.torch.op.org>, *The feast of Corpus Christi* 2001.
[4] BROWN. *The Gospel According to John*, pp. 269ss.

– evocam e nos levam além de Eclesiástico 24,29: "Os que comem de mim terão ainda mais fome; os que de mim bebem terão sede ainda". As multidões famintas que seguem Jesus porque querem mais pão estão em harmonia com Am 8,11: "Dias hão de vir – oráculo do Senhor Deus – quando hei de mandar à terra uma fome que não será fome de pão nem sede de água, e sim de ouvir a palavra do Senhor". No Antigo Testamento, a fome mais profunda é a da sabedoria, e a sabedoria nos chama, como Jesus: "Vinde comer do pão e beber do vinho que preparei para vós!" (Pr 9,5). Assim, quando comemos o corpo de Jesus e bebemos seu sangue, não é como se fôssemos assar nosso bispo local no espeto e devorá-lo em um piquenique paroquial. Aceitamos a dádiva daquele que é a Sabedoria Encarnada. A Sabedoria divina não é apenas uma inteligência divina. A Sabedoria estava com Deus quando o mundo foi criado e o fez para ser nossa morada.

> Fala o Senhor, o criador do céu, ele que é Deus,
> Aquele que modelou e fez a terra e firmou suas bases.
> – Não foi para ficar vazia que ele a criou, para ser habitada ele a modelou (Is 45,18).

É pela Sabedoria que nos sentimos em casa no mundo e pela Sabedoria divina encarnada, Jesus, que nos sentimos em casa em Deus. Ele é aquele em quem podemos estar à vontade. Seu pão e vinho são as dádivas do regresso ao lar. Ser corpóreo, para Jesus, não significa ser uma massa informe de carne, mas ser a Sabedoria divina hospitaleira, sua ampla acolhida.

Os sacramentos operam pelo que significam. Em Jesus, a Sabedoria divina, é-nos oferecido aquele em quem nossas vidas têm sentido. Quando ele foi rejeitado e crucificado, poderíamos ter-nos perguntado se alguma coisa ainda fazia sentido. Não é a história humana apenas um absurdo, uma momentânea bolha de inteligência em um universo sem propósito? Se é assim, então não podemos nos sentir em casa nem aqui nem em parte alguma. Não há exílio mais profundo que ter uma vida sem propósito. Em tempos de escuridão não encontramos nenhuma história de nossas vidas para contar, ou pelo menos nenhuma história que vá a algum lugar. É então que as pessoas são tentadas ao suicídio, pois qual é o sentido de viver? Essa foi a desolação das palavras de Auden que citamos antes:

> Agora as estrelas não fazem falta; apaguem todas,
> Embrulhem a lua e desmontem o sol.
> Deixem o oceano vazar e as florestas desaparecerem;
> Pois agora nada jamais pode acabar bem.[5]

Sermos convidados da Sabedoria é descobrir que estamos em casa, pois nossas vidas fazem parte de uma história que é a da Sabedoria. Somos aquele corpo no altar. Nossas vidas suportam tempos de escuridão quando parece que "agora nada jamais pode acabar bem". Mas também compartilhamos o triunfo pascal da Sabedoria sobre a insensatez, pois somos o corpo de Cristo. Quando recebemos o corpo e o sangue dizemos "Amém". É mais que nossa adesão ao sacerdote. Certa vez fiquei sobressaltado quando ofereci a hóstia a um velho irmão dominicano: "O corpo de Cristo", e ele replicou: "Eu sei". Nosso "Amém" não é um "Sim" incondicional e retumbante. É nossa participação naquele que é "somente 'sim' [...] é nele que todas as promessas de Deus

---

[5] AUDEN. *Collected Shorter Poems*, p. 92.

têm o 'sim' garantido" (2Cor 1,19-20). É nossa adesão ao triunfo do sentido sobre a insensatez. É até um nome de Jesus (Ap 3,14). É, nos diz Santo Agostinho, nosso Amém àquele para quem estamos nele.

Um lar de perdão

Depois de comerem, Jesus perguntou a Simão Pedro: "Simão, filho de João, tu me amas mais do que estes?". Pedro respondeu: "Sim, Senhor, tu sabes que sou teu amigo". Jesus lhe disse: "Cuida dos meus cordeiros". E disse-lhe pela segunda vez: "Simão, filho de João, tu me amas?". Pedro respondeu: "Sim, Senhor, tu sabes que sou teu amigo". Jesus lhe disse: "Sê pastor das minhas ovelhas". Pela terceira vez, perguntou a Pedro: "Simão, filho de João, tu és meu amigo?". Pedro ficou triste, porque lhe perguntou pela terceira vez se era seu amigo. E respondeu: "Senhor, tu sabes tudo; tu sabes que sou teu amigo". Jesus disse-lhe: "Cuida das minhas ovelhas. Em verdade, em verdade, te digo: quando eras jovem, tu mesmo amarravas teu cinto e andavas por onde querias; quando, porém, fores velho, estenderás as mãos, e outro vai te amarrar e te levará para onde não queres ir". (Disse-lhe isso para dar a entender com que morte Pedro iria glorificar a Deus.) E acrescentou: "Segue-me" (Jo 21,15-19).

Jesus abre um caminho para Pedro após sua tripla negação perto do fogo no interior do pátio do sumo sacerdote. Até esse momento, não foi feita nenhuma alusão a essa falha. Com infinita delicadeza, Jesus cria espaço para Pedro desdizer suas palavras infames: "Não pertences tu também aos discípulos desse homem?". "Não". Do começo ao fim do evangelho joanino, Jesus disse: "Eu sou" (*Ego eimi*), referência ao nome de Deus revelado a

Moisés no deserto: "Eu sou aquele que sou". A resposta de Pedro, "Não" (Não sou, *Ouk eimi*), é mais que a negação de que conhece Jesus. É exatamente o contrário do nome divino, pura negatividade, antimatéria.[6] O perdão de Jesus não é simplesmente pôr de lado aquelas palavras, como se nunca tivessem acontecido. Desde as palavras no pátio, Pedro não disse nada. Ficou mudo. Agora o perdão de Jesus cura seu silêncio, a fim de que ele possa pronunciar palavras de amor, palavras que só são possíveis porque a ressurreição é o triunfo do amor sobre o ódio e da Palavra de Deus sobre o silêncio do túmulo.

Nessa conversa, duas palavras diferentes são usadas para indicar amor, *fileo* e *agapao*. Alguns estudiosos afirmam que a diferença não é significativa, mas, considerando o prazer de João por sutilezas, isso parece implausível. Aceito a tradução de Samuel Wells, que é muito parecida com a do papa Bento,[7] para quem *fileo* é o amor da amizade e *agapao* significa um amor mais radical e incondicional. Eis como Wells traduz a troca de palavras:

> Jesus: Tu me amas de todo o coração e sem pensar em ti mesmo, diferente do modo como amas os outros?
> Pedro: Sabes que te amo como amigo.
> Jesus: Tu me amas de todo o coração e sem pensar em ti mesmo?
> Pedro: Sabes que te amo como amigo.
> Jesus: Tu me amas como amigo?
> Pedro (magoado): Sabes tudo; sabes que te amo como amigo.[8]

---

[6] Essa negatidade contrasta com a humildade do emprego que João Batista faz das mesmas palavras no início do evangelho: "Tu és Elias?", "Não sou" (Jo 1,21).
[7] Audiência geral, 24 de maio de 2006.
[8] WELLS. "The Logic of Forgiveness; a Friend like Peter", *Christian Century*, Feb. 2007, p. 24.

Wells e o Papa concordam, mais ou menos, na tradução, mas discordam sobre seu significado. Wells acha que Pedro simplesmente ainda não entendeu. Presume que o amor de amigo basta, como se não aprendesse nada com sua negação de Cristo. Foi apenas uma falha e agora podem prosseguir como antes. "A tocante ironia é que Pedro não entende o que Jesus pergunta e julga estar dando a resposta que Jesus quer ouvir. Ele até pensa que Jesus está sendo irracional ao fazer a pergunta uma terceira vez."[9] Acho a interpretação do papa Bento mais convincente. Ele atribui a Pedro mais inteligência, e talvez isso não seja surpresa, já que é seu sucessor! Pedro está dolorosamente ciente da imperfeição de seu amor por Jesus, mas é tudo o que ele tem. Na terceira vez que Jesus pergunta a Pedro se o ama, Jesus usa simplesmente a palavra que indica amizade. Jesus e Pedro sabem e aceitam com pesar que neste momento ele não é capaz de mais.

Na terceira vez Jesus só diz a Simão: *Fileis-me*? "Tu me amas?". Simão entende que seu fraco amor basta para Jesus, é o único do qual ele é capaz, entretanto magoa-se por Jesus ter falado com ele assim. E responde desta maneira: "Senhor, tu sabes tudo; sabes que te amo (*filo-se*)". Quer dizer que Jesus pôs-se no nível de Pedro! É exatamente essa submissão divina que dá esperança ao discípulo, que sentiu a dor da infidelidade.[10]

Como C. S. Lewis disse, "É privilégio divino ser sempre menos o amado e mais o que ama".[11]

---

[9]   Ibid., p. 27.
[10]   Ver: <http://www.vatican.va>.
[11]   LEWIS. *Four Loves*, p. 184.

Pedro vem para casa, para Jesus. Jesus prometera que seu Pai e ele fariam seu lar com os apóstolos e isso é agora realizado. A Eucaristia é nosso lar, seja o que for que tenhamos feito e sido. Tanta gente sente-se excluída por causa de suas circunstâncias pessoais que com surpreendente frequência têm a ver com sexo! As pessoas se divorciam e casam de novo, vivem com parceiros, são *gays,* ou seja lá o que for, e sentem-se indesejáveis, ou cristãos de segunda classe. Mas essas são situações em que as pessoas comuns se encontram em nossa sociedade e essas são as pessoas que Jesus com certeza convida para virem sentar-se e comer com ele na praia. Deus aceita nosso amor limitado, frágil e negligente, se isso é tudo o que temos para lhe oferecer agora. Se há um lugar para Pedro, que negou Jesus, então há lugar para todos nós. Talvez, como Pedro na conversa com Jesus, seja necessário algum processo de cura, enfrentando corajosamente o que fizemos e pedindo perdão, mas certamente não existe nenhuma exclusão permanente.

O amor deu-me as boas-vindas; mas minha alma retraiu-se
Culpada de ninharia e pecado.
Mas o Amor perspicaz, ao ver-me afrouxar
Desde a minha primeira entrada,
Aproximou-se de mim e docemente perguntou
Se me faltava alguma coisa.

Um convidado, respondi, digno de estar aqui;
O Amor disse: você será ele.
Eu, o indelicado, ingrato? Ah, meu caro,
Não posso encarar-te.
O Amor tomou-me pela mão e a sorrir replicou:
Quem fez os olhos, a não ser eu?

É verdade, Amor, mas eu os danifiquei; deixa minha vergonha
Ir aonde ela realmente merece.
E não sabes, diz o Amor, quem sofreu a culpa?
Meu caro, então, servirei.
Precisas sentar-te, diz o Amor, e provar minha carne;
Então, sentei-me e comi.[12]

---

[12] HERBERT. Love, *George Herbert; The Complete English Poems*, p. 178.

ATO 3, CENA 5

"Como o Pai me enviou também eu vos envio"

Quando os discípulos estavam reunidos na sala do andar de cima com as portas fechadas por medo, Jesus lhes disse: "Como o Pai me enviou também eu vos envio". No capítulo seguinte nós os vemos sendo enviados para o mundo mais vasto, representado pelo lago de Tiberíades, nosso mundo, onde eles são convidados a se sentir em casa, confiar na providência divina, receber o perdão e enfrentar a morte. No final de cada Eucaristia nós também somos enviados: "Ide em paz para amar e servir ao Senhor" ou "Ide em paz e o Senhor vos acompanhe". Não é tanto a conclusão da Eucaristia como sua consumação. João escreveu: "Nisto consiste o amor: não fomos nós que amamos a Deus, mas foi ele que nos amou e enviou o seu Filho como oferenda de expiação pelos nossos pecados" (1Jo 4,10). Quando somos enviados, ao final da Eucaristia, não é para nos livrarmos da congregação a fim de nos prepararmos para a celebração seguinte; somos apanhados nesse impulso de amor, que é o envio do Filho e do Espírito.

Começamos a Eucaristia "em nome do Pai, do Filho e do Espírito Santo". Concluímos abençoando-nos uns aos outros, por intermédio do sacerdote, naquele mesmo nome. Vemo-nos dentro do dinamismo de seu amor, projetado além de nós mesmos. O nome tradicional da Eucaristia é "missa", que deriva do latim original destas últimas palavras: *Ite Missa est*. Literalmente significa: "Ide, ela é enviada"; presume-se que ela é a Igreja. Assim, nos reunimos como indivíduos, trazendo para a Eucaristia nossos dramas particulares, nossas esperanças e mágoas, mas somos enviados como comunidade, membros do Corpo de Cristo, "Já não sou eu que vivo". Somos reunidos em comunhão para sermos enviados novamente. Somos enviados para voltarmos.

Como já afirmei,[1] essa é a aspiração da Igreja. A história da salvação é a história do sopro de Deus que enche e esvazia nossos pulmões. Deus soprou nos pulmões de Adão; Cristo esvaziou seu alento na cruz, e o Senhor ressuscitado soprou nos pulmões dos discípulos na manhã de Páscoa. Reunimo-nos ao redor do altar para a comunhão e para sermos enviados, Deus enchendo e esvaziando os pulmões da Igreja. Alguns de nós são mais atraídos para dentro e procuram a comunidade e um lugar ao qual pertencer. Outros são mais tocados pela urgência da missão, às vezes impacientes com o mundo pequeno da igreja, e são impelidos para fora. Estamos tão imbuídos da cultura competitiva de nossa sociedade que vemos o modo de ser cristão do outro como rival do nosso, ameaçado pela introversão ou extroversão da fé do outro. Mas essa periodicidade de reunir a comunidade ao redor do altar e então enviá-la faz parte da oxigenação da energia da Igreja. Sem ela, a Igreja pararia de respirar e morreria. É por isso que não concluímos a Eucaristia com um "Amém". Dissemos "Amém" no fim do credo para confirmar nossa fé, e no final da

---

[1] RADCLIFFE. *What is the Point of Being a Christian?*, pp. 174-178.

oração eucarística para confirmar nossa esperança. Dissemos nosso "Amém" quando recebemos o corpo de Cristo. Mas não há nenhum "Amém" conclusivo, assim como, enquanto vivemos, não paramos de respirar.

Nossa fé começou com um envio: "O Senhor disse a Abrão: 'Sai de tua terra, do meio de teus parentes, da casa de teu pai, e vai para a terra que eu te vou mostrar'" (Gn 12,1). Os evangelhos também terminam com um envio. Em Marcos, o anjo diz às mulheres: "Mas ide, dizei a seus discípulos e a Pedro: 'Ele vai à vossa frente para a Galileia. Lá o vereis, como ele vos disse!'" (Mc 16,7). Em Mateus, os discípulos encontram Jesus na montanha e ele lhes diz: "Ide, pois, fazer discípulos entre todas as nações, e batizai-os em nome do Pai, do Filho e do Espírito Santo. Ensinai-lhes a observar tudo o que vos tenho ordenado. Eis que estou convosco todos os dias, até o fim dos tempos" (Mt 28,19s). Em João, como vimos: "Como o Pai me enviou também eu vos envio" (Jo 20,21). A única exceção é Lucas, em cujo evangelho lhes é ordenado que voltem ao templo, onde o drama começou. Nos Atos, ficamos sabendo como a comunidade é enviada e resiste. Apesar de Pentecostes e do derramamento do Espírito Santo, os apóstolos estabeleceram-se como pequena comunidade judaica em Jerusalém e dali não arredaram pé. Ironicamente, foi só a perseguição de Saulo, prestes a tornar-se o apóstolo dos gentios, que conseguiu enviar os discípulos em missão, exceto os apóstolos! "Naquele dia começou uma grande perseguição contra a Igreja que estava em Jerusalém. Todos, com exceção dos apóstolos, se dispersaram pelas regiões da Judeia e da Samaria" (At 8,1). Eles não querem ir!

Ao pregar sobre o Espírito Santo, o Confortador, o arcebispo Michael Ramsey disse que esse "conforto" não era como uma

POR QUE IR À IGREJA?

bolsa d'água quente. Era revigorante. Peter Cornwell compara-o à cena na tapeçaria de Bayeux, onde o bispo Odon é visto cutucando um soldado nas costas com uma lança para forçá-lo a entrar na luta. Na inscrição lê-se: "Odon conforta seus homens".[2] Todo mês de maio, minha atenção era distraída quando eu me sentava em S. Sabina, olhando do alto a mais bela vista de Roma. Filhotes de falcão eram vistos tentando desesperadamente se manter no ar, perto da janela, depois de terem sido expulsos do ninho pelos pais e forçados a voar. É o que o Espírito Santo faz, empurrando-nos para fora de nosso ninho eclesiástico para a missão.

Por que relutamos tanto em sermos enviados? Porque significa morrer para o que somos. Pregar o evangelho não é questão de transformar outras pessoas em cristãos exatamente como nós. Não recrutamos pessoas para adotarem nossas opiniões e nossa identidade, como os fariseus, que Jesus acusou de percorrerem "o mar e a terra para converter alguém, e quando o conseguis, o tornais merecedor do inferno, duas vezes mais do que vós" (Mt 23,15). Somos enviados em missão para descobrir quem somos em e para essas outras pessoas. A primeira missão da Igreja aos gentios foi a morte para a identidade inicial da Igreja como comunidade que era unicamente judaica. Em Antioquia "os discípulos foram, pela primeira vez, chamados com o nome de 'cristãos'" (At 11,26). A identidade cristã é dada e também deve sempre ser descoberta com nossos irmãos e irmãs desconhecidos.

A história da Igreja fala de sucessivas mortes e renascimentos. Quando a Igreja identificou-se com a civilização romana, a

---

[2] Cf. CORNWELL, Peter. *Times Literary Supplement*, 20 Jan. 2006, p. 28. Na verdade, Cornwell afirma que é o rei Guilherme quem cutuca e consola, mas parece que foi seu meio-irmão, o bispo Odon, quem encomendou a tapeçaria.

aceitação dos bárbaros foi outra dolorosa perda de identidade. Para sermos propriamente católicos, tínhamos de deixar de ser estritamente romanos. A missão para as Américas subverteu a identificação da Igreja com a cristandade europeia. Quando, em 1511, Antonio de Montesinos desafiou os conquistadores espanhóis proclamando que os frades dominicanos não os absolveriam de seus pecados, a menos que eles libertassem os escravos, ele abalou a concepção eurocêntrica que eles tinham do que era ser cristão.

> Digam-me com que direito, com que justiça mantendes estes índios nessa escravidão tão cruel e horrível? Com que autoridade travais essas guerras detestáveis contra essas pessoas que viviam em suas terras tão mansa e pacificamente, onde destruístes um número tão enorme deles, com morte e destruição de que nunca se ouvira falar? Não são eles humanos? Não têm almas racionais? Não sois obrigados a amá-los como a vós mesmos? Não percebeis isso? Não o entendeis?[3]

Eles não entendiam o que significava ser parente desses indígenas em Cristo. Bartolomeu de Las Casas, op, aprendeu a ver o mundo pelos olhos dos índios e, assim, descobriu como o cristianismo precisava mudar a fim de ser um lar para nossos novos irmãos e irmãs. A antiga cristandade precisava morrer para o cristianismo progredir. A polícia de Franco surrava os bascos por falarem a própria língua, o euscara, dizendo: *Habla cristiano*, "Fala cristão", isto é, "Fala espanhol". Mas "falar cristão" deixa em aberto nossos dialetos tribais, de modo que descobrimos novas palavras para acolher estranhos. Isso é assustador, mas,

---

3   RUSTON. *Human Rights and the Image of God*, p. 67.

como São Tomás de Aquino escreveu, *Quantum potes aude*, "Ousa fazer tudo de que és capaz".

Ser enviado é um sinal do Deus que busca a ovelha perdida. Os gregos tinham uma deusa da memória, Mnemósine, mas nosso Deus não se esquece de ninguém. Las Casas escreveu que "Deus tem memória muito fresca e viva do menor e mais esquecido".[4] Um dos medos humanos mais fundamentais é o de sermos esquecidos. Quando via os pais aprontarem-se para viajar, aos quatro anos de idade, Gwydion Thomas, filho do poeta R. S. Thomas e da pintora Elsi Eldridge, saía correndo e gritava: "Vocês se esqueceram de mim?". Na noite da véspera de ser mandado para o internato, aos oito anos, ele correu pela aldeia e escreveu nas soleiras de todas as portas: "Lembrem-se de mim".[5] Nosso Deus é a Mãe que não se esquece de nenhum dos filhos. "Sião vinha dizendo: 'O Senhor me abandonou, o Senhor esqueceu-se de mim!'. Acaso uma mulher esquece o seu neném, ou o amor ao filho de suas entranhas? Mesmo que alguma se esqueça, eu de ti jamais me esquecerei! Vê que escrevi teu nome na palma de minha mão, tenho sempre tuas muralhas diante dos olhos" (Is 49,14-16).

Gravei na memória uma viagem ao Amazonas por duas razões. O povo de uma pequena aldeia indígena presenteou-me com um arco e flecha que usa para caçar. Afavelmente disparei uma flecha, achando que ela cairia a menos de um metro, mas ela voou a grande altura e caiu a grande distância, onde havia gente caminhando. Quase desmaiei quando percebi que poderia ter matado alguém e ainda acordo à noite, suando com

---

[4]   GUTIÉRREZ. "Las Casas". In: *Search of the Poor of Jesus Christ*, p. 61.
[5]   ROGERS. *The Man Who Went into the West*, p. 150.

ansiedade. A outra razão é por causa de um irmão que para mim é sinal da memória fiel de Deus. Sua paróquia abrange milhares de quilômetros quadrados de floresta. O único jeito de viajar por ela é de canoa ou a pé. Ele passa a maior parte do ano visitando distantes aldeias de indígenas, de cuja existência nenhum outro branco tem conhecimento. Ele é inteligente e educado e poderia ter feito um nome para si. Sua vocação é desaparecer, compartilhar a invisibilidade dessas pessoas que ele ama e das quais desconhecemos os nomes; ele é um sinal de que esses indígenas são visíveis aos olhos de Deus e estão gravados nas palmas das mãos de Deus.

A comunidade é mantida pela memória comum. A memória lembra, reúne em um só corpo os membros espalhados. Jonathan Sachs, o principal rabino da Grã-Bretanha, revela o elo entre a memória e a identidade:

Os autores da Bíblia estavam entre os primeiros historiadores. Dois terços dos livros bíblicos são históricos. Contudo, o hebraico bíblico não tem nenhuma palavra para designar história. Em seu lugar, a Bíblia usa uma palavra significativamente diferente: *Zakhor*, "lembrai-vos". Aparece nada menos que 169 vezes na Bíblia. Acima de tudo, há o reiterado refrão: "Lembrai-vos de que éreis escravos no Egito". Há uma diferença entre história e memória. História é a história de outra pessoa. Trata de eventos acontecidos em outro lugar, outro tempo. Memória é minha história. Trata de eventos que, em certo sentido, aconteceram comigo. Daí a injunção rabínica a respeito de contar a história da Páscoa. "Em cada geração somos compelidos pelo dever de ver a nós mesmos como se tivéssemos saído do Egito." A memória trata da identidade.[6]

---

[6]   SACKS. *The Times*, 22 Oct. 2007, p. 55.

POR QUE IR À IGREJA?

A identidade cristã define-se por uma dupla memória. Em toda Eucaristia lembramos e reencenamos o que Jesus fez na noite antes de morrer: "Fazei isto em memória de mim". Essa memória nos reúne em comunidade e mostra-nos quem somos. Lembramos os santos que se foram antes de nós, o ensinamento de nossas Igrejas; lembramo-nos uns dos outros. Mas também somos impelidos para fora, tentando alcançar a vasta memória divina, que não esquece ninguém, do contrário deixaríamos de existir. Talvez essa dupla memória seja simbolizada por nossa lembrança de pessoas das quais não sabemos os nomes, exatamente como existe um monumento ao Soldado Desconhecido. Há a mulher anônima que despejou nardo puro sobre a cabeça de Jesus na casa de Simão, o leproso, dois dias antes da última Páscoa dele: "Em verdade vos digo: onde for anunciado o Evangelho, no mundo inteiro, será mencionado também, em sua memória, o que ela fez" (Mc 14,9). E há o bom ladrão, crucificado ao lado de Jesus, que só pede para ser lembrado: "Jesus, lembra-te de mim, quando começares a reinar" (Lc 23,43). Nós os lembramos, embora não saibamos seus nomes. Assim, a identidade cristã é sempre dada e também está para ser descoberta.

Jesus é verdadeiramente o Filho de seu *Abbá* e compartilha a memória de seu Pai, e por isso reconhece as pessoas que não encontrou antes. Reconhece Natanael: "Antes que Filipe te chamasse, quando estavas debaixo da figueira, eu te vi" (Jo 1,48). E, assim, Natanael é libertado para reconhecer Jesus: "Rabi, tu és o Filho de Deus, tu és o Rei de Israel!" (Jo 1,49). Jesus sempre identifica as pessoas invisíveis na multidão: Levi, sentado na coletoria de impostos, Zaqueu em cima da árvore, a viúva que depositou duas moedinhas no cofre do templo. Ele vê o jovem rico e o ama. Ele é a personificação do Deus que nunca perde ninguém de vista. Em algumas partes da África uma saudação tradicional é: "Eu te vejo". A sociedade ocidental está cheia de pessoas invisíveis. Na verdade, o olhar inexpressivo é seguro, com os olhos que não mostram reconhecimento. Um livro recente sobre a fala adolescente, como os adolescentes falam, diz: "Nunca olhe um antiquado nos olhos". Mas devemos personificar os olhos de Cristo, que estão abertos. Se tivermos a mente de Cristo, também nós reconheceremos pessoas que nunca vimos antes e que ninguém nota ou então vê com desdém.

William James escreveu: "Se tal coisa fosse fisicamente possível, nenhum castigo mais diabólico poderia ser arquitetado que sermos largados na sociedade e permanecermos completamente despercebidos por todos os membros dela. Se ninguém se voltasse quando entrássemos, respondesse quando falássemos, nem se importasse com o que fizéssemos, mas se todos que encontrássemos 'virassem-nos as costas' e agissem como se fôssemos coisas não existentes, não demoraria para brotar em nós uma espécie de raiva e desespero impotente, da qual a tortura física mais cruel seria um alívio".[7] Minorias étnicas, imigrantes, os pobres, os *gays* muitas vezes sentem-se invisíveis em nossas igrejas. Em *Deus Caritas Est*, o papa Bento XVI escreveu: "Eu vejo com os olhos de Cristo e posso dar ao outro muito mais do que as coisas externamente necessárias: posso dar-lhe o olhar de que ele precisa".[8]

Dar esse olhar de amor significa que reconheço a identidade que eles reivindicam, embora eu possa vir a contestá-la, como

---

[7] De *The Principles of Psychology*. Boston, 1890, citado em BOTTON, Alain de. *Status Anxiety*. London, 2004, p. 15.

[8] *Deus Caritas Est*, n. 18.

eles vão contestar a minha. Preciso reconhecer a complexidade da vida de outras pessoas, suas fidelidades e amores, os valores que elas acalentam. Enquanto eu não fizer isso, por que elas devem me reconhecer? Se nossos jovens acham sua identidade em gangues de rua, então é aí que devemos começar com eles. Quando, durante uma palestra em Los Angeles, sugeri que poderia ser uma boa ideia os cristãos irem assistir *O segredo de Brokeback*, o filme sobre vaqueiros *gays*, não demorou para pessoas indignadas distribuírem, do lado de fora da conferência, folhetos que me denunciavam por incentivar a imoralidade. Temos medo de oferecer o olhar atento e compassivo de Cristo porque os que vemos podem nos mudar? Com eles descobriremos de outra forma quem somos.

Saben que existo, pero no me ven, "Sabem que existo, mas não me veem".[9] Essa era a inscrição sob a fotografia de um menino de rua em uma exposição em Lima. Sabem que existo como uma ameaça, uma estatística, um problema a ser solucionado, mas não me veem. Às vezes um desastre como o *tsunami* abre por um instante nossos olhos para os milhões de pobres invisíveis. Depois do furacão Katrina, os pobres de Nova Orleans ficaram brevemente visíveis nas telas de nossas tevês. "De repente os pobres surgiram das sombras da invisibilidade, erguidos num pedestal temporário pelo desastre natural [...] veem-se em um estranho país das maravilhas de reconhecimento."[10] Na parábola mateana, os cabritos perguntam a Jesus: "'Senhor, quando foi que te vimos com fome ou com sede, forasteiro ou nu, doente ou preso,

---

[9]   Brian Pierce, op, foi quem me falou dessa exposição.
[10] Merida, Kevin; Fletcher, Michael A. "For the Poor, Sudden Celebrity", *Washington Post*, 22 Sept. 2005, p. 17; citado em *Yesterday's Bread*.

e não te servimos?'. Ele lhes responderá: 'Em verdade, vos digo, todas as vezes que não fizestes isso a um desses mais pequenos, foi a mim que o deixastes de fazer!'" (Mt 25,44s).

Assim, somos enviados para concretizar o reconhecimento por Deus de todos os seus filhos. E isso inclui reconhecer os desejos que perseguem o coração das pessoas, a fome que elas têm de felicidade e liberdade. Não somos enviados para lhes dizer o que elas *devem* querer, mas para mencionar a fome de Deus que acreditamos estar presente, embora oculta ou implícita, em todo ser humano.

Isso nos leva de volta ao início de *What is the Point of Being a Christian?* Exatamente como este livro recomeçou de onde o livro anterior terminou. Os dois livros harmonizam-se um com o outro. E, assim, vou concluir com umas poucas palavras, à guisa de conclusão ou introdução. A primeira pregação do Evangelho é a festividade de Jesus – comer, beber e sentir prazer na companhia de praticamente qualquer pessoa. Quando Santo Antônio pregava, dizia-se que até os peixes iam embora alegres.[11] Naturalmente, como dominicano, eu me pergunto como é possível distinguir um peixe triste de um alegre. O abade primaz dos beneditinos, Notker Wolf, convidou alguns monges budistas e xintoístas japoneses a hospedarem-se no mosteiro de Santo Odilon, na Baviera. Quando lhes perguntaram o que os impressionava, eles responderam: "A alegria. Por que os monges católicos são tão alegres?". E os monges não deveriam ser os únicos a se contagiar por essa alegria. É um vislumbre diminuto da bem-aventurança para a qual todos fomos criados. É a exuberância dos

---

[11] *I fioretti*, cap. 40, p. 99.

que beberam o vinho novo do Evangelho. O vinho novo que nos deixa bêbados era a metáfora evangélica favorita dos primeiros dominicanos. De fato, tenho a impressão de que eles não apenas apreciavam a metáfora!

A felicidade que devemos expressar é a que todos procuram. Agostinho escreveu: "Todos querem ser felizes. Não há ninguém que não concorde comigo nesse ponto quase antes que as palavras saiam da minha boca".[12] Mas que tipo de felicidade? Para muitos de nossos contemporâneos é obrigação. Estamos proibidos de ficar tristes. Quando fazemos compras, nos mandam "desfrutar". Se alguém está triste, então isso precisa ser disfarçado, pois é vergonhoso. Um levantamento da Geração Y, com jovens de 15 a 25 anos, realizada pela Igreja da Inglaterra, concluiu que essa alegria compulsória é um fardo esmagador para os jovens. "A tristeza não é facilmente reconhecida em face da felicidade 'realizável'. Por essa razão, a tristeza é fonte poderosa de vergonha oculta e solidão para os jovens."[13] Uma razão para a epidemia de suicídios entre os jovens é o ditame impossível para ser feliz.

Jesus envia seus seguidores para irem fazer discípulos entre todas as nações: "Ensinai-lhes a observar tudo o que vos tenho ordenado" (Mt 28,20). Está claro que Mateus tem em mente as bem-aventuranças, a felicidade paradoxal dos que são pobres no espírito, que choram, que são misericordiosos e, acima de tudo, que são injuriados e perseguidos por causa de Cristo. É para ensinar essa felicidade que somos enviados. É uma felicidade desconcertante porque não se contrapõe à tristeza. Na verdade,

---

[12] *De moribus ecclesiae catholicase*, 3, 4.
[13] SAVAGE et alli. *Making Sense of Generation Y*, p. 48.

aqueles que choram é que são felizes. O contrário de alegria não é tristeza, mas dureza de coração, um coração de pedra.

Os santos mais felizes são também os mais tristes, como São Domingos que ria de dia com os irmãos, mas chorava à noite com Deus. Assim, somos enviados para reconhecermos a alegria e a tristeza das pessoas, para sermos tocados e mudados por elas. É famoso o início de *Anna Karenina*: "Todas as famílias felizes se parecem entre si; as infelizes são infelizes cada uma à sua maneira". É óbvio que isso não é verdade, pois há muitos tipos de felicidade e nenhuma felicidade verdadeira exclui a tristeza. Na Broadway há um dito segundo o qual "a felicidade escreve em branco", isto é, canções que tratam apenas da felicidade são monótonas. Tal estado de contentamento impenetrável seria falso, uma fuga da realidade. A felicidade de Cristo não é uma jovialidade determinada, de dentes cerrados, mas a alegria de Deus que toma sobre si a tristeza do mundo.

Quando os olhos de Etty Hillesum abriram-se ao sofrimento de sua pequena comunidade judaica, que estava lentamente sendo destruída pelos ocupantes nazistas, ela viu que sua alegria em Deus só seria mantida se ela também aprendesse a suportar sua tristeza:

Dê à sua tristeza todo o espaço e abrigo que ela merece em você mesmo, pois, se todos suportarem seu pesar sincera e corajosamente, a tristeza que agora ocupa inteiramente o mundo cessará. Mas se você não liberar um abrigo decente para sua tristeza e, em vez disso, reservar quase todo o espaço dentro de si para o ódio e pensamentos vingativos – dos quais vão se originar mais tristezas para os outros –, então a tristeza nunca cessará neste mundo e se multiplicará. E se você der à tristeza o espaço que as dóceis

POR QUE IR À IGREJA?

origens dela exigem, então poderá verdadeiramente dizer: a vida é bela e tão rica. Tão bela e tão rica que faz você querer acreditar em Deus.[14]

Não foram palavras fáceis para uma jovem judia escrever em 1942, ela que já adivinhava o que a esperava.

Se alguém deseja provar a alegria divina, então não deve temer ser tocado pela tristeza, pois ela aprofundará o buraco que Deus encherá de felicidade. Nossa sociedade resiste a esse pensamento libertador porque quase sempre não diferenciamos a tristeza da depressão, que é doença terrível e precisa de tratamento. Se confundirmos as duas, seremos incapazes de perceber que muito sofrimento é perfeitamente natural, saudável e a única resposta sensata ao que nós vivemos. Allen Horwitz e Jerome Wakefield, em um livro chamado *The Loss of Sadness; How Psychiatry Transformed Normal Sorrow into Depressive Disorder* [A perda da tristeza; como a psiquiatria transformou a tristeza normal em distúrbio depressivo], "denunciam a 'patologização' de um grande número de pessoas, que passam por problemas da vida, mas agora são registradas como psiquiatricamente doentes e por isso recebem tratamento mental irrelevante para elas".[15]

Ficamos contentes por não termos vergonha de às vezes também ficarmos pesarosos. Em nossa cultura, a tendência é viver só para o momento presente. Então a alegria e a tristeza são

---

[14] HILLESUM. *An Interrupted Life*, p. 118.
[15] FREEMAN, Hugh. "A bit down", *Times Literary Supplement*, 14 Mar. 2008, p. 30. Resenha do livro de Allen V. Horwitz e Jerome C. Wakefield, *The Loss of Sadness; How Psychiatry Transformed Normal Sorrow into Depressive Disorder*. Oxford, 2007.

absolutas, pois não existe mais nada. A alegria cristã pode conter a tristeza em seu íntimo porque vive a história de Cristo, que vai do batismo à ressurreição, incluindo a sexta-feira santa como um momento na jornada. A autoridade da história será uma alegria que é maior que a atual e, assim, suporta sua contradição. É a de Cristo que "em vista da alegria que o esperava, suportou a cruz, não se importando com a infâmia, e assentou-se à direita do trono de Deus" (Hb 12,2). Quando saiu de Westerbork para Auschwitz, Etty Hillesum conseguiu jogar para um amigo um cartão postal que dizia: "Saímos do campo cantando".[16]

Os discípulos estão trancados na sala do andar de cima "por medo dos judeus". É um medo estranho, pois eles próprios eram judeus. Tinham medo de si mesmos. O Cristo ferido e ressuscitado destranca as portas dos medos deles e os envia em missão, livres. Somos enviados para dar testemunho da liberdade que todos buscam, embora também a nossa seja uma liberdade paradoxal, pois, como nossa alegria, inclui seu oposto. Os levantamentos de valores europeus demonstram consistentemente que um dos valores mais fundamentais dos jovens é a liberdade. Há muitos tipos de liberdades. Há a liberdade de consumo, de comprar o que se quer. Os jovens, em geral, valorizam o dinheiro, não porque são materialistas, pois não são. Mais exatamente, o dinheiro lhes dá a liberdade de ir aonde querem e ser quem desejam. A liberdade é também entendida como autonomia pessoal.

Um anúncio das calças Levi's tornou-se por algum tempo forte símbolo dessa liberdade da repressão. Mostrava as pessoas

---

[16] HILLESUM, op. cit., p. 426.

■ POR QUE IR À IGREJA?

correndo através de muros, ao lado de árvores derrubadas, saltando sobre abismos.[17] Na França, existe o esporte *Yamakasi*,* de uma raiz congolesa que significa "pessoa forte, espírito forte, corpo forte". A pessoa corre pela cidade transformando barreiras em plataformas de lançamento, muros em lugares para saltar, obstáculos em trampolins de liberdade. A pessoa atravessa dançando e dança por cima e ao redor de tudo o que foi colocado para enclausurá-la. É uma bela e criativa expressão de liberdade. De fato, os jovens estão cada vez menos livres, mais controlados, vigiados por mais câmeras de circuito interno de televisão, registrados e até aprisionados. Daí a bela liberdade da internet em que você pode eliminar distâncias, recrear-se, ser quem você quiser. Você pode entrar em uma sala de bate-papo com pessoas do outro lado do mundo e desligar-se quando já teve o bastante.

Somos chamados a testemunhar uma liberdade mais profunda, que é dar a vida, como fez Cristo: "Isto é o meu corpo, que é dado por vós". Somos livres para sermos enviados. Somos livres para sair da igreja ao fim da Eucaristia e ir até outras pessoas, compartilhar suas vidas e mencionar o Deus que já está ali. Mas muitas vezes parece que os cristãos ficam paralisados pelo medo e se recusam a sair pela porta que Jesus destrancou. Temos medo de dizer o que pensamos. Talvez tenhamos medo de confessar nossa fé ao mundo e nossas dúvidas uns aos outros. Talvez tenhamos medo de parecer excêntricos em nossa sociedade secular, ou desleais à "linha partidária" de nossa Igreja, trancada em alguma salinha do andar de cima. Talvez tenhamos medo de perder nossa cômoda identidade e deixar o Espírito

---

[17] SAVAGE et alii. *Making Sense of Generation Y*, p. 40.
* No Brasil, é mais conhecido pelo nome *parkour*. (N.E.)

Santo empurrar-nos para fora do ninho. Mas "é para a liberdade que Cristo nos libertou" (Gl 5,1).

Por que deveria nosso bispo sonolento, ou qualquer um de nós, sair da cama e ir à igreja? Com bastante frequência a igreja vai estar fria; o sermão, irritante; a música, repetitiva e os bancos, duros. Parece que não acontece nada empolgante. O que ganho com isso? Sugeri que vamos porque nos é oferecida uma dádiva, o corpo e sangue de Cristo. Se cremos em Jesus, seria estranho não desejar aceitar o que ele nos oferece. Mas as dádivas divinas são dadas por intermédio da lenta transformação de quem somos, obra divina, silenciosa, sem força dramática, que nos recria como pessoas que têm fé, esperança e caridade.

Nós nos reunimos porque Cristo nos reúne. Ele disse ao povo de Jerusalém: "Quantas vezes eu quis reunir teus filhos, como a galinha reúne os pintainhos debaixo das asas, mas não quiseste!" (Lc 13,34). Não raro, na manhã de domingo, sentimos uma relutância semelhante; nem mesmo imaginar Jesus como uma grande galinha cálida pode ser suficiente para nos induzir a sair de nossa agradável cama quente. Reunimo-nos em nossa congregação local porque estamos dispostos a nos reunirmos na comunidade de fé, que se estende pelo tempo e espaço, de Abraão, nosso pai na fé, ao último bebê a ser batizado. A fé é o começo de nossa aceitação de amizade com Deus, aprendendo a olhar o mundo com amor, com gratidão, encantando-nos com sua inteligibilidade. Reunimo-nos como comunidade de esperança, para partilhar nossa esperança com todos aqueles que não veem futuro para si mesmos nem para a humanidade. Reunimo-nos em uma comunidade de amor que é a Trindade, mas isso não significa que ficaremos cheios de sentimentos calorosos pelos outros membros da congregação. Provavelmente não! Mas isso realmente implica uma transformação gradual de quem eu sou, "já não sou eu que vivo", descobrindo Deus e eu mesmo no estranho, e Deus no âmago de meu ser. O lento trabalho da graça libertar-me-á para ser enviado no final. Por que ir à igreja? Para ser enviado.

Bibliografia

ADAM, David. *Aidan, Bede, Cuthbert*; Three inspirational Saints. London, 2006.

ADAMS, Douglas. *The Hitchhiker's Guide to the Galaxy*. London, 1979.

ALDERMAN, Naomi. *Disobedience*. London, 2007.

ALISON, James. *Knowing Jesus*. London, 1993.

_____. *Undergoing God*; Dispatches from the Scene of a Break-in. London, 2006.

AMBRÓSIO, Santo, de Milão. *Discorsi e Lettere* II/III. Milano, 1988.

AUDEN, W. H. *Collected Shorter Poems 1927-1957*. London & Boston, 1966.

AGOSTINHO, Santo. *Confissões*. Petrópolis, Vozes, 2000.

AYO, Nicholas. *The Lord's Prayer*: A Survey Theological Literary. Notre Dame, 1992.

AYTO, John. *Bloomsbury Dictionary of Word Origins*. London, 1990.

BARRON, Robert. *And Now I See...* A Theology of Transformation. New York, 1998.

_____. *The Strangest Way*; Walking the Christian Path. New York, 2006.

BAUMAN, Zygmunt. *Liquid Modernity*. Cambridge, 2000.

BEAUVOIR, Simone. *Mémoire d'une jeune fille rangée*. Paris, 1958.

BENTO XVI, Papa. Audiência geral, 24 de maio de 2006.

_____. *Lembranças da minha vida*; Autobiografia parcial (1927-1977). São Paulo, Paulinas, 2007.

_____. Sermão para a vigília da Páscoa 2007. <http://www.vatican.va>.

BEPLATE, Justin. "No Rosy Veil". *Times Literary Supplement*, July 2007.

BOSS, Sarah. Jerusalem, Dwelling of the Lord; Marian Pilgrimage and its Destination. pp. 135-151. In: NORTH, Philip & NORTH, John, orgs., *Sacred Space*; House of God, Gate of Heaven. London, 2007.

■ POR QUE IR À IGREJA?

BOSTRIDGE, Mark. "Feel my scars". *Times Literary Supplement*, 16 June 2006.

BOYLE, Nicholas. *Sacred and Secular Scriptures*; A Catholic Approach to Literature. London, 2004.

BRODIE, op, Thomas L. *The Gospel According to John*; A Literary and Theological Commentary. Oxford, 1993.

BROWN, Peter. *Augustine of Hippo*. London, 1967.

BROWN, Raymond. *The Gospel According to John*, v. 1 e 2. London, Dublin & Melbourne, 1971.

BURLEIGH, Michael. *Earthly Powers*; The Conflict Between Religion and Politics from the French Revolution to the Great War. London, 2005.

BYATT, A. S. Novel Thoughts. *Times Literary Supplement*, 30 Nov. 2007.

CAMUS, Albert. "L'Incroyant et les chrétiens; fragments d'une exposé fait au couvent des Dominicains de Latour-Maubourg en 1948". *Essais Actuelles* 1. Paris, 1965.

CAREY, Peter. *True History of the Kelly Gang*. Brisbane, 2000.

CASSEDY, Stephen. *Dostoevsky's Religion*. Stanford, CA, 2005.

CAVANAUGH, W. *Torture and Eucharist*; Theology, Politics, and the Body of Christ. Oxford, 1998.

CERVANTES, Fernando. *The Devil in the New World*; The Impact of Diabolism in the New Spain. New Haven, CT, 1997.

Chesterton, G. K. "The Mercy of Mr. Arnold Bennett". *Fancies vs. Fads*. London, 1923.

COLLEDGE, Edmund & WALSH, James, orgs. *Julian of Norwick*; Showings. Mahwah, NJ, 1978.

CORNWELL, John. *Seminary Boy*. London, 2007.

DANTE ALIGHIERI. *A divina comédia*. São Paulo, Editora 34, 1998. 3 v.

DAS, Santanu. *Touch and Intimacy in First World War Literature*. Cambridge, 2006.

DAVIE, Grace. *Religion in Modern Europe*; A Memory Mutates. Oxford, 2000.

DAWKINS, Richard. *The God Delusion*. London, Toronto etc., 2006.

DE BOINOD, Adam Jacot. *Toujours Tingo*; More Extraordinary Words to Change the Way We See the World. London, 2007.

DICKENS, Charles. *Great Expectations*. Primeira publicação. London, 1861.

DICKENS, Charles. The Life and Adventures of Martin Chuzzlewit. Primeira publicação. London 1844 [Martin Chuzzlewit].

DILLARD, Annie. Teaching a Stone to Talk. New York, 1982.

_____. The Writing Life. New York, 1989.

DRISCOLL, osb, Jeremy. A Monk's Alphabet; Moments of Stillness in a Turning World. London, 2006.

_____. What Happens at Mass. Chicago, 2005.

DUFFY, Eamon. "Benedict XVI and the Eucharist". New Blackfriars, March 2007.

_____. Faith of our Fathers; Reflections on Catholic Tradition. London, 2004.

_____. The Stripping of the Altars; Traditional Religion in England c.1400-c.1580. New Haven, CT, 2005.

EAGLETON, Terry. How to Read a Poem. Oxford, 2006.

_____. The Meaning of Life. Oxford, 2007.

ELIE, Paul. The Life You Save May Be Your Own; An American Pilgrimage. New York, 2003.

ELIOT, T. S. The Complete Poems and Plays of T. S. Eliot. London, 1969.

ENGER, Leif. Peace Like a River. London, 2001.

EPSTEIN, Isidore, org. Babylonian Talmud. London, 1938.

ERNST, op, Cornelius. The Theology of Grace. Dublin, 1974.

FERGUSON, Ron; CHATER, Mark. Mole Under the Fence; Conversations with Roland Walls. Edinburgh, 2006.

FERGUSSON, Maggie. George Mackay Brown; The Life. London, 2006.

FINN, op, Richard. Almsgiving in the Later Roman Empire; Christian Promotion and Practice 315-450. Oxford, 2006.

FOUCAULT, Michel. Folie et déraison; Histoire de la folie à l'âge classique. Paris, 1961.

FRANCISCO, São, de Assis. I Fioretti de São Francisco de Assis. 7. ed. Petrópolis, Vozes, 1985.

FROST, Robert. LATHEM, Edward Connery, org. The Poetry of Robert Frost. London, 2001.

GIDDENS, Anthony. A Runaway World; How Globalisation is Reshaping our Lives. London, 1999.

GOLDSTEIN, Saiving. "The Human Situation – a Feminine View". *Journal of Religion*, 40, 1960, pp. 100-112.

GROVES, Paul. "The Mauve Tam-O'Shanter". *Times Literary Supplement*, 13 July 2007.

GUTIÉRREZ, Gustavo, op. *Las Casas in Search of the Poor of Jesus Christ*. Trad. para o inglês por Robert R. Barr. New York, 1993.

HAHN, Scott. *O Banquete do Cordeiro*. São Paulo, Loyola, 2002.

HAMID, Mohsin. *The Reluctant Fundamentalist*. London, 2008.

HART-DAVIS, Duff, org. *King's Counsellor*: Abdication and War. The Diaries of Sir Alan Lascelles. London, 2006.

HERBERT, George. TOBIN, John, org. *The Complete Poems*. London, 2004.

HILL, op, William. "Preaching as a 'Moment' in Theology". In: HILKERT, Mary Catherine, org. *Search for the Absent God*; Tradition and Modernity in Religious Understanding. New York, 1992.

HILLESUM, Etty. *An Interrupted Life*; The Diaries and Letters. London, 1996.

HOPKINS, sj, Gerard Manley. GARDNER, W. H., org. *Poems and Prose*. London, 1985.

HYDE, Lewis. *The Gift*; How the Creative Spirit Transforms the World. Edinbourg, 1979.

ISAACSON, Walter. *Einstein*; His Life and Universe. London, 2007.

JANOWIAK, sj, Paul. *The Holy Preaching*; The Sacramentality of the Word in the Liturgical Assembly. Collegeville, IL, 2000.

JOÃO CRISÓSTOMO, São. HARKINS, P. W., org. *Baptismal Instructions*. Westminster, MD, 1963.

JOSIPOVICI, Gabriel. *The Book of God*: A Response to the Bible. New Haven, CT, 1988.

JOYCE, James. *Portrait of the Artist as a Young Man*. JOHNSON, Jeri, ed. Oxford, 2000.

JULIANA DE NORWICH. BARKER, Denis N., org. *The Showings of Julian of Norwich*. New York, 2005.

KERR, op, Fergus. *After Aquinas*; Versions of Thomism. Oxford, 2002.

KING, T. *Teilhard's Mass*; Approaches to "The Mass on the World". Mahwah, NJ, 2005.

KIRWAN, Michael. *Discovering Girard*. London, 2004.

LAMOTT, Anne. *Travelling Mercies*; Some Thoughts on Faith. New York, 1999.

LARKIN, Philip. *Collected Poems*. Melbourne, 2003.

LASH, Nicholas. *Believing Three Ways in One God*; A Reading of the Apostles' Creed. London, 1992.

LAWRENCE, D. H. *Poems*, selected and introduced by SAGAR, Keith. Ed. revista. London. 1992.

LEE, Dorothy A. "Partnership in Easter Faith; The Role of Mary Magdalene and Thomas in John 20". *Journal for the Study of the New Testament* 58, 1995.

LERNER, Robert. Resenha de MORRIS, Colin. *The Sepulchre of Christ and the Medieval West*. In: *Times Literary Supplement*, 19 Aug. 2005.

LEWIS, C. S. *The Four Loves*. London, 1960.

_____. *The Great Divorce*. London, 1997.

MACINTYRE, Alasdair. *After Virtue*; A Study in Moral Theory. London, 1985.

MCCABE, op, Herbert. <http://www.torch.op.org>. The feast of Corpus Christi, 2001.

_____. DAVIES, op, Brian, org. *Faith within Reason*. London, 2007.

_____. DAVIES, op, Brian, org. *God, Christ and Us*. London & New York, 2003.

_____. *God Matters*. London, 1987.

_____. *Law, Love and Language*. London, 1968, Reimpressão London, 2003.

MCCULLOUGH, David. *Truman*. New York, 1992.

MCEWAN, Ian. *On Chesil Beach*. London, 2008.

_____. *Saturday*. London, 2006.

MCNABB, op, Vincent. *Thoughts Twice-Dyed*. London, 1930.

MAITLAND, Sara. *A Book of Silence*. London, 2008.

MALLOY, sj, Richard. "Religious Life in the Age of FaceBook". *America*, 7 July 2008.

MÁRQUEZ, Gabriel García. *Living to Tell the Tale*. London, 2005.

MARTEL, Yann. *The Life of Pi*. Edinburgh 2002.

MARTIN, David. "Split Religion; How Much Modern Politcs and Revolucionary Violence Owe to Enlightenment Excesses, Malformed Theology, and the Disorders of Faith". *Times Literary Supplement*, 10 Aug. 2007.

■ POR QUE IR À IGREJA?

MARTIN SOSKICE, Janet. *The Kindess of God*; Metaphor, Gender, and Religious Language. Oxford, 2007.

MARX, Karl. O'MALLEY, Joseph, org. *Critique of Hegel's "Philosophy of Right"*. Trad. para o inglês por JOHN, Annette & O'MALLEY, Joseph. Cambridge, 1970.

MELLONI, sj, Javier. "Mediation and the Opacity of Scriptures and Dogmas". *Concilium*, 2007/1.

MERTON, Thomas. STONE, Naomi; HART, Patrick; LAUGHLIN, James, org. *Asian Journal of Thomas Merton*. New York, 1973.

METZ, Johann Baptist. "A Short Apology of Narrative". *Concilium*, v. 4, n. 9, May 1973.

MILLER, Vincent. *Consuming Religion*; Christian Faith and Practice in a Consumer Culture. London & New York, 2003.

MINNS, op, Denis. <http://www.torch.op.org>. 18 May 2008.

MOLTMANN, Jürgen. "The Motherly Father; Is Trinitarian Patripassioanissm Replacing Theological Patriarchalism?" In: METZ et alii. *God as Father*. Edinburgh & New York, 1981.

MOORE, osb, Sebastian. *The Contagion of Jesus*; Doing Theology as if it Mattered. London, 2007.

MURRAY, op, Paul. "'I Have Tears and Hope'; Martyrdom in the Twentieth Center". *New Blackfriars*, Nov. 2000.

NICHOLS, op, Aidan. <http://www.torch.op.org>. 1 July 2007.

NIFFENEGGER, Audrey. *The Time Traveller's Wife*. London, 2005.

O'BRIAN, Patrick. *The Reverse of the Medal*. New York & London, 1986.

O'COLLINS, sj, Gerry. *Jesus*; A Portrait. London, 2008.

O'CONNOR, Flannery. *The Complete Stories*. New York, 1971.

ORMOND, op, Irmã Margaret. Entrevista em *International Dominican Information*, May 2007.

OSHIDA, op, Shigeto, compilado por MATTIELLO, Claudia. *Takamori Soan*; Teachings of Shigeto Oshida, a Zen Master. Buenos Aires, 2006.

_____. 30 "Zen; The Mystery of the Word and Reality". <http://www.monasticdialog.com>.

PAMUK, Orhan. *My Name is Red*. London, 2001.

PÉRENNÈS, op, Jean-Jacques. *A Life Poured Out*; Pierre Claverie of Algeria. New York, 2007.

PEREIRA, op, Leon. <http://www.torch.op.org>. 15 June 2006.

PHAN, Peter C. "Evangelization in a Culture of Pluralism; Challenges & Opportunities". *Australian Journal of TI*. Mar. 2007.

PICKSTOCK, Catherine. "Thomas Aquinas and the Eucharist". In: *Modern Theology* 15,2. Apr. 1999.

PIEPER, Joseph. *The Four Cardinal Virtues*. Notre Dame, IN, 1966.

PIERCE, op, Brian. *San Martin de Porres*; Un santo de las Américas. Buenos Aires, 2006.

POLANYI, Karl. *The Great Transformation*; The Political and Economic Origins of our Times. Boston, 1957.

PREJEAN, csj, Helen. *Dead Man Walking*. New York, 1994.

PRESTON, op, Geoffrey. *God's Way to be Man*. London, 1978.

_____. *Hallowing the Time*; Meditations on the Cycle of the Christian Liturgy. London, 1980.

PRICKETT, Stephen. *Words and the Word*: Language, Poetics and Biblical Interpretation. Cambridge, 1986.

RADCLIFFE, op, Timothy. "Christ in Hebrews; Cultic Irony". *New Blackfriars*. Nov. 1987.

_____. "The Emmaus Story; Necessity and Freedom". *New Blackfriars*. Nov. 1983.

_____. *What is the Point of Being a Christian?* London, 2006.

RATZINGER, Joseph. veja Bento XVI, papa.

ROGERS, Byron. *The Man Who Went into the West*; The Life of R. S. Thomas. London, 2007.

ROLHEISER, omi, Ronald. *The Holy Longing*; The Search for a Christian Spirituality. New York, 1999.

_____. "Faith Today; The Struggle, the Invitation". *Church*. Fall, 2002.

RUSTON, Roger. *Human Rights and the Image of God*. London, 2004.

SACKS, Jonathan. *The Dignity of Difference*. London, 2004.

SAVAGE et alii. *Making Sense of Generation Y*; The Worldview of 15-25-years-old. London, 2006.

■ POR QUE IR A IGREJA?

SCOTT, Margaret. *Yesterday's Bread*. New York & Mahwah, NJ, 2009.

SHANNON, William H. *Seeds of Peace*; Contemplation & Non-violence. New York, 1996.

SHAPIRO, James. *1599*; A Year in the Life of William Shakespeare. London, 2005.

SHORTT, Rubert. *God's Advocates*; Christian Thinkers in Conversation. London, 2005.

SMITH, Zadie. *On Beauty*. London, 2005.

STACKHOUSE, Ian. *The Day is Yours*; Slow Spirituality in a Fast-Moving World. Milton Keynes, 2008.

STEINBECK, John. *Sweet Thursday*. New York, 1954; London, 2008.

STRANGE, Roderick. *John Henry Newman*; A Mind Alive. London, 2000.

TAYLOR, Barbara Brown. The Preaching Life. Cambridge, MA, 1993.

_____. *When God is Silent*. Cambridge, MA, 1998.

TAYLOR, Charles. *A secular Age*. Cambridge, MA & London, 2007.

THOMPSON, op, Augustine. *Revival Preachers and Politics in Thirteenth Century Italy*; The Great Devotion of 1233. Oxford, 1992.

TORRELL, op, Jean-Pierre. *St. Thomas Aquinas*. v. 2: *Spiritual Master*. Washington, 2003.

TROLLOPE, Anthony. *Barchester Towers*. London, 1857.

TUGWELL, op, Simon. *Albert and Thomas*; Selected Writings. Mahwah, NJ, 1988.

_____. *Early Dominicans*. New York, 1982.

_____. *Reflections on the Beatitudes*. London, 1980.

_____. *The Way of the Preacher*. London, 1979.

TURNER, Denys. "How to be an Atheist". New Blackfriars 83, July 2002.

VANDEPUTTE, op, Benoit. *Vingt Siècles d'Éloquence Sacré*. Paris, 2008.

VAUGHAN, Henry. RUDRUM, Alan, org. *The Complete Poems*. London, 1983.

WALSH, op, Liam. *The Sacraments of Initiation*. London, 1988.

WAUGH, Evelyn. *Brideshead Revisited*. Intr. Frank Kermode. Primeira publicação 1943. London & Toronto, 1993.

WELLS, Samuel. SHORTT, Rubert, org. *God's Advocates*; Christian Thinkers in Conversation. London, 2005.

310

WELLS, Samuel. SHORTT, Rubert, org. "The Logic of Forgiveness; a Friend like Peter". *Christian Century*, Feb. 2007.

WIESEL, Elie. *Souls on Fire*; Portraits and Legends of Hassidic Masters. New York, 1972.

WILLIAMS, Rowan. *On Christian Theology*. Oxford, 2000.

_____. *Open to Judgement*; Sermons and Addresses. London, 1994.

_____. *Silence and Honey Cakes*; The Wisdom of the Desert. Oxford, 2003.

_____. *Tokens of Trust*; An Introduction to Christian Belief. London, 2007.

YARNOLD, sj, Edward. *The Awe-Inspiring Rites of Initiation*. Slough, 1971.

Impresso na gráfica da
Pia Sociedade Filhas de São Paulo
Via Raposo Tavares, km 19,145
05577-300 - São Paulo, SP - Brasil - 2012